古典文獻研究輯刊

八 編

潘美月・杜潔祥 主編

第 **18** 冊

漢魏六朝「家訓」研究（上）

康 世 昌 著

國家圖書館出版品預行編目資料

漢魏六朝「家訓」研究（上）／康世昌 著 — 初版 — 台北縣永
和市：花木蘭文化出版社，2009〔民98〕

目 4+182 面；19×26 公分
（古典文獻研究輯刊 八編；第 18 冊）

ISBN：978-986-6528-45-3（精裝）
1. 家訓 2. 漢代 3. 魏晉南北朝
193   98000087

ISBN - 978-986-6528-45-3

9 789866 528453

古典文獻研究輯刊
八 編 第十八冊   ISBN：978-986-6528-45-3

漢魏六朝「家訓」研究（上）

作　　者　康世昌
主　　編　潘美月　杜潔祥
總 編 輯　杜潔祥
企劃出版　北京大學文化資源研究中心
出　　版　花木蘭文化出版社
發 行 所　花木蘭文化出版社
發 行 人　高小娟
聯絡地址　台北縣永和市中正路五九五號七樓之三
　　　　　電話：02-2923-1455／傳眞：02-2923-1452
網　　址　http://www.huamulan.tw 信箱 sut81518@ms59.hinet.net
印　　刷　普羅文化出版廣告事業
初　　版　2009 年 3 月
定　　價　八編 20 冊（精裝）新台幣 31,000 元

漢魏六朝「家訓」研究（上）

康世昌　著

作者簡介

康世昌

出生地：南投縣鹿谷鄉

現職：國立嘉義大學中文系副教授

學歷：中國文化大學中國文學研究所博士

經歷：台北市華岡藝校、實踐大學、花蓮師範學院

著述：孔衍《春秋後語》研究、漢魏六朝家訓研究

提　　要

1. 研究目的：齊家、治國、平天下是中國傳統士大夫向來重視的人生理想，而其初步目標「齊家」，尤其被視為典型天下的首要工作。故而歷來知識分子無不著力於教育子女，建立良善的家庭風範。其中「家訓」作品的產生，正代表為人父兄對子弟教育訓誡所努力之成果。本論文以「漢魏六朝家訓研究」為題，即希望透過兩漢誡子書、魏晉家誡、南北朝家訓作品的發展，來瞭解漢魏六朝家庭訓誡的具體訴求、思想特質及其文學表現。其目的在釐清漢魏六朝「家訓」之發展、探究其家庭教育之思想及訴求、研討其「家訓」文學之表現，做為瞭解中國文化內涵的一個途徑。

2. 使用文獻：本論文所據以研究的「家訓」，以成文家訓為主，除了斷代自兩漢以迄隋朝滅亡之間約八百年以外，其取材的原則為：父、叔（伯）、兄對子、姪、弟（或家長對家門子孫）之撰文（包含詩、文、書信）訓誡。其間大半殘存資料被收入嚴可均《全上古三代秦漢三國六朝文》及逯欽立《先秦漢魏晉南北朝詩》之中，如為二書所未輯之佚文，或僅存書、篇名，或戒子之文雜側專著之中者（前二書依例不收），則博徵眾書，以為論述之資。

3. 研究方法：首先輯錄漢魏六朝「家訓」殘存作品，考訂漢魏六朝「家訓」全亡書、篇名目，再根據這兩個部分依時代先後，分析其內容，展現其發展脈絡。其次歸納「家訓」中的思想特色，及其文學表現。

4. 研究內容：本論文共分八章：第一章緒論，說明研究範圍、動機與目的、方法與步驟、漢魏六朝家訓之根源；第二章漢魏六朝家訓之興起與發展；第三章漢魏六朝家訓內容分析（一）（漢魏）；第四章漢魏六朝家訓內容分析（二）（晉、五胡十六國、劉宋）；第五章漢魏六朝家訓內容分析（三）（齊、梁、北朝）；第六章漢魏六朝家訓之人生準則及其思想；第七章漢魏六朝家訓之文學；第八章《顏氏家訓》問題研討；第九章結論。另在論文後附「漢魏六朝家訓輯錄」，以資驗證。

5. 研究結果：透過「家訓」輯錄，可以輕易掌握漢魏六朝撰文訓誡之成果；透過內容分析，可以知曉不同家庭的各別訴求；透過思想歸納，可以明瞭漢魏六朝家訓的人生價值；透過文學研究，可以釐清家訓文學發展的源流及其表現方法；透過專題研究，可以凸顯《顏氏家訓》的地位及特色；透過家訓發展與興起的探索，可以洞悉「家訓」發展之背景。這些將有助於我們對中華民族家庭價值觀、人生觀進一步的認識。

第一章　緒　論

　　本章敘說「漢魏六朝家訓研究」之研究範圍界定、動機與目的、方法與步驟及家訓之根源。以此做爲本文之緒論。透過範圍之界定，可以釐清本文探討的主題；透過動機與目的之陳述，可以顯示本文撰述的緣起；透過方法與步驟之條列，可以洞悉本文撰寫的過程。以上別爲三節。另第四節敘漢魏六朝家訓之根源，做爲此時期家訓研究之緒端。茲分述於次：

第一節　研究範圍之界定

一、時代界定

　　本論文「漢魏六朝」，上起漢高祖劉邦建國（西元前 206 年），下迄隋恭帝義寧二年（618），唐高祖建元武德取代隋朝以前，約八百餘年間，爲一斷代。時代的界定所以取此範圍，有下列幾個原因：

　　第一，先秦庭訓，以口頭告誡爲主，父子之間的撰文訓誡，自漢以後始興，本論文以撰文訓誡之研究爲主體，故先秦之家訓，僅在本章第四節「漢魏六朝家訓之根源」略敘源起，並取以爲漢魏六朝家訓內容分析之印證，不立專章討論。劉勰《文心雕龍》詔策敘家訓之文體云：

> 「戒」者，愼也，禹稱：「戒之用休」。君父至尊，在三同極。漢高
> 祖之〈敕太子〉，東方朔〈戒子〉，亦顧命之作也。及馬援已下，各
> 貽家戒。〔註1〕

〔註1〕王更生，《文心雕龍讀本》，上篇，頁356。（文史哲出版社，民國73年3月初

他敘「戒」體的產生演變，也以漢高祖〈敕太子〉為首，而及於後世之「家戒」，本文從漢以下做為斷代者，從其說。

第二，撰文訓誡，經歷兩漢「誡子書」，魏晉「誡子」「家誡」，南朝「起居誡」「庭誥」，北朝「家令」「家訓」「教誡」「家誨」「幼訓」，至入隋顏之推《顏氏家訓》，體材大備，而《顏氏家訓》一書，完整傳世，陳振孫《直齋書錄解題》以為「古今家訓以此為祖。」，〔註2〕故下限斷至隋世之亡，以概觀顏氏及其前家訓之整體呈現。唐以後家訓派衍流繁，傳世者尤多，總結隋以前家訓之研究，可以做為唐、宋以下家訓研究之參考。

第三，漢魏六朝家訓以仕宦家庭之訓誡為主，思想上如「冠冕」「齊家」「免禍」的訴求色彩，頗為一致；至於文學的表現，自漢高祖〈手敕太子〉至顏之推《顏氏家訓》，雖部袟有大小之別，體裁有散駢、詩文之異，而基本上多能保有情意真摯的特色。可以做為一個斷代之綜合研究。

二、家訓界定

周法高〈家訓文學的源流〉一文云：

> 家訓文學的來源約有下列三種：第一種，是古人的誡子書、家誡一類的作品（原注：在這一點上，和家書有密切的關係）。第二種，是古人的遺令或遺戒。第三種，是古人自敘生平的「自敘」。〔註3〕

周先生所稱「家訓文學」，是就《顏氏家訓》一書的構成，探討其來源，與本文所論家訓略有不同。本文家訓之研究，以周氏所稱第一種誡子書、家誡一類為主，另外加上臨終告誡之及於訓勉子弟言行修身者，取材不限詩、文、駢、散之別。茲略說明於後：

（一）就用詞考察「家訓」之名義

「家訓」一詞，並非《顏氏家訓》一書撰成時才出現，它原是後漢以來，常用的辭彙，而且與「庭訓」一詞相當，都是指家長在立身、處世、為學等方面對子孫的教誨。只是「庭訓」又特別強調父親的教導。

版）
〔註2〕陳振孫，《直齋書錄解題》，卷十「顏氏家訓七卷」條，頁305。（上海古籍出版社，1987年12月）
〔註3〕周法高，〈家訓文學的源流〉（下），頁116，大陸雜誌，第二二卷第4期，民國50的2月28日出刊。

　　提到「家訓」一詞，如《後漢書》卷八十下文苑列傳載蔡邕推薦邊讓給何進，以爲宜處高任云：「竊見令史陳留邊讓，天授逸才，聰明賢智。髫齔夙孤，不盡家訓。及就學廬，便受大典。」〔註4〕此謂邊讓年幼失怙，故不能受到父親良好的教誨。《晉書》卷六明帝紀太寧三年詔云：「吳時將相名賢之冑，有能纂修家訓……不聞於時者，州郡中正亟以名聞，勿有所遺。」〔註5〕時晉明帝即位不久，亟需江南士族子弟共襄時政，因以能秉受家庭父兄良好教育者爲條件，令州郡中正推薦任用。《南齊書》卷三二王延之傳：「延之家訓方嚴，不妄見子弟，雖節歲問訊，皆先克日。子倫之，見兒子亦然。」〔註6〕此「家訓」類似後世「家教」一詞，謂父親對子弟的要求。另外《文選》卷六十陸機「吊魏武帝文」云：「經國之略既遠，隆家之訓亦弘。」〔註7〕所謂「隆家之訓」即指其後文曹操對子弟的訓勉之辭；又卷四六任昉「王文憲集序」云：「蒭歲而孤，叔父司空簡穆公，早所器異。年始志學，家門禮訓，皆折衷於公。」〔註8〕所謂「家門禮訓」謂家門內禮節及教導，王儉不滿周歲而父僧綽卒，故由叔父扶養長大，王僧虔代其父教導之，故儉凡事皆折衷於僧虔。

　　以上有的「家訓」連稱，有的拆開爲文，所說的都是泛指父親對子弟的教導、訓誡、要求等內涵。除非父親去逝，由伯父或叔父養育成人，則伯叔對姪子的教育，也在家門之內，亦可稱家訓。

　　另外提到「庭訓」，多半專指父親教導，因爲這與《論語》中所載伯魚趨而過庭，孔子趁機教導他的典故有關。如《抱朴子》外篇自敘云：「年十有三，而慈父見背，夙失庭訓，饑寒困瘁，躬執耕穡。」〔註9〕《晉書》卷八十王羲之傳，載羲之於父母墓前自誓之文：「羲之不天，夙遭閔凶，不蒙過庭之訓。母兄鞠育，得漸庶幾，遂因人乏，蒙國寵榮。」〔註10〕《晉書》卷八二孫盛傳載：「盛年老還家，性方嚴有軌憲，雖子孫班白，而庭訓愈峻。」〔註11〕上文「庭訓」或「過庭之訓」，都指父親的訓誨教導。與「家訓」之意略同。前

〔註4〕范曄，《後漢書》，頁2646。（鼎文書局，民國70年4月4版）
〔註5〕房玄齡，《晉書》，頁164。（鼎文書局，民國72年7月4版）
〔註6〕蕭子顯，《南齊書》，頁586。（鼎文書局，民國72年4月4版）
〔註7〕蕭統，《文選》，頁2596。（上海古籍出版社，1992年7月版）
〔註8〕同前註引書，頁2074。
〔註9〕葛洪，《抱朴子》，外篇卷五十，頁199。（世界書局「新編諸子集成」四，民國72年4月4版）
〔註10〕房玄齡，前引書，頁2101。
〔註11〕同前註引書，頁2148。

引王延之「家訓方嚴」與孫盛「庭訓愈峻」，「家訓」與「庭訓」實爲同義詞。然而父親早歿，可云少失「庭訓」，如有母親、叔伯、兄長在，亦可承其教導，不得曰少失「家訓」。是「家訓」之含義，尤較「庭訓」爲廣。本文以「家訓」爲名，即取其廣義，而又規範在撰文訓誡之中，言辭訓誡，僅作印證之參考，不能備論。

（二）本研究中「家訓」之範疇

前所敍「家訓」一詞，含義至廣，舉凡人自幼承父兄掌養教導，一切修身、爲學、齊家、處世之道，不論言語訓勉，撰文告誡，全部包含其中。本文僅以成文訓誡爲研究之主要題材，如此對「家訓」的內涵較易於掌握，也可就此探討其文學表現。成文「家訓」選材的原則如下：

第一，凡父親訓勉其子之詩、文，關於修身、爲學、齊家、處世之道者，選之。如漢高祖〈手敕太子〉、劉向〈誡子歆書〉、鄭玄〈戒子益恩書〉、陶淵明〈命子〉等是。

第二，凡一家之長，撰詩文勉家門內之子孫者，選之。如韋玄成〈誡子孫詩〉、王昶等人〈家誡〉、李充〈起居誡〉、顏延之〈庭誥〉、顏之推〈顏氏家訓〉等是。

第三，凡伯叔兄長撰詩文訓勉姪、弟者，選之。如馬援〈誡兄子嚴敦書〉、張奐〈誡兄子書〉、夏侯湛〈昆弟誥〉、謝混〈誡族子詩〉等是。另外諸葛亮〈誡外生〉，亦歸此類。

我在三、四、五章所據以分析的漢魏六朝「家訓」，全部依此原則來選材。另外有些題材，處於疑似之間者，其取捨之原則如下：

第一，屬於女誡者，與漢魏六朝「誡子書」「家誡」「家訓」對象、內容有所區隔，不在論述之範疇。如班昭、荀爽、蔡邕等人《女誡》是。〔註12〕

第二，皇帝詔書，對象雖爲子、弟、姪、孫，然其雙方又有君臣之關係。以父兄之立場，訓勉子弟修身、處世者，選之，如劉備《遺詔敕後主》、李暠《手令誡諸子》、劉義隆《誡江夏王義恭書》、蕭綱《誡當陽公書》、梁元帝《金樓子》「戒子」篇等是。以君臣之立場，詔示子弟者，不在論述之範疇，如漢武帝封三子齊王、燕王、廣陵王三策文，〔註13〕宋文帝《下衡陽王

〔註12〕班昭〈女誡〉，見《後漢書》卷八四〈列女傳〉；荀爽〈女誡〉，見《藝文類聚》卷二三鑒誡引；蔡邕〈女誡〉，見嚴可均《全後漢文》卷七四輯三條。

〔註13〕漢武帝三策文，見《漢書》卷六三武五子傳。

義季詔》，〔註14〕齊武帝《敕晉安王子懋》〔註15〕等是。古來對帝王詔書之記錄，頗爲詳備，詔書有些也非出其手撰，故對帝王訓勉子弟之文，取材從嚴，內容與「戒子書」「家誡」「家訓」相類者，取以論述，其餘從省，以符「家訓」之原則。

　　第三，家書對象雖爲子姪，凡以訓誡爲主者取之，凡漫談他事者，不在論述之範疇。訓誡爲主者，例在誡子書範圍，如司馬徽〈誡子書〉、王脩〈誡子書〉、羊祜〈誡子書〉者是。不及訓誡者，如范曄〈獄中與諸甥姪書〉、雷次宗〈與子姪書〉、陳暄〈與兄子秀書〉〔註16〕等是。

　　第四，「終制」「遺令」，多敘喪葬身後諸事，雖其施文對象亦爲子弟，然與訓勉子弟修身、處世之文迥別。本文在第七章第一節「令」「命」部分附述其概略，內容分析的部分則不予論列。然而有些臨終遺令，仍以訓勉子弟爲主要內容，如酈炎〈遺令書〉、劉備〈遺詔敕後主〉者是，視同一般「誡子書」。其餘如漢文帝〈遺詔〉、趙咨〈遺書敕子胤〉、曹丕《典論》「終制」、沐並〈終制〉、杜預〈遺令〉、皇甫謐〈篤終〉〔註17〕等，不予論列。唯《顏氏家訓》一書二十篇，末附「終制」篇，實與諸遺令性質相同，故周法高先生（前引），追溯源頭，以爲家訓文學來源之一種。本文在第八章探討《顏氏家訓》佛、儒定位時，亦及「終制」中之佛教思想，然內容分析諸章，則前敘諸遺令，不予欄入。

　　第五，「自敘」之文，周先生以爲家訓文學來源之一種，本文以爲「自敘」之系統，與家誡、家訓中之自述生平，因施文對象不同，而有所別。故舉凡一切獨立自敘之文，不在本文論述之範疇。案：漢魏六朝自述生平之內容，多存在於「自敘」、「自陳」「自理」「自誓」「自狀」「自贊」「自薦」之中，因其作用、目的不同，故其內容亦有偏頗，然敘述個人全部或部分之生平事蹟或觀點，則各類皆言及之。唯「自陳」以下，其施文多有特定對象，

〔註14〕宋文帝元嘉二十三年〈下衡陽王義季詔〉，見《宋書》卷六一武三王傳，此詔多言軍事；另文帝在之前元嘉二十年有兩詔，訓勉義季誡酒，則納入家訓中討論。

〔註15〕齊武帝永明十一年敕晉安王子懋，見嚴可均《全齊文》卷四，多言邊略諸事。

〔註16〕范曄書，見嚴可均《全宋文》卷一五；雷次宗書，見卷二九；陳暄，見《全陳文》卷十六。范、雷二書，多自舒懷抱，陳書多敘己嗜酒之由；此並與訓誡子姪無涉。

〔註17〕以上諸文，漢文帝見嚴可均《全漢文》卷二，趙咨見《全後漢文》卷六六，曹丕見《全三國文》卷八，沐並見卷三五，杜預見《全晉文》卷四三，皇甫謐見卷七一。

故敘其生平隨事隨人而有所取捨。至於「自敘」之文，如王充《論衡》自紀、曹丕《典論》自敘、葛洪《抱朴子》外篇自敘、傅玄《傅子》自敘、蕭繹《金樓子》自序，〔註18〕皆附在書末，獨立一篇，前後相沿，自成系統；《抱朴子》外篇「自敘」云：「洪見魏文帝《典論》自敘，末及彈棊擊劍之事，有意於略說所知……洪既著『自敘』之篇，或人難曰：昔王充年在耳順，道窮望絕，懼身名之偕滅，故『自紀』終篇……（洪答曰）故因著述之餘而爲自敘之篇，雖無補於窮達，亦賴將來之有述焉。」〔註19〕此葛洪撰「自敘」上仿王充、曹丕之例，以自敘附於末篇；《金樓子》自序篇云：「昔葛稚川自序曰：讀書萬卷，十五屬文……魏文帝曰：余于彈棊，略盡其妙，能用手巾角拂，有儒生能以低巾角而拂之，合鄉侯、東方安世、張公子，並皆一時佳手。」〔註20〕蕭繹自序之文，引葛洪、魏文帝，皆《抱朴子》、《典論》二書自敘中言，〔註21〕是元帝撰書末附自敘，亦多承襲前例，書末自序生平，其自成系統可知。另外獨立爲文以自敘生平者，如揚雄〈自序〉〔註22〕、馬融〈自敘〉、鄭玄〈自序〉、杜預〈自述〉、傅翽〈自敘〉、趙至〈自敘〉、皇甫謐〈自序〉、陸喜〈自敘〉、梅陶〈自敘〉、蕭子顯〈自序〉、江淹〈自序傳〉、劉峻〈自序〉、王筠〈自序〉、江總〈自敘〉、劉炫〈自贊〉〔註23〕等是，漢魏六朝，前後相繼，亦自成系統。其中劉炫言及撰述緣由，可以概見諸人撰自敘動機之一斑，其自爲贊云：「通人司馬相如、揚子雲、馬季長、鄭康成等，皆自敘風徽，傳芳來葉。余豈敢仰均先達，貽笑後昆。徒以日迫

〔註18〕王充《論衡》、葛洪《抱朴子》、蕭繹《金樓子》爲見存書；曹丕自敘見嚴可均《全三國文》卷八，傅玄自敘見《全晉文》卷五十。

〔註19〕葛洪，前引書，頁203～204。

〔註20〕蕭繹，《金樓子》，卷六，頁18-19。（世界書局，民國64年7月再版。）

〔註21〕案：《金樓子》引魏文帝云，與註18引嚴輯本，文辭互有詳略，嚴輯無「能用手巾角拂，有儒生能低巾角而拂之」二句。

〔註22〕案：揚雄自序，嚴可均《全漢文》未輯，姚振宗《漢書藝文志拾補》卷二「揚雄自序」條，據《藝文類聚》人部、《文選》運命論注輯兩條，云：「按：《類聚》、《選》注所引『自敘』之文，並見本傳，傳末云：雄之自敘云爾。《史通》雜說篇云：『班氏於司馬遷、揚雄皆錄其〈自敘〉以爲列傳也。』」（二十五史補編，第二冊，頁1466，北平中華書局，1989年7月版）

〔註23〕馬融自敘見嚴可均《全後漢文》卷一八，鄭玄自序見卷八四；杜預自述見《全晉文》卷四三，傅翽自敘見卷五二，趙至自敘見卷六七，皇甫謐自序見卷七一，陸喜自敘見卷八一，梅陶自敘見卷一二八；蕭子顯自序見《全梁文》卷二三，江淹自序傳見卷三九，劉峻自序見卷五七，王筠自序見卷六五；江總自敘見《全隋文》卷十，劉炫自贊見卷二七。

桑榆，大命將近，故友飄零，門徒雨散，溘死朝露，埋魂朔野，親故莫照其心，後人不見其跡，殆及餘喘，薄言胸臆，貽及行邁，傳示州里，使夫將來俊哲知余鄙志耳。」〔註24〕他提到司馬相如、揚雄、馬融、鄭玄都曾撰「自敘」，今猶殘存揚、馬、鄭隻言片語，從他的說明可以看出他雖自謙不敢自比四位前哲「自敘風徽，傳芳來葉」，也希望讓將來俊哲，瞭解他的所做所為，這大約是撰「自敘」一般人的動機，從他列舉諸人之自敘，亦知「自敘」之文，原前有其例，古來相襲，自為體系。如果就諸人「自敘」之內容與家訓中言及生平部分做比較，則「自敘」實多自褒之辭，與家訓中述己行之美惡，以為子孫前車之鑒者，風格頗不相同。蓋原本撰文之動機與施文之對象，本有歧異故也。至如周先生據曹丕、葛洪二篇自敘皆言及射箭、棋藝，以說明《顏氏家訓》在「終制」篇前敘「雜藝」，是受二書影響，頗能言之成理，然進而推論「家訓」文學之來源，自於「自敘」，則似欠周允。「家訓」自敘生平事蹟以誡子孫，自漢高祖〈手敕太子〉、韋玄成〈誡子孫詩〉以下，已然如此（參第七章第三節二、八條），不必假於「自敘」產生之後；再則「家訓」中不是只有之推言及雜藝，王昶〈家誡〉亦言及之，這就好像《顏氏家訓》中「文章」篇，敘文學理論，不必源於《文心雕龍》，李充〈起居誡〉、顏延之〈庭誥〉原亦有之。《顏氏家訓》上溯「家誡」「誡子書」亦自為系統。本文敘「家訓」研究，凡諸「自敘」之文，以其施予對象非子弟，內容亦不涉訓勉之辭，故不在論述之範疇。

第二節　研究動機與目的

　　中國傳統社會，向來重視家庭價值，這不只是漢魏六朝之際如此，時至今日，仍普遍為一般人所認同。因而儒家順此民情，發展出一套修身、齊家、治國、平天下的行為進階，一則以齊家做為短程的目的，一則希望藉此進一步關懷天下蒼生。在不涉及國家、天下的進階之前，幾乎人人以齊家為首要追求的理想境地。然則齊家並不是自己一個人能竟其功，而是有賴全家人共同的配合與努力，各盡其職，各安其位，才能達到預期的成果，《易經》家人卦象曰：「父父、子子、兄兄、弟弟、夫夫、婦婦，而家道正。」〔註25〕就是

〔註24〕魏徵，《隋書》，卷七五儒林傳，頁1722。（鼎文書局，民國72年12月4版）
〔註25〕孔穎達，《周易正義》，卷四，頁89。

說明這個道理。而其中父母的引導、教育，尤爲治家能否有成的重要關鍵。《易經》把父、母比喻做治理國家領導者。決定國家的前途，仰仗君王的英明；決定家庭的興廢，全賴父母的教育。因此它說：「家人有嚴君焉，父母之謂也。」〔註26〕父母的教育得當，不只能爲家庭帶來光榮，也是爲社會、國家創造有用的人材。這是古來聖賢所以特別重視家庭價值，進而強調家庭教育不可廢缺的原因。而「家訓」正是中國傳統家庭教育的具體展現，我以「漢魏六朝家訓研究」爲題，即希望透過現存「家訓」資料，探討這個時期相關於家庭教育旳訴求、「家訓」的思想特色、「家訓」的文學表現，以及展示中國文化特質的一個側面。茲略分述其動機與目的於下：

第一，分析漢魏六朝家訓之內涵，以瞭解這個時期家庭教育的具體訴求，及其實施方法。漢魏六朝前後八百餘年，人人有父教，家家有子弟，每個人的思想未必整齊劃一，子弟的良窳優劣也不一致，唯有透過個別獨立的，對撰述「家訓」者的作品，進行分析，可以適切展現他們對子弟盼望及要求。向來對漢魏六朝的「家訓」教育，大半集中在顏之推《顏氏家訓》一書上，把它當作是六朝家訓教育的典範，反而忽略了在他之前近八百年長期實施在各個家庭中的「家訓」功能，全面探討整個時期的「家訓」教育，更能體現其眞切的面貌。

第二，統合家訓的思想特色，有助於瞭解當時一般人對人生所持的態度。漢代以後，佛教傳入中國，到南北朝，而大行於世；漢末的清議，到魏晉玄學興起，南朝清談鼎盛。在佛、玄兩大思想的交錯進行中，似乎沒有儒家思想得以生存發展的空間。然而儒家修身、齊家、處世的規範，仍然能經歷千百年的動盪、考驗，遂永駐中國人的心中，這恐怕與家訓中一直秉持儒家的基本訴求有相當關係。阮籍、嵇康都是魏晉間的玄學領袖，但阮籍看到阮咸同入七賢，卻不希望他的兒子阮渾再涉此流。〔註27〕嵇康非周孔而好老莊，在〈家誡〉中卻比任何人的家訓（如王昶〈家誡〉者流），更能洞悉儒家「忠臣烈士」的精神。顏延之醉心於佛理的探討，〈庭誥〉則展現對子弟爲學、修身、齊家、處世的深切盼望。張融主張佛、道同源，甚而撰〈門律〉以申其說，但遇疾，又不得不再寫〈門律自序〉說明自己以前對佛教的論辯，形同言笑，希望子弟不要從事。

〔註26〕同前註引書，頁89。
〔註27〕《世說新語》任誕：「阮渾長成，風氣韻度似父，亦欲作達。步兵曰：仲容已預之，卿不得復爾。」（余嘉錫，世說新語箋疏，頁735，王記書坊，民國73年10月版）

（以上並參各章內容分析）就算顏之推《顏氏家訓》有「歸心」篇勸誘子弟崇尚佛法，但從「序致」到「雜藝」十八篇，篇篇不離爲學、修身、齊家之道。當然在魏晉之後，時代動盪，多少對儒家思想造成一定程度的衝擊與疑慮，本文思想研究的部分，即希望從「家訓」的角度，看當時對人生的看法，以及它與儒、佛、道家思想的關係。可以做爲瞭解漢魏六朝家訓教育思想的一個途徑。

第三，統合「家訓」文學的研究，以瞭解漢魏六朝家訓的文體、情意及論理表現。撰文誡子的文學特質，同樣受到時代文學風氣與作者個人修養及不同的訴求，而展現豐富的面貌。如馬援、鄭玄、陶淵明等人的誡子書，在情意的含蘊上就頗爲成功；顏延之、魏收在美文與內容的兼顧上，較爲出色；至於《顏氏家訓》在南北朝的散文地位，尤倍受肯定。諸人在「家訓」文體的嘗試上，也樹立了一些開疆闢土的功勞，如漢魏六朝有韋玄成〈誡子孫詩〉、陶淵明〈命子〉〈責子〉、謝混〈誡族子詩〉，唐代韓愈有〈符讀書城南〉〔註28〕、宋陸放翁有二百餘首示兒詩，〔註29〕等等名作；又如誡子書，自劉向〈誡子歆書〉、馬援〈誡兄子嚴敦書〉以下，至王僧虔〈誡子書〉、徐勉〈爲書誡子崧〉，綿延不絕，後世誡子書尤多，如唐代元稹〈誨侄等書〉〔註30〕、宋代胡安國〈與子寅書〉〔註31〕等，至明清家書更爲普遍，有其一脈相傳的系統；三國王肅、王昶、杜恕、嵇康等人「家誡」，至唐而有柳玭〈序訓〉〔註32〕、宋有宋祁〈庭戒〉、黃庭堅〈家戒〉、〔註33〕這個系統也是愈至後世而傳世愈多；另外以韻文誡子，如東方朔〈誡子〉、魏收〈枕中篇〉，至唐有《太公家教》；〔註34〕以自撰一書誡子孫，如甄琛《家誨》二十篇（已佚）、顏之推《顏氏家訓》二十篇，唐有李恕《戒子拾遺》十八篇；〔註35〕撰書以誡皇帝，北魏文明皇后有《皇誥》十八篇（已

〔註28〕見曹寅，《全唐詩》，頁844。（上海古籍出版社，1989年10月）
〔註29〕參王曉祥《陸游示兒詩選》序，頁1。（南京大學出版社，1988年12月）
〔註30〕見董誥，全唐文，卷六五三，頁2978。（大化書局「全唐文及拾遺」（三），民國76年3月初版）
〔註31〕見劉清之，《戒子通錄》，卷六，頁703之72。（商務印書館「四庫全書」七○三冊，民國75年版）
〔註32〕柳玭〈序訓〉，見劉清之前註引書，卷二，頁703之24至28。
〔註33〕劉清之前引書，卷五載宋祁〈庭戒〉，卷六載黃庭堅〈家戒〉。
〔註34〕《太公家教》，全篇一千五百餘字，以四言韻語爲主。參周鳳五《敦煌寫本太公家教研究》，頁41。（明文書局，民國75年5月初版）
〔註35〕劉清之前引書，卷三，載唐人李恕《戒子拾遺》十八則，劉清之在「李恕」條下注云：「唐中宗時縣令，以崔氏《女儀》戒不及男，《顏氏家訓》訓遺於女，遂著《戒子拾遺》十八篇，兼教男女，令新婦子孫人寫一通，用爲鑒戒

佚），唐太宗有《帝範》十二篇。漢魏六朝家訓在各種體裁的嘗試，稱得上是豐富而多方面的，這也可以給研究唐、宋以後家訓一個探源溯本之參考。

第四，傳世漢魏六朝家訓，以顏之推《顏氏家訓》部帙最大，保留最完整，後人奉爲古今家訓之祖，對於該書所以能獨創格局，吸收前人誡子書、家誡之經驗，廣備子書之理論，則有待對漢魏六朝家訓做全面之整理與分析。才能看清由漢代「誡子書」至三國「家誡」，再發展爲南朝「諸家雜誡」「雜家誡」之書抄，北朝「典誡」「教誡」「家誨」「皇誥」之自成一書，而後乃有《顏氏家訓》之完成。如果對顏氏之前的「家訓」未能全面掌握，確實難以釐清漢魏六朝家訓之發展，以及《顏氏家訓》所以集結成書的客觀環境。這方面周法高〈家訓文學的源流〉（前引）雖有論及家訓的來源之一，爲誡子書、家誡之屬，但沒有進一步對漢魏六朝家訓的發展做說明，尤雅姿博士論文《顏之推及其家訓之研究》就顏氏一書來論述，對之前的家誡，全采周氏之說。〔註36〕是知整合漢魏六朝家訓之研究，實有助於對《顏氏家訓》更深刻的瞭解。

第五，近世以漢魏六朝家訓爲研究爲題者，僅見日人守屋美都雄《六朝時代の家訓について》一文，〔註37〕範圍涉及之者，周法高〈家訓文學的源流〉一文（前引），這兩篇守屋氏就歷史眼光看「家訓」，周氏就文學眼光看「家訓」，對漢魏六朝家訓研究，實有開疆闢土的功勞。然而他們各取所需，以論「家訓」，對這個時期整體家訓的研究仍嫌不足。例如守屋氏重歷史，對「家族」相關的問題闡述較多，周氏重文學，重心放在與《顏氏家訓》相似的文體，兩文對顏延之〈庭誥〉近四千言的重要家訓，略無論及，對魏收〈枕中篇〉少有的韻文家訓，亦不置一語。至於在思想、文學整體的展現上，仍非短文所能備述。這是我著意於漢魏六朝家訓研究的重要因素。至於《顏氏家訓》一書，研究者甚多，尤雅姿論文（前引）收羅宏富，對顏氏之研究亦頗全面，之前拙著〈顏氏

云。」（前引書，頁 703 之 37）世昌案：劉氏所引似據李恕原書序文。《新唐書》藝文志三小說家著錄有「李恕誡子拾遺四卷」，《通志略》藝文略第四儒術、《宋史》藝文志二傳記類、《崇文總目》卷三小說類上並同爲四卷，而《通錄》云十八篇，蓋合數篇以爲一卷。今「拾遺」全篇未獲見，劉氏所錄十八條，省略太甚，然猶存梗概，可藉以知唐人自勒一書規範家門之一斑。

〔註36〕 參尤雅姿，《顏之推及其家訓之研究》，頁 278 至 279。（民國 80 年 6 月，臺灣師範大學國文研究所博士論文，自印本。）

〔註37〕 守屋美都雄〈六朝時代の家訓について〉原載《日本學士院紀要》10-3，1952年 11 月。後收入守屋美都雄《中國古代の家族と國家》頁 461-496。（京都大學東洋史研究會，1968 年 10 月）

家訓舊注考略〉，〔註38〕考證二卷本、七卷本注文之來源，故對顏氏書僅立一章，做爲前賢研究之補充，以全漢魏六朝家訓之研究。

第三節　研究方法與步驟

　　前賢在漢魏六朝家訓之研究較少，而獨鍾《顏氏家訓》之研究者較多，最主要的原因有四個：第一，漢魏六朝家訓散在各書之中，收輯、董理不易，未若《顏氏家訓》勒成一書，完整傳世。第二，漢魏六朝家訓亡佚太甚，有些都僅存書名、篇名，而隻字不傳，如黃容《家訓》、明岌《明氏家訓》、甄琛《家誨》等是；有些殘餘片段，十不存一，如王肅〈家誡〉、杜恕〈家戒〉、李充〈起居誡〉、王褒〈幼訓〉等是；這些都導致家訓難以深入瞭解。第三，諸人家訓思想並不一致，文體表現也不盡相同，內容訴求差異很大，這些都不如顏氏一書自成系統，來得易於掌握。第四，家訓之內涵又多與作者的職業、生平、個性以及施文對象有關，要探討內容不得不瞭解施文者與受文者雙方的生平、個性以應其訴求；若單就一書，頂多作者一人，子孫數人而已，論述易於精密；但漢魏六朝家訓，即使殘存一段，或僅有篇名，就不得不對雙方有所瞭解，數量眾多，挂一漏萬，此亦眾人望而卻步的原因。然而欲進一步瞭解漢魏六朝家訓，探究《顏氏家訓》成書之緣由，不得不全面整理、分析，我所採用的方法及步驟如次：

一、輯錄漢魏六朝家訓之所有殘存篇章

　　第一，我以嚴可均《全上古三代秦漢三國六朝文》與逯欽立《先秦漢魏晉南北朝詩》爲基本素材，搜取所有父子、叔姪、兄弟之間的下行文書，以及一家之長特意撰述以規範其子孫的「家誡」「起居誡」「庭誥」「門律」「枕中篇」「幼訓」等作品。但下行文書過於龐雜，尤其是皇帝詔書、一般書信及遺令，我以兩個原則來取捨：（一）施文者與受文者之間必須是父子、叔（伯）姪、兄弟之關係。（二）下行文書之內容必須與訓誡、教導對方爲學修身、處世、齊家有關，以符合「家訓」之意。如此就有一個基本素材，以及相關下行文書、遺令等附屬素材。

〔註38〕拙著《顏氏家訓舊注考略》，國立編譯館館刊，第二一卷第 2 期，民國 81 年 12 月。

　　第二，還原材料，參考相關誡子文獻，補充嚴、逯二人未輯部分，校訂訛脫文字，輯錄漢魏六朝家訓。除嚴、逯二人常用輯存的原典之外，家訓在梁、唐、宋也有相關書籍選錄，其中較重要的有梁元帝《金樓子》戒子篇、敦煌類書《勵忠節鈔》「家誡部」〔註39〕、宋初王欽若編《冊府元龜》卷八一六、八一七訓子〔註40〕、宋劉清之《戒子通錄》。其間梁元帝戒子篇，本身就是漢魏六朝家訓的一種，但因他鈔前賢家訓以戒子，可以補充、校訂二書原輯之不足。〔註41〕另外三書在補充、校訂訛脫字上，也起很大作用。〔註42〕

　　第三，著手整理輯錄漢魏六朝家訓，每則家訓末有「出處」，每人末有「說明」，「出處」以說明依據及參校書目，「說明」旨在略述作者生平、撰述動機、施文對象、撰文年代。如此完成「漢魏六朝家訓輯錄」，附在論文之末，以爲附錄。

二、搜輯漢魏六朝家訓全亡書篇目

　　因爲漢魏六朝家訓全亡的部分，雖有書、篇名，而嚴、逯二人多未登錄，而即使登錄，有些家訓作品並非勒部成書，只是文集中單篇文章，造成搜輯書、篇名目的困難。我用的方法如下：

　　第一，漢魏六朝書目，比較集中在《漢書》藝文志、《隋書》經籍志、《舊唐書》經籍志、《新唐書》藝文志、鄭樵《通志略》藝文略及藤原佐世《日本國見在書目錄》諸書藝文志中，這些除了鄭《志》以外，多爲見存書目，南朝「諸家雜誡」「雜家誡」等即透過這個方法得悉。

〔註39〕收入王師三慶《敦煌類書》上冊，頁211至212。（高雄麗文文化事業股份有限公司，1993年6月初版）

〔註40〕《冊府元龜》所用有宋、明二種刊本，宋刊本較佳。宋刊本爲北平中華書局出版，1989年11月；明刊本爲大化書局出版，民國73年10月初版。

〔註41〕例如蕭繹《金樓子》戒子篇引王文舒曰：「孝敬仁義，百行之首，而立身之本也。」（前引書，卷二頁10），《三國志》卷二七載王昶〈家誡〉「首」字下有「行之」二字。（參附錄2-3）另外他引任彥升云云（頁13），可補任昉〈家誡〉（參第五章第一節「其它」條）逸文。

〔註42〕《勵忠節鈔》所引「司馬徽誡子書」，可補《類聚》之不足（參附錄1-9），所引「梁簡文帝誡子書」與《類聚》引「誡當陽公書」，頗有不同。（參附錄6-1）另宋本《冊府元龜》、《戒子通錄》，在校勘顏延之《庭誥》時，頗能訂正《宋書》之缺失。（參附錄4-2校語）

第二，漢魏六朝家訓作品，有些不及後代書目載錄就散亡，但書、篇名目載在史傳者，清代眾家補藝文志，可彌補這個缺失。《二十五史補編》所載補《漢書》藝文志者，有姚振宗《漢書藝文志拾補》六卷；補《後漢書》藝文志者有錢大昭、侯康、顧櫰三、姚振宗、曾樸五家，〔註43〕補三國藝文志者有侯康、姚振宗二家，〔註44〕補《晉書》藝文志者丁國鈞、文廷式、秦榮光、吳士鑑、黃逢元等五家，〔註45〕補《宋書》藝文志者有聶崇岐一家，〔註46〕補《南齊書》藝文志者有陳述一家，〔註47〕補《隋書》經籍志者有張鵬一、章宗源、姚振宗三家，〔註48〕補《南北史》藝文志者有徐崇一家，〔註49〕並取以搜輯書目，以補前敘藝文志之不足。凡全亡書篇，正史藝文志不載者，多據諸書載錄得知。

余嘗撰《孔衍春秋後語研究》，〔註50〕知輯佚難工，書目搜輯難全，然僶勉為之，冀得梗概，不敢望其全備。

三、撰漢魏六朝家訓內容分析

據所輯錄家訓篇章及存目，略依嚴可均《全上古三代秦漢三國六朝文》次序，別為兩漢、三國、晉十六國、宋、齊、梁、北朝，分三章六節，殘存者分析其內容，全佚者附於各節之末，以見各朝家訓之內涵，並明家訓之發展與流變。至於《顏氏家訓》一書，以其內容獨多，前賢之研究也頗為豐碩，因此另立專章以討論之，唯此書在內容上亦多與前人暗合，或同一事而意見相左，則取以為比較之資，不在此限。

〔註43〕 《二十五史補編》所收補《後漢書》藝文志者有（一）錢大昭，補續漢書藝文志一卷（二）侯康，補後漢書藝文志四卷（三）顧櫰三，補後漢書藝文志十卷（四）姚振宗，後漢藝文志四卷（五）曾樸，補後漢藝文志一卷。

〔註44〕 （一）侯康，補三國藝文志四卷（二）姚振宗，三國藝文志四卷。

〔註45〕 （一）丁國鈞，補晉書藝文志四卷附錄一卷（二）文廷式，補晉書藝文志六卷（三）秦榮光，補晉書藝文志四卷（四）吳士鑑，補晉書經籍志四卷（五）黃逢元，補晉書藝文志四卷。

〔註46〕 聶宗岐，補宋書藝文志一卷。

〔註47〕 陳述，補南齊書藝文志四卷。

〔註48〕 （一）張鵬一，隋書經籍志補二卷（二）章宗源，隋書經籍志考證十三卷（三）姚振宗，隋書經籍志考證五十二卷。

〔註49〕 徐崇，補南北史藝文志三卷。

〔註50〕 拙著「孔衍春秋後語研究」，中國文化大學中文研究所碩士論文，民國77年6月，自印本。此文後半為「春秋後語輯校」。

四、撰漢魏六朝家訓之思想

各家子弟之行徑，未必相同；撰述者之修養，各有千秋；時代風氣，未必一致。這些歧異的部分，在前敘內容分析的章節中，可知其概略，至於共同的思想趨勢，也有賴站在前三章的基礎，並同《顏氏家訓》，歸納得之。思想研究獨立一章，計分六節。前三節立漢魏六朝家訓之「人生目的」「行為取向」「誥誡性質」，來說明家訓「冠冕」「齊家」之人生目的，「免禍」「致用」之行為取向，「具體」「小節」之誥誡性質。第四節，取家訓與儒家思想比較其異同。第五節，取家訓與佛道思想比較其關係。第六節，對家訓思想做一番檢討，舉其三項優點，兩項缺失，以評述家訓思想之整體表現。

五、撰漢魏六朝家訓之文學

撰文誡子，目的雖在規範家門中子孫，但既形諸文字，自然也有其文學特質。文學研究，計分三節。第一節，敘家訓之文體，下分兩點：（一）從書篇名目考察家訓之文體，探討諸人所使用的「敕」「戒」「誡」「誥」「令」「命」「律」「訓」「篇」「誨」等書篇名目，進一步瞭解漢魏六朝家訓之文體。（二）家訓之體裁，探討漢魏六朝家訓中運用散文、駢文、尚書體、詩、韻文（類似押韻之箴、銘）誡子之特色。第二節，敘家訓之情意表現，分三點：（一）情感真摯（二）內容充實（三）立意美善。第三節，敘家訓之論理表現，此就家訓之訓誡方法，立為七點：（一）命名字為誡（二）敘自身經驗以為誡（三）引聖賢言論、諺語以為誡（四）評論古今人事以為誡（五）敘家風以為誡（六）抄書以為誡（七）自構理論以為誡（八）敘生平事蹟以清白遺子孫。

六、撰顏氏家訓問題研討

《顏氏家訓》體大思精，在前面內容分析、思想、文體諸章，雖取以與漢魏六朝家訓綜合研究，但顏氏一書，有其獨特之處，不得不立專章來討論。章分三節：第一節，敘《顏氏家訓》之特質，顏氏此書所以異于諸子，是它有家訓的本色；所以異于傳統家訓，是它有諸子的嚴密理論及分章條理；此節取在他之前的家訓與之比較，取魏晉諸子與之比較，以概觀其特質。第二節，敘《顏氏家訓》中儒、佛之定位，顏氏在「勉學」篇中多以儒家思想批評道家及玄學，在「歸心」篇中又以佛教思想繩墨周、孔儒術，本論文以為

顏氏在儒家思想取其「經世致用」，佛教取其「心靈信仰」，並略述其兩相衝突之緣由。第三節，敘《顏氏家訓》中之「仁義」與「利害」，顏氏多以「仁義」批評社會亂象，以「仁義」評論古今人物，但又多以「利害」準則訓誡子弟，「利害」準則論事之取捨；本節歸納此書兩種標準，並陳述其緣由。

七、撰漢魏六朝家訓之興起與發展

漢魏六朝家訓前後相去八百年，要分述每個時代的社會背景，有其困難，而且不能契合個別家訓之需要。因此站在家訓產生之動機以及發展軌跡的探討，反而可以概觀這個階段家訓撰述興起之原因，以及家訓體制改變之背景。章分三節：第一節，歸納家訓撰述動機，以觀其興起之原因。分四點，（一）父兄之教育責任（二）革除不良習性（三）提供人生經驗（四）建立理想的行為規範。第二節，敘漢魏家訓之發展。漢代家訓以「誡子書」的型態為主，因敘其發展，並陳述興起的原因。另敘曹魏家訓發展，曹魏短短四、五十年間，卻同時有王肅〈家誡〉、王昶〈家誡〉、杜恕〈家戒〉、嵇康〈家誡〉，不但撰述的時間集中，而且改變歷來誡子書的形態，這是漢魏六朝家訓發展過程中，很特別的現象，我從思想、社會、文學三個方向來探究其原因。第三節，敘南北朝家訓之發展。家訓發展進入南北朝，晉承曹魏遺風，至南朝愈下愈衰，北朝則愈後愈盛。南朝終陳之世未見自撰一書以訓誡子孫者，北朝則無論皇族、漢人士族，自撰一書以教訓子孫者時而可見。本節即分別敘晉南朝、北朝漢族、北朝皇族三者之家訓，以概見其發展，並探討其盛衰的原因。

第四節　漢魏六朝家訓之根源

父母對子女的慈愛，是人類的天性，它不必用道德來規範，不必用法律來約束，不必用名利來誘導，自然而然，因此《孝經》說「父子之道天性也」〔註51〕就是這個道理。然而慈愛的表達，除了供他衣食，使免於饑寒外，更重要的是教育他，使他來日能立足於社會，因此春秋衛大夫石碏曾說：「臣聞愛子，教之以義方，弗納於邪。」，〔註52〕又《管子》五輔篇說：「為人父者

〔註51〕邢昺，《孝經注疏》，卷五聖治章，頁 38。（藝文印書館十三經注疏本，民國70 年元月八版）

〔註52〕楊伯峻，《春秋左傳注》，隱公三年傳，頁 31。（源流出版社，民國 71 年 3 月初版）

慈惠以教」〔註53〕都說明教育子弟是父母慈愛意念表達的必要方式。古來一切家訓作品都是站在這個由愛而教之的基礎上發展出來的，因此它的內涵總不離與子弟生活相關的言行舉止之訓誡。

先秦父母對子女的訓誡，從傳世的文獻上看來，主要可分為三種形態：（一）言辭訓誡，（二）撰文訓誡，（三）誦詩訓誡。茲分述於下：

一、言辭訓誡

言辭訓誡，謂透過語言傳達，告誡子弟的方式。這種利用對話訓勉子弟，不必經由文字的媒介，故而它不受文字發明的時限所約制，不受讀書識字撰文的能力所約制，因此在理論上必然是最早而且最普及的一種家訓形態。它的內容大半被保存在史籍裏面，例如《史記》載周公告誡伯禽之事云：

> （周公）相成王，而使其子伯禽代就封於魯。周公戒伯禽曰：「我文王之子，武王之弟，成王之叔父，我於天下亦不賤矣。然我一沐三捉髮，一飯三吐哺，起以待士，猶恐失天下之賢人。子之魯，慎無以國驕人。」〔註54〕

這是周公在伯禽未就封時，告誡他關於治理的理念，希望他也能禮賢下士，千萬小心謹慎不可以一國之君而驕人。另外《國語》晉語五載范武子告誡其子范文子的話兩則：

> 郤獻子聘于齊，齊頃公使婦人觀而笑之。郤獻子怒，歸，請伐齊。范武子退自朝，曰：「燮乎，吾聞之，干人之怒，必獲毒乎。夫郤子之怒甚矣，不逞于齊，必發諸晉國。不得政，何以逞怒？余將致政焉，以成其怒，無以內易外也。爾勉從二三子，以承君命，唯敬。」乃老。〔註55〕

郤獻子即郤克，跛腳，聘于齊，齊頃公使其母隔帷窺視，譏笑他走路的樣子，

〔註53〕安井衡，《管子纂詁》，卷三，頁29。（河洛圖書出版社，民國65年3月台初版）

〔註54〕司馬遷，《史記》，卷三三魯周公世家，頁1518。（鼎文書局，民國74年3月7版）。案：周公戒伯禽，事又見劉向，《說苑》，卷十敬慎，向宗魯校證云：「本韓詩外傳三，又荀子堯問篇、尚書大傳（原注：盧本入洛誥，陳本入梓材。）文多異。」（大陸中華書局，1987年7月1版）

〔註55〕《國語》，卷十一晉語，頁400。（漢京文化事業有限公司，民國72年12月）事亦見左傳宣公十七年傳，文辭稍異。

引起郤克極端忿怒，想要報此受詬之恥。〔註 56〕因此范武子趁此機會告老致政，讓郤克執政。武子這一席話旨在交待自己所以告老之原因，並勉子在朝中要向晉諸位卿士多學習，事奉晉君，態度要恭敬。又一則云：

> 范文子暮退於朝。武子曰：「何暮也？」對曰：「有秦客廋辭於朝，大夫莫之能對也，吾知三焉。」武子怒曰：「大夫非不能也，讓父兄也。爾童子，而三掩人於朝。吾不在晉國，亡無日矣。」擊之以杖，折其委笄。〔註57〕

范武子訓誡其子不知禮讓，以年輕後輩的身分，在朝庭揚才顯己，獨對秦客的隱辭，故怒斥其非，更以杖痛擊之，希望他能學習謙讓之道。另《論語》載孔子告子伯魚之言二則：

> 子謂伯魚曰：「女為周南、召南矣乎？人而不為周南、召南，其猶正牆面而立也與。」〔註58〕

> 陳亢問于伯魚曰：「子亦有異聞乎？」對曰：「未也。嘗獨立，鯉趨而過庭，曰：『學詩乎？』對曰：『未也』，『不學詩無以言』，鯉退而學詩，他日，又獨立，鯉趨而過庭，曰：『學禮乎？』，對曰：『未也』『不學禮無以立』鯉退而學禮，聞斯二者。」陳亢退而喜曰：「問一得三，聞詩聞禮，又聞君子之遠其子也。」〔註59〕

孔子勉子讀《詩經》周南、召南，可以增廣見聞，去除蒙蔽；勉子學習禮儀，以便立足於社會，勉子學習《詩經》，以便與人交談。兩則的涵意皆在讀書學習，這或與孔子本身即從事教育工作有關。

　　以上三人誡子五例，除了形式為對話口語，與撰文訓誡不同外，就誡子之內容而言，與漢魏六朝誡子之文實相類似。如周公戒伯禽宜禮賢下士，不可驕縱自是，與漢高祖敕惠帝，見蕭何、曹參、張良、陳平皆拜（附錄 1-1）；曹袞令世子，恐其幼小，未聞義方，將以驕奢自敗，而勉其「接大臣，務以禮，雖非大臣，老者猶宜答拜。」（附錄 2-1）；宋文帝誡弟「禮賢下士」，不可「驕侈矜尚」（附錄 4-1）；梁簡文帝誡子「以汝之承籍，必不畏人欺，但恐汝倚恃欺慢他人。」（附錄 6-2）；梁元帝誡子，自悔弱年的行徑「自得如山，

〔註56〕 事詳左傳宣公十七年傳。
〔註57〕 《國語》，卷十一晉語五，頁 401。（前引書）
〔註58〕 邢昺，《論語注疏》，卷十七陽貨，頁 156。（藝文印書館，民國 70 年元月 8 版）
〔註59〕 前註引書，卷十六季氏，頁 150。

忽人如草，好辭費，頗事抑揚。」勉子戒除此行。（附錄6-2）。至於范武子勉子謙讓，王昶〈家誡〉，殷褒〈誡子書〉皆直用此典故，訓誡子弟。孔子勉伯魚讀書勤學習，尤為後世皇室、仕宦家庭誡子所重視，如漢高祖、酈炎、劉備、顏延之、梁元帝等皆言及之，顏之推《家訓》更有「勉學篇」剖析尤為詳盡。這些可說都是家訓作品興起前，父教子的原始形式。

口語的告誡，從先秦一直到今天，都是深入每個家庭，每個身為人父母所以教子，身為人子女所以受誡的方式，影響層面可謂最深遠。但它也有其局限：

第一，內容簡短，條理鬆散。因為它多半緣事而發，事出偶然，往往僅能就事論事，其內容都是比較片面的。而且言談的形式，本身不能是一種記錄（古代無留聲機），必須經由史官或口耳相傳記載下來，故而即使內容很多，往往也因為錄者取捨輕重有別，而擇要敘述，很難完整的把內容流傳下來。要像王昶、顏延之、顏之推等人所著家訓作品，內容完備，條理縝密，非靠撰文立訓不能達到。

第二，保留不易。口語訓誡雖最普遍，但保存下來的卻很有限，尤其是古代史籍載錄人物言行，以其從事之工作為主。史書多載其仕宦之言行，語錄體多載其與門生朋友往來之言談，對家中瑣事，罕有論及。故單靠口耳子孫相傳，自然而然，保留不易。例如楊椿追述祖父清河翁楊真的告誡，僅有寥寥數語；顏之推追記先祖顏含戒子姪，只存止足一事。時間越久，沒有形諸文字，就會亡失。倘楊椿、顏之推不載此事，後世則無由述之。

第三，空間的限制。口耳相誡，在古代的客觀條件下，不能千里傳音，故而子女與父母別居則告誡無門。這是兩漢以後誡子書形成的原因。

第四，時效的限制。口語告誡，要子弟能入乎耳著乎心長久不忘，實不容易。因此父母的告誡總是一而再，再而三，反復訓示，這就不如撰文訓誡具有長效性。

由於口語訓誡有這些約制，因此發展出以文代言的家訓彌補其不足，兩者之間一直是並行不悖的。不過值得一提的是，撰文訓誡，源自口語告誡，它的實用性遠超過文章無謂的雕飾，故而在文辭的表達上，一直能保有口語樸素的精神，無論文風如何轉變，家訓作品所受到的影響最小，這是一切家訓共同的特質。

二、撰文訓誡

　　撰文訓誡子弟，在先秦較爲罕見，或許因爲撰文誡子，風氣未開，再則時代綿邈，文獻泰半亡失有以致之。《左傳》定公四年載祝佗告萇弘之言，敘及周公攝政，分封子弟，曾撰文誥誡之，其言云：

> 昔武王克商，成王定之，選建明德，以蕃屏周。故周公相王室，以
> 尹天下，於周爲睦。分魯公以大路、大旂……命以〈伯禽〉而封於
> 少皞之虛。分康叔以大路、少帛……命以〈康誥〉而封于殷虛……
> 分唐叔以大路、密須之鼓……命以〈唐誥〉而封于夏虛……管、蔡
> 啓商，惎間王室，王於是乎殺管叔而蔡蔡叔……其子蔡仲改行帥德，
> 周公舉之，以爲己卿士，見諸王，而命之以蔡。其命書云：「王曰：
> 『胡！無若爾考之違王命也！』」〔註60〕

文中提到的魯公伯禽是周公之子；康叔爲周公同母弟；唐叔爲武王子，周公之姪；蔡仲爲蔡叔子，周公之姪。〈伯禽之命〉、〈康誥〉、〈唐誥〉、〈蔡仲之命〉即是周公分別對子、弟、姪的誥命，可視爲家訓作品的一種原始形態。這些篇章雖出自周公之手，告誡者與受誡者之間有血親的關係，但周公並非全然站在親情的立場勸告他們，而是攝政期間，代成王出誥命。因此可以想見政治的成分很濃厚，親情的成分較爲淡薄，這是與先秦士大夫口語告誡，很大不同的地方。上面四篇今保養較完整而可信的，有〈康誥〉，收入《尚書》中周書，爲今文《尚書》二十九篇之一。另外今文《尚書》中尚有《酒誥》、《梓材》並爲周公告戒康叔之辭，《無逸》爲周公戒成王之語。〔註61〕從這四篇的形態及內容，可以發現它的兩項特色：

　　第一：全文採用口語的形態。這或許是周公攝政，假成王之誥命，以命子弟，因此文中多有「王若曰」「王曰」之開頭語，如〈康誥〉、〈酒誥〉、〈梓材〉者是。另外也有可能是後世史官據傳聞纂集而成，因此有「周公曰」之開頭語，如〈無逸〉者是。無論是那一種情形，他是以忠實記錄口語訓誡爲其基礎的。這應是口語告誡進一步發展爲成篇文章的過渡形式。

　　第二：告誡者與受誡者之間，除血親之外，也有君臣之關係。因此內容以誡驕奢，陳示治國理民之要道爲主，這與兩漢以後皇室誡子的內涵非常類

〔註60〕楊伯峻，前引書，頁 1536～1540。
〔註61〕以上尚書諸篇，撰述者與告誡者之認定，歷來迭有不同的說法，今姑依史記衛康叔世家、魯世家之說。各家說法，可參屈萬里尚書集釋各篇前之說明。

似，如漢武帝封齊王閎、燕王旦、廣陵王胥，皆有策文，〔註62〕即是這類誥命的延續。

　　撰文訓誡，是家訓作品得以進一步發展的重要過程，雖說《尚書》中所載的這些篇章，仍與後世定型的家誡、家訓有很大的差距，但可以看做是家訓作品的一個根源。後世誡子弟之作，如夏侯湛〈昆弟誥〉，在遣辭用句上，模仿《尚書》的體材，是比較鮮明的例子。

三、誦詩訓誡

　　誦詩訓誡，謂以四言韻語的形式，訓勉子弟。《儀禮》士冠禮中載男子二十歲，則舉行冠禮，冠禮有祝辭，《儀禮》所載有加冠辭三章，醴辭一章，醮辭三章，命字辭一章，共八章，章或六句，或七句，句四字，皆父祝子成年之頌辭。其間多有訓勉之辭，如始加冠辭云：

　　　　令月吉日，始加元服。棄爾幼志，順爾成德。壽考惟祺，介爾景福。
〔註63〕

要子弟知道成年之後，必須拋棄小孩不成熟的想法，而順從成人之美德，如此則能長命百歲，得到最大的福氣。再加冠辭云：

　　　　吉月令辰，乃申爾服。敬爾威儀，淑慎爾德。眉壽萬年，永受胡福。
〔註64〕

「敬慎威儀，淑慎爾德」也是訓勉子弟的話，要受冠的子弟，從今以後言行舉止要恭敬、謹慎，能如此則可以「眉壽萬年」，永享長福。

　　像這類韻文，雖不是某人專對某子所施，但它勢必也是經過長時間口語訓誡的歷程，由隨意的祝福轉而為規格化的韻語型態。這種整齊的韻文，最大的好處即在於方便背誦，可以傳之久遠。兩漢之後以詩歌形態戒子的作品，雖然不多，但像西漢韋玄成〈誡子孫詩〉、陶淵明〈命子〉，全詩以四言組成，韋氏之作遣辭用句，尤似《儀禮》中祝辭，可知以韻文誡子，實即淵源於此。

〔註62〕諸文見司馬遷《史記》卷六〇三王世家、班固漢書卷六三武五子傳。
〔註63〕賈公彥，《儀禮注疏》，卷三士冠禮，頁31。（藝文印書館十三經注疏本，民國70年元月8版）
〔註64〕同前註。

第二章　漢魏六朝家訓之興起與發展

　　撰文誡子的風氣，自兩漢以後才逐漸發展起來。而現存兩漢的作品，多半以誡子書的型態存在，（如東方朔〈誡子〉、劉向〈誡子歆書〉、馬援〈誡兄子嚴敦書〉、鄭玄〈戒子益恩書〉、王脩〈誡子書〉等是）有些類似後世的家書，不過就撰述動機而言，有的是臨終告誡，有的是出門在外，用家書來叮嚀子弟，有的是告老傳家，其原因並不一致。但到了曹魏之時，如王肅、王昶、杜恕、嵇康等人，都同撰有「家誡」，不但訓誡對象以家為單位，篇幅、內容也增加不少，這時期撰述家誡來勸勉子弟，似乎成為一種時尚與風潮。南朝以後的家誡作品，基本上就延續這兩種模式，（如顏延之〈庭誥〉、王僧虔〈誡子書〉、徐勉〈為書誡子崧〉等是）只是在篇幅上更長更具規模，如〈庭誥〉現存並非完篇，就有近四千字的長文，可見其一斑；但因家誡的作品漸多，也有人抄歷來家誡為一書，以供人閱讀，或藉以訓勉子弟的情況，（如〈隋志〉四所載《諸家雜誡》、《雜家誡》及梁元帝《金樓子》戒子篇等是），然而終南朝之世未見有自撰一書以訓誡子弟者。北朝發展的情形與南朝不同，五胡十六國以後，除了繼承前述的兩種型態之外，（如楊椿〈誡子孫書〉、魏收〈枕中篇〉、王褒〈幼訓〉等是）到北魏，就有刁難《教誡》二十余篇、甄琛《家誨》二十篇，及由北齊、北周入隋的顏之推《家訓》二十篇，在家誡作品的發展中，更向前推進一步。

　　本章分三個方面來探討：（一）就撰述動機觀漢魏六朝家訓興起之原因。（二）漢魏家訓之發展。（三）晉南北朝家訓之發展。

　　第一節中，僅就兩漢至隋代，所有家訓的撰述動機，做一個綜合歸納，概觀撰文誡子一般性的原因。然在動機之中，也大約可以看出家訓的發展，

但兩漢的誡子書，在南朝一樣存在；子弟的缺失，也有歷八百年不變的情形；因此統合其動機，可以做爲瞭解漢魏六朝家訓興起的基本因素。

第二節中，敘說兩漢家訓發展之情況，並探討「誡子書」興起之原因；另外針對三國曹魏，發展出「家誡」的專用文體，做一步原因的探討，因爲這時期的家訓在體裁上產生重大變革，必然有些原因值得深究。

第三節中，探討晉南朝與北朝家訓的不同發展途徑。北朝家訓走向子書的型態，終於出現顏之推的《顏氏家訓》；南朝家訓則沒有什麼創新的地方，充其量只不過是篇幅較長的「家誡」而已。是什麼因素造就南北兩地不同的發展，我以政治因素做爲主要線索，分明說明（一）晉南朝家訓之發展（二）北朝漢族家訓之發展（三）北朝皇族家訓之發展，以探究其原因。

第一節　就撰述動機觀漢魏六朝家訓興起之原因

從現存漢魏六朝家訓看來，我把它的動機分爲四個部分：第一，父兄的教育責任；第二，革除子弟不良習性；第三、提供人生經驗；第四、建立理想的行爲規範。其中第一點是漢魏六朝所有撰述家訓的共同心態，也是古今爲人父兄所以教育子弟的因素，並非針對某些特定家訓之動機而言。第二與三點，區別在是否針對子弟疏失予以針砭，一般臨終告誡、告老傳家多屬後者，而名目上皆以誡子書的型態呈現。第四點，乃特意撰文誡子，與家書不同，目的在建立心中理想之行爲模式。茲分述於下：

一、父兄之教育責任

家訓作品既然是家中父兄對子弟的訓誡，因而所有家訓的產生，幾乎都與父兄的教育責任有關。古今中外沒有人不疼愛自己家中的子弟，父子母女之情，乃出於天性自然，這不需要別人強迫、環境促成、社會輿論、法律規範等外在力量的驅策，天生如此，故而《孝經》聖治章說：「父子之道，天性也。」〔註1〕就是說明父母慈愛子女，本乎天性，不假外力。然則愛的展現，除了提供子女飲食、衣服、居住等物質條件，使他們免於挨餓受凍得以保全生命之外，更應該重視教育問題。先賢在這方面都有很深刻的體認。春

〔註1〕邢昺，《孝經注疏》，卷五，頁38。（藝文印書館「十三經注疏」，民國70年元月8版）

秋衛莊公寵公子州吁，而不知教導，大夫石碏勸諫他說：「臣聞愛子，教之以義方，弗納於邪。」〔註2〕把教育子弟當作是愛的延續，是很確切的。韓嬰《春秋外傳》卷七，對此說得更周延，他說：

> 夫為人父者，必懷慈仁之愛，以畜養其子，撫循飲食，以全其身。及其有識也，必嚴居正言，以先導之。其束髮也，授明師以成其技；十九見志，請賓冠之，足以死其意；血脈澄靜，娉內以定之；信承親授，無有所疑……此為人父之道也。〔註3〕

劉向《說苑》建本篇也說：

> 賢父之於子也，慈惠以生之，教誨以成之，養其誼，藏其偽，時其節，慎其施。子年七歲以上，父為之擇明師，選良友，勿使見惡，少漸之以善，使之早化。〔註4〕

他們一致認為，「為人父之道」除了長養之外，更應重視教育。假設教育不得法，或生而不教，使子弟驕、奢、淫、佚以取禍敗，那是父兄不可推託的責任。因此《春秋》載「鄭伯克段于鄢」，《左傳》云：「稱鄭伯，譏失教也。」〔註5〕《春秋》譏刺鄭伯父親去逝了，沒有盡到為人兄長教育弟弟的責任，使共叔段日益驕縱，終至舉兵叛國。另衛公子州吁殺其兄桓公，以自立，也是父親衛莊共沒有盡教導之責，《左傳》載其事，以垂鑒戒。〔註6〕兩漢以後諸人撰文誡子，多少都與這種子不教父之過的責任心有關。

　　如馬援誡兄子嚴、敦，不可議論人之長短，特別要重申「汝曹知吾惡之甚矣，所以復言者，施衿結褵，申父母之戒，欲使汝不忘之耳。」（附錄1-5）說明自己的要求，是申父母之戒，責任所在，不得不如此；鄭玄撰書戒子，也說「入此歲來，已七十矣……案之禮典，便合傳家。」（附錄1-8）傳家是父親年老之後，把家中一切事務交待給小孩的儀式，這也是身為人父者必須要盡的職責；殷褒撰書誡子，不得彈射世俗，說「使吾懷朝夕之憂，為范武子所歡，亦非汝之美也。」（附錄2-5）范武子嚴教范文子，使之能承繼家業，

〔註2〕　楊伯峻，《春秋左傳注》，魯隱公三年傳，頁31。（源流出版社，民國71年3月初版）

〔註3〕　韓嬰，《韓詩外傳》，卷七，頁68。（新興書局「筆記小說大觀」三編影程榮校漢魏業書本，民國63年5月版）

〔註4〕　向宗魯，《說苑校證》，卷三建本，頁58。（北平中華書局，1987年7月1版）

〔註5〕　楊伯峻，前引書，隱公元年傳，頁14。

〔註6〕　參前引書，隱公三年傳，頁31～33。

後世傳爲美談（參內容分析），因此殷褒以爲養子不教，爲范武子所歎，那是自己的過失。他們幾乎都認爲，子弟的教育問題，是父兄的責任，無論是子弟有不良的行徑，或是告老傳家，自己都應盡一些勸勉的職責。這是家訓所以產生的基本因素。

善於教導子弟，使子弟學有所成，光耀門楣，是眾人所欽仰的對象。如西漢韋賢，篤志於學，兼通《禮》、《尚書》，以《詩》教授，號稱鄒、魯大儒，宣帝時位至丞相。少子玄成，又以明經歷位至丞相。故鄒、魯諺曰：「遺子黃金滿籯，不如一經。」玄成也注重子孫教育，撰有〈誡子孫詩〉（附錄 1-3），終哀帝之世，宗族至吏二千石者十餘人。〔註 7〕韋賢善教子弟是一個典範，至梁徐勉〈爲書誡子崧〉（附錄 6-3）乃引魯諺誡子，欽仰其風。東晉明帝太寧三年，下詔求賢，即以能纂修家訓，爲其條件之一，詔書曰：

> 昔周武克殷，封比干之墓；漢高過趙，錄樂毅之後，追顯既往，以勸將來也。吳時將相名賢之胄，有能纂修家訓，又忠孝仁義，靜己守眞，不聞于時者，州郡中正亟以名聞，勿有所遺。〔註 8〕

據此，可以想見當時對能秉承家訓者之重視，而其責任，固在爲人父兄身上。

至於子弟爲惡，雖未必父兄教之，然亦多歸罪之。前敘春秋共叔段、州吁已然如此，後世猶有甚焉。漢魏之際，有大儒名宋忠，一時俊秀，如王肅、尹默、李譔、潘濬等，皆出門下，〔註 9〕其子與魏諷謀反，伏誅。曹丕與王朗書，譏之曰：

> 昔石厚與州吁游，父碏知其與亂；韓子昵田蘇，穆子知其好仁；故君子游必有方，居必就士，誠有以也。嗟乎！宋忠無石子先識之明，老罹此禍。今雖欲願行滅親之誅，立純臣之節，尚可得邪！〔註 10〕

把宋忠的小孩比喻做石厚，認爲宋忠不如石碏能知其子，顯然也有責怪他不善教子而遭逢此禍之意。又《晉書》卷七○卞壼傳載其父粹事云：

〔註 7〕 以上參班固，《漢書》，卷七三韋賢傳。

〔註 8〕 房玄齡，《晉書》，卷八明帝紀，頁 164。

〔註 9〕 案：陳壽《三國志》卷十三：「（王）肅字子雍年十八，從宋忠讀太玄。」（頁 414，鼎文書局，民國 73 年 6 月 5 版），又卷四二：「尹墨字思潛……益部多貴今文而不崇章句，默知其不博，乃遠游荊州，從司馬德操、宋仲子等受古學。」（頁 1026），同卷：「李譔字欽仲……與同縣尹默俱游荊州，從司馬徽、宋忠等學。」（頁 1026），又卷六一：「潘濬字承明……弱冠從宋仲子受學。」（頁 1397）

〔註 10〕 陳壽，前引書，卷四二，頁 1026，裴注引魏略。

父粹，以清辯鑒察稱。兄弟六人並登宰府，世稱「卞氏六龍，玄仁
無雙」。玄仁，粹字也。弟裒，嘗忤其郡將。郡將怒訐其門內之私，
粹遂以不訓見譏議，陵遲積年。〔註11〕

此時粹父當已去世，故而教訓之責，落在卞粹身上，其弟犯小過，就遭到譏
議，甚至累年不能出仕任官，這是弟不教，歸罪於兄的例子。又《魏書》卷
三十安同傳載：

同長子屈，太宗時典太倉事，盜官粳米數石，欲以養親。同大怒，
奏求戮屈，自劾不能訓子，請罪。太宗嘉而恕之，遂詔長給同粳米。

〔註12〕

安同因為長子屈偷米，就自劾不能教訓子弟，請求降罪。此二則更說明南北
朝重視家庭教育之一斑，子弟有過，不但會受到責難批評，更會影響自己的
工作。使愛而教之的自發性，又加上社會的重視。教訓得當，不但子弟可以
出人頭地，榮譽也歸於己；教訓不當，不但子弟犯錯取罪，咎尤也不能推託。
家訓的撰述，能歷久而彌盛者，蓋由於職責所在，又為社會所重視的原故有
以致之。

二、革除子弟不良習性

漢魏六朝很多家訓撰述的動機，是由於父兄子弟別居或因公在外，不能
及時勸誡，才寫信加以訓勉。如果父子同居一屋，有過則可當面斥責，不待
撰文而後誡之。然而父子兄弟終有聚會之時，迫不及待撰書誡之，亦可以想
見為人父兄對子弟不良習性之無法容忍。如《後漢書》卷二四馬援傳載，援
於光武帝建武十七年受拜伏波將軍南擊交阯，二十年秋，振旅還京師，在交
阯時，聞兄子嚴、敦並喜譏刺時政，而且交接俠客，不待回京師，即撰書誡
之。〔註13〕後漢張奐撰〈誡兄子書〉云：「聞仲祉輕傲耆老，侮狎同年，極口
恣意……聞燉煌有人來，同聲相道，皆稱叔時寬仁，聞之喜而且悲。喜叔時

〔註11〕房玄齡，前引書，卷七十，頁1866。
〔註12〕魏收，《魏書》，卷三十，頁713。（鼎文書局，民國72年12月4版）
〔註13〕案：范曄《後漢書》卷二四馬援傳，李賢注引《東觀漢記》云：「余卒時，嚴
　　　　七歲，（建武）四年，叔父援從車駕東駕東征，過梧安，乃將嚴兄弟西。嚴年
　　　　十三至雒陽，留寄郎朱仲孫舍，大奴步護視之也」（頁859，鼎文書局，民國
　　　　70年4月4版）謂嚴父早卒，援於建武四年攜其兄弟至雒陽，至於留寄朱仲
　　　　孫舍，蓋以援常因征戰在外，故託人照顧其生活起居。

得美稱，悲汝得惡論。」（附錄 1-6）張奐本燉煌人，撰此書時雖不知任何官職，然亦當離鄉在外，故兒子仲祉有失，不得當面訓誡，而撰此書，與馬援之意略同。魏殷褒〈誡子書〉云：「況爾析薪之智，欲彈射世俗，身爲謗先，怨禍並集。使吾懷朝夕之憂，爲范武子所歎，亦非汝之美也。」（附錄 2-5），由內容知其子「彈射世俗」，爲殷褒所不能容忍，故撰書誡之。

　　子弟無善行，尚可自立爲人；如有惡行，則易惹禍上身，甚至如前所敘宋忠、卞粹等人遭到譏議，這是撰文誡子最迫不及待之事。而前舉譏刺時政、「極口恣意」、「彈射世俗」似爲漢魏之際年輕人的通病，故諸人誡子並言及之，《後漢書》卷四三朱穆傳載其「崇厚論」云：

> 夫時有薄而厚施，行有失而惠用。故覆人之過者，敦之道也；救人
> 之失者，厚之行也……然而時俗或異，風化不教，而尚相誹謗，謂
> 之臧否。記短則兼折其長，貶惡則並伐其善。悠悠者皆是，其可稱
> 乎！凡此之類，豈徒乖爲君子之道哉，將有危身累家之禍焉。悲夫！
> 行之者不知憂其然，故害興而莫之及也。〔註14〕

他批評當時年輕人的風氣，「記短則兼折其長，貶惡則並伐其善」，對他人是非長短的議論，往往譏刺人之缺失，則連同折損其長處；貶斥人惡，則又伐自身之美善。如此非但對自身毫無實質的長進，對他人的議論也未必公正平允，況且稍有不慎，還有「危身累家之禍」。這應是眾人致書誡子所以欲革除之而後快的原因。其他如宋文帝劉義隆致書誡弟義恭，不可奢侈；（附錄 4-1）王僧虔致書誡子不可沾染玄風，崇尚清談；（附錄 4-3）齊武帝蕭頤致書誡子不可使用異于常禮的服飾。（附錄 5-1）都是緣事而發，子弟有此不良行徑，而後撰書誡之。革除子弟不良習性，是家訓撰述很鮮明的動機之一。

三、提供人生經驗

　　父兄教育子弟，提供自己一生的經驗、歷練給兒孫參考，或針對某些特別的事情要求他們小心謹愼，原是常有的事。但如果不是子弟有不良行徑，做爲媒介，或父子兄弟長相左右，就很少會有特意撰文來訓誡子弟的情形。在漢魏六朝家訓之中，既非欲革除子弟不良行爲，也不是想建立較周密的理想行爲模式，有三種情形會讓他們撰家訓來勸勉子弟。第一，臨終告誡；第

〔註14〕范曄，前引書，頁 1464～1466。

二，告老傳家；第三，家書而及訓勉之辭。茲分述於次：

第一，臨終告誡。如漢高祖〈手敕太子〉第五則（附錄1-1）、東方朔〈誡子〉（附錄1-2）、酈炎〈遺令書〉第四則（附錄1-7）、曹袞〈令世子〉（附錄2-1）、劉備〈遺詔敕後主〉（附錄 2-7）、張融〈門律自序〉（附錄5-2）等是。這些家訓多半是因爲遇疾，或身系牢獄（如酈炎）將受刑罰，深恐以後再也沒有機會教導子弟，故撰書訓勉之。歷來臨終告誡之辭很多，如顧命、遺令、終制等是，（參第七章「遺令」條），但多半涉及喪葬等後事，勉子儉葬，與訓誡子弟言行者稍有不同。如前所錄酈炎書，前三則交待身後，第四則用以誡子；曹袞疾困，先敕令官屬，交待後事，〔註15〕再撰此令，以勉世子；張融則另撰「遺令」〔註16〕敘身後諸事；顏之推《顏氏家訓》訓子者十九篇，最後有「終制」篇，以言後事。此二者用意本有不同。〔註17〕

第二，告老傳家。如鄭玄〈戒子益恩書〉（附錄 1-8）、陶淵明〈與子儼等疏〉（附錄3-6）、徐勉〈爲書誡子崧〉（附錄6-3）、楊椿〈誡子孫〉（附錄7-1）等是。《禮記》曲禮云：「七十曰老，而傳。」鄭玄注：「傳家事，任子孫。」曲禮又云：「大夫七十而致事」。鄭玄注：「致其所掌之事於君而告老」〔註18〕古來七十歲，致仕告老，傳其家事予子孫，而多申告誡之辭，如《左傳》宣公十七年傳：「范武子將老，召文子曰：燮乎！吾聞之，喜怒以類者鮮……余將老，使郤子逞其志，庶有豸乎，爾從二三子唯敬。乃請老。郤獻子爲政。」〔註19〕此春秋晉范武子致仕告老，而誡其子范文子之事，諸人撰誡，以勉子

〔註15〕見陳壽，《三國志》，卷二十，頁584。（前引書）

〔註16〕見蕭子顯，《南齊書》，卷四一，頁728。（鼎文書局，民國72年元月4版）

〔註17〕案：然而有時事起匆促，遺令之中也有訓誡，只是訓誡並非其主體，如王祥「遺令」，前文大半敘喪葬後事，末云：「夫言行可覆，信之至也；推美引過，德之至也；揚名顯親，孝之至也；兄弟怡怡，宗族欣欣，悌之至也；臨財莫過乎讓；此吾者立身之本。顏子所以爲命，未之思也，夫何遠之有！」（晉書卷三三，頁987，前引）又蕭嶷「遺令」，後文大半敘喪葬事，前云：「無吾後，當共相勉勵，篤睦爲先。才有優劣，位有通塞，運有富貴，此自然之理，無足以相陵侮。若天道有靈，汝等各自脩立，灼然之分無失也。勤學行，守基業，治閨庭，尚閑素，如此足無憂患。聖主儲皇及諸親賢，亦當不以吾沒易情也。」（南齊書，卷二二，頁417，前引）如此二篇之例，在漢魏六朝「遺令」之中，亦不多見，既使年老將終，撰家訓在訓勉子弟言行，撰遺令在處理身後事，多判然有別。

〔註18〕孔穎達，《禮記正義》，卷一，頁16、17。（藝文印書館「十三經注疏」，民國70年元月8版）

〔註19〕楊伯峻，前引書，頁774。

孫，用意與范武子略同，唯易言爲文而已。

　　鄭玄書云：「入此歲來，已七十矣……案之禮典，便合傳家。今我告爾以老，歸爾以事。」這是他書中自言如此。而陶淵明疏中自云年過五十，又云：「疾患以來，漸就衰損。親舊不遺，每以藥石見救，自恐大分將有限也。」頗有傳家之意。徐勉撰此書，時年六十餘（參附錄説明），然觀其文中云：「吾年時朽暮，心力稍殫，牽課奉公，略不克舉，其中餘暇，才可自休……求數刻之暫樂，庶居常以待終，不宜複勞家間細務……自茲以後，吾不復言及田事，汝亦勿複與吾言之。」亦有傳家事予長子崧之意。至於楊椿撰此，年已七十五，乃致仕回鄉，臨行告誡在洛京子孫之作，（參附錄説明）亦有傳家之意。大凡傳家，則諸事由子孫做主，不欲再過問家事，故撰此家訓，以盡身爲一家之長最後的關懷。

　　第三，家書而及訓勉之辭。如劉向〈誡子歆書〉（附錄 1-4）、王脩〈誡子書〉（附錄 1-10）、諸葛亮《誡外生》（附錄 2-8）、羊祜〈誡子書〉（附錄 3-1）、王筠〈與諸兒書〉（附錄 6-4）等是。劉向以歆年少，即任黃門侍郎，故撰書勉其謙愼自持；王脩以其子出門在外，故致書勉其言行宜愼、交朋宜審；諸葛亮文僅存數行，依文意勉外甥立志、慕賢，辭頗類家書；羊祜與王筠二書相類，皆一書致諸子，羊祜書云：「思乃父言，纂乃父教，各諷誦之。」王筠書云：「汝等仰觀堂構，思各努力。」這有些類似「家誡」，唯二書簡短，文辭不離書信口氣，內容與「家誡」之企圖尚有所別。

四、建立理想之行爲規範

　　前敘諸種撰述動機，仍不離誡子書的型態，必待緣事而後發，類似後世之家書。眞正能代表漢魏六朝家訓作品之典型者，其動機必然是想要建立理想之行爲模式，如王肅、王昶、杜恕、嵇康、李秉等人「家誡」、姚信〈誡子〉、李充〈起居誡〉、夏侯湛〈昆弟誥〉、李暠〈手令誡諸子〉、顏延之〈庭誥〉、張融〈門律〉、梁元帝蕭繹《金樓子》戒子篇、魏收〈枕中篇〉、王褒〈幼訓〉、顏之推《顏氏家訓》等是也。家訓作品所以具有獨立之生命，也都源於這股創作的動機。否則像臨終告誡，事起匆促，易流於「遺令」之屬；誡子書，內容駁雜，與尋常家書的區別，只能就告誡子弟與否來判斷；至於三國以後之「家誡」，內容純粹，目標只在勸誡家門中子弟，故得以獨樹一格，造就後世家訓獨立發展的基本型態。這些特質都與他們在撰寫動機上原本就與傳統

誡子書不同有關，劉勰《文心雕龍》詔策篇說：「及馬援以下，各貽家戒。」
〔註20〕把「家戒」（案：「戒」與「誡」後世相通用，說參第七章第一節）當
作是所有家訓作品之代表名稱，是有其道理的。

　　這些家訓，多半是他們利用閒暇時間，刻意撰述以規範子弟之專用作品。
如《三國志》卷二七昶傳載其〈家誡〉云：「其為兄子及子作名字，皆依謙實，
以見其意，故兄子默字處靜，沈字處道，其子渾字玄沖，深字道沖。遂書戒之；
〔註21〕《晉書》卷五五夏侯湛傳載其〈昆弟誥〉云：「政清務閑，優遊多暇，乃
作〈昆弟誥〉。」〔註22〕《宋書》卷七三顏延之傳載其〈庭誥〉云：「閒居無事，
為庭誥之文。」，〔註23〕其文前亦云：「庭誥者，施於閨庭之內，謂不遠也。吾
年居秋方，慮先草木，故遽以未聞，誥爾在庭。」（附錄 4-2-1）；《北齊書》卷三
七魏收傳載其〈枕中篇〉云：「收以子姪少年，申以戒厲，著枕中篇。」；〔註24
〕《梁書》卷四一王規傳載褒〈幼訓〉云：「褒著幼訓，以誡諸子。」；〔註25〕《顏
氏家訓》「序致」篇云：「吾今所以複為此者，非敢軌物範世也，業以整齊門內，
提撕子孫……追思平昔之指，銘肌鏤骨，非徒古書之誡，經目過耳也。故留此
二十篇，以為汝曹後車耳。」。〔註26〕諸人撰述家訓，動機固然已迥異誡子書，
對象也是泛指家中子孫，因而呈現出與當時誡子書不同的風貌。歸納之，約有
下列數端特質：

　　第一，內容較為豐富。因為這些作品意在規範家中所有子弟，自然就盡
其可能的，把他們心中認定較重要而迫切的觀念，或者子弟容易迷失的準則，
從個人以至於家庭、社會相關之問題，無不盡情網羅，以便建立一套理想堪
行的規範。就如顏延之〈庭誥〉所言：「夫選言務一，不尚煩密，而至於備議
者，蓋以網諸情非。古語曰：得鳥者羅之一目，而一目之羅，無時得鳥矣。」
（附錄 4-2-1）這些話，道盡了撰述「家誡」者的用心良苦，因此在內容上，
較誡子書有長足的進步。

　　第二，更能展現作者的人生觀。由於它的告誡對象，多半以家為單位，

〔註20〕王更生，《文心雕龍讀本》，上篇，頁 358。（文史哲出版社，民國 73 年 3 月出
　　　　版）
〔註21〕陳壽，前引書，頁 744。
〔註22〕房玄齡，前引書，頁 1496。
〔註23〕沈約，《宋書》，卷七三，頁 1893。（鼎文書局，民國 73 年元月 4 版）
〔註24〕李百藥，《北齊書》，卷三七，頁 892。（鼎文書局，民國 72 年 4 月 4 版）
〔註25〕姚思廉，《梁書》，卷四一，頁 583。（鼎文書局，民國 72 年元月 4 版）
〔註26〕王利器，《顏氏家訓集解》，頁 22。（上海古籍出版社，1980 年 7 月）

不個別針對某些子弟，因此文中不再批評子弟的疏失（如《顏氏家訓》一書二十篇，無一語批評子弟缺失，可以想見其用意）。但議論是非的對象，轉爲古今人物，社會風氣，直指某些人事的良窳做爲子孫瞻仰或摒棄的標的。如此更能展現作者對人生態度上的取捨。

第三，理論、文辭更加講究。他們特意撰文，多有永垂後範的味道，加上時間的充裕，故而在理論的依據上、遣辭造句上，比誡子書更追求其完善。如王昶、顏延之、魏收、顏之推等人的作品，雖或有篇幅長短之別，但都頗具特色，而且這些作品保存較完整，堪稱「家誡」系統的代表作。

第四，作用更廣泛而持久。前面提過文中不批評子弟缺失，這也有其用意，如此才能代代相傳；否則後代子孫看長輩的疏失，甚而引起不敬的念頭，這對一篇想要成爲家門規範的作品來說，在作用上就會大打折扣。革除子弟不良缺失的家訓，在這持久方面就不能與之相比。魏收〈枕中篇〉在文末說：「俾諸來裔，傳之坐右」（附錄 7-2）就很鮮明表白他的作品要讓子子孫孫，奉爲坐右之銘。要世代相傳，在訓誡方法上，自然是要特別用心經營的。另外由於對象不只一人，內容泛論諸事，這使得它們在作用上較誡子書更爲廣泛。至於像《顏氏家訓》，自爲一書，類似前代諸子百家之作，其影響之深遠，又不只顏氏子孫而已。

第二節　漢魏家訓之發展

一、兩漢家訓之發展

先秦父兄對子弟的訓誡，就現今史料來看，仍以口語訓誡爲最多，至如《尚書》中所載〈康誥〉、〈酒誥〉、〈梓材〉、〈無逸〉等周公對弟、姪的訓誡，也仍保留口語的型態，而且這些告誡出於皇王世家，在內容上與兩漢以後一般仕庶家庭的家訓，有明顯的差異。

兩漢以後，撰寫書信、文章以誡子的風氣，才逐漸興盛起來。兩漢誡子書的興起，正是先秦口語訓誡進一步的發展，也是三國「家誡」得以產生的主要憑藉，站在「家訓」發展的歷史來看，有其重要意義。就附錄所輯如劉邦〈手敕太子〉五則、東方朔〈誡子〉、韋玄成〈誡子孫詩〉、劉向〈誡子歆書〉、馬援〈誡兄子嚴敦書〉、張奐〈誡兄子書〉、酈炎〈遺令書〉、鄭玄〈戒

子益恩書〉、司馬徽〈誡子書〉、王脩〈誡子書〉等是。從這些作品，我們可以發現到幾項特色：

第一，誡子書的撰述者已不再局限于皇室貴族。其中除了漢高祖劉邦、劉向（劉邦同父少弟楚元王劉交之後）以外，都不是皇室家族，尤其酈炎、鄭玄、司馬徽，都終生不仕，撰書信以誡子，有普及一般知識分子的趨勢。

第二，十人的作品中，劉邦〈手敕太子〉類似手札，東方朔〈誡子〉為臨終預作申誡（參附錄 1-2 說明），韋玄成〈誡子孫詩〉為韋氏重登宰相撰詩誡子孫，其餘七篇，都是書信，用書信告誡分居別離的子姪，是漢代家訓作品的主流。

第三，誡子書具有專對性，十人的作品中除了東方朔、韋玄成二人以外，他們行文訓誡有特定一、二位對象，訓誡的內容集中在與對象相關的言行舉止上。這一點與曹魏興起的「家誡」，在對象、內容上，有顯著的差別，「家訓」作品在發展過程中，對象是由一、二位子弟，而後擴及全家；內容由一、二點告誡，擴及眾情備舉。從漢代誡子書的表現，可以概見「家訓」作品流變的初期狀態。

第四，兩漢自高祖迄後漢獻帝，前後四百餘年，而十篇家訓作品，自張奐〈誡兄子書〉以下五篇，集中產生於後漢桓帝迄獻帝之際（147～220）七、八十年間，與前面三百餘年，零星的誡子之作相較，可知兩漢家訓作品，愈後愈盛的趨勢。

任何文學作品的產生，有其自然而然的發展軌跡，家訓作品由先秦口語訓誡，至兩漢而有「誡子書」，至曹魏而有「家誡」，至隋而有成書之《顏氏家訓》，也呈現它前後相承，先萌芽後茁壯，終結果實的脈絡。不過除了這種文學自然的演變之外，各個階級也必然有一些客觀因素，導致文體的產生與嬗變。現存兩漢家訓作品，在數量上與前後四百餘年的時間比較起來，算是希少的；在篇幅上，與後世〈家誡〉、〈庭誥〉、〈顏氏家訓〉比較起來，是簡短的。但仍有些蛛絲馬跡，足以說明「誡子書」在漢代興起的原因。茲依文學環境、誡子書內容、書信特質等幾個方面，探討兩漢「誡子書」發展起來的因素：

第一，兩漢以後，文學之士漸受重視，文士撰文成為風氣，間接促成家訓作品的萌生。其中東方朔、酈炎是比較明顯的例子。東方朔以能言善辯，受到漢武帝另眼相待，他的〈答客難〉、〈非有先生論〉，更顯現他在文學方面

的修為，班固《漢書》卷六十五獨立為朔立傳，並詳引二文，讚語中並錄其〈誡子〉一段，詳述其人生觀。以一位沒有父兄庇蔭，又不是國家將相的棟樑之材，能留名後世，多少與他言辭文學的少與倫比有關。另酈炎列入范曄《後漢書》卷八十下文苑傳，也是以有文才，言論辯洽，有名當時，盧植《酈文勝誄》云：「自齔未成童，著書十餘箱，文體思奧，爛有文章，篏縷百家。」〔註27〕可見他雖不仕於朝，仍能以文章顯名。他在〈遺令書〉中，自詡文章有成，並勉子「博學以著書，以續受父母之業」（附錄1-7）可以略見家訓的撰述與文學受重視有密切關係。酈炎詩、文作品，流傳後世的並不多，所見僅詩、文各二首，〔註28〕而〈遺令書〉成為他現存最長篇作品，恐怕也是酈氏始料所不及。其他諸人，雖未必以文章名家，但撰書信、詩文以誡子，似也多少受此撰文習性的風氣所影響。

第二，仕宦者動輒得咎，故多撰文以誡子謹慎小心。其中韋玄成、劉向二篇是較顯著的例子。韋玄成在漢宣帝朝任太常，因為楊惲得罪被殺，玄成與他相交厚善，遭到免官；後來又以列侯侍祀孝惠廟，早晨入廟，下雨泥淖，不駕車而騎馬到廟下，遭有司劾奏，結果削爵為關內侯。〔註29〕這兩件事原不是什麼過失，卻遭來免官削爵，因此先撰〈自劾詩〉，責備自己，等到元帝永元年間，榮登宰相，封侯故國，才又撰此〈誡子孫詩〉，希望子孫謹記自己的教訓，不要犯同樣的錯誤。另外劉向的〈誡子歆書〉，緣於其子劉歆年少拜黃門侍郎，因致書告訴他「新拜，皆謝貴人，叩頭，謹戰戰慄慄，乃可必免。」（附錄1-4）書中充滿誡懼的心情，也是因為劉向雖貴為王侯之後，但一生仕途並不平穩，曾繫獄幾死，也曾被免為庶人，西漢末年，又遭遇外戚、宦官的專權跋扈，使他感覺到禍福的無常（參第三章內容分析「劉向」條）。因而當劉歆初拜黃門侍郎，向有此誡子之作。勉子「誡慎小心」，原是兩漢以後仕宦家庭撰文誡子的重要理念，劉勰《文心雕龍》詔策敘「戒」之文體，也說「戒者，慎也」〔註30〕可以想見，「誡子書」「家誡」等家訓作品的產生，與

〔註27〕虞世南，北堂書鈔，卷九九引，頁 439。（宏業書局景孔廣陶校本，民國 63 年 10 月版）

〔註28〕收入嚴可均《全後漢文》卷八二，逯欽立《先秦漢魏晉南北朝詩》漢詩卷六，分別收酈炎文二篇，詩二首。

〔註29〕參班固《漢書》卷七三，韋賢傳，頁 3110。（鼎文書局，民國 72 年 10 月 5 版）

〔註30〕王更生，前引書，頁 358。

古代為人臣者，動輒得咎，生死榮辱，常繫於一線之間，有相依偎的關係，兩漢家訓之興起，也緣於此。

第三，後漢社會風氣漸趨澆薄，年輕子弟，喜歡批評時政，不敬耆老，因此身為一家之長，多有撰文訓誡子姪革除不良習性的書信。其中馬援、張奐兩篇誡兄子書都是因這個緣故而作。馬援書中說：「好論議人長短，妄是非正法，此吾所大惡也」（附錄1-5）正是兄子馬嚴、馬敦的行徑；張奐書中說：「聞仲祉輕傲耆老，侮獨同年，極口恣意」（附錄 1-6）更直指兄子張仲祉的缺點，希望他改善。年輕子弟的行為，容易受到社會流行風氣的感染，馬嚴、馬敦、張仲祉不過是後漢這種社會風氣底下的幾個例子。後漢朱穆有感當時風氣澆薄，撰〈崇厚論〉，希望藉此導引風俗，崇尚敦厚。〔註31〕孔融〈論盛孝章書〉也說：「今之少年，喜謗前輩。」〔註32〕馬援、張奐兄子，都有這個缺失，這應與整個社會風氣有關，而針對子弟疏失，提出訓誡，正是家訓所以興起的原因之一。

第四，父子別居，故而多撰書信以誡子姪。兩漢家訓如所述「誡子書」是其主流，而書信的告誡，原有父子別居，或父親因工作在外，或子弟因求學在外，不能耳提面命的客觀條件。據史料及諸人誡子書內容可以得知者；如馬援因征交址，聞兄子嚴、敦並喜譏議，因還書誡之；張奐工作在外，聽故鄉敦煌人告知兄子仲祉，輕傲耆老，極口恣意，而撰此書；鄭玄年老回故鄉，那他撰書誡子益恩，表示益恩工作在外；司馬徽書中云「聞汝充役，室如懸磬」（附錄1-9），也是別居的措辭；王脩是因為他的子弟「踰郡縣，越山河，離兄弟，去目下」（附錄1-10）而撰書勉勵他珍惜光陰（以上並參附錄各篇及說明）。這些人的撰述，正巧都在後漢，尤其鄭玄、司馬徽、王脩三人，並不是像馬援、張奐，擔任帶兵作戰的將帥工作，要長年在外，那麼他們子弟或許因為後漢末年，天下大亂，使得父子不得同居，而這也直接導致「誡子書」的興起。

兩漢誡子書，是先秦口語訓誡過渡到曹魏「家誡」的中介作品，誠然誡子書的運用，自三國以下，以迄明清，未曾斷絕，但站在「家訓」的流傳及嬗變上來看，有其不可或缺的地位。劉勰《文心雕龍》詔策敘「戒」體，說：「漢高祖之〈敕太子〉，東方朔之「戒子」，亦顧命之作也。及馬援以下，各

〔註31〕朱穆〈崇厚論〉，見范曄《後漢書》卷四三朱穆傳引。
〔註32〕蕭統，《文選》，卷四一，頁594。（藝文印書館，民國56年10月5版）

貽家戒。」〔註33〕把漢代諸誡子書，當作是魏晉以後「家誡」的前趨，而不入于〈書記〉；至清人曾國藩《經史百家雜鈔》對漢魏六朝「家訓」，獨取馬援〈誡兄子嚴教書〉、鄭玄〈戒子益恩書〉兩篇，入於詔令類而不入書牘類。〔註34〕都可以看出兩漢諸人誡子之作，在後世家訓類作品中，肩負著開創性的重責大任。三國「家誡」作品的產生，實即站在這個基礎上，更向前發展的成果。

二、曹魏家訓之發展

兩漢逾四百年，所見家訓作品，大多屬於誡子書型態，至三國之世，而有王肅、王昶、嵇康〈家誡〉、杜恕〈家戒〉等，專屬家訓之文體。這些作品雖然有的只存寥寥數語，未能窺其全豹，但以現存較完整的王昶、嵇康〈家誡〉觀之，無論就訓誡對象、訓誡內容、訓誡語氣、訓誡方法，都與誡子書有明顯區隔。尤其曹魏之世，為時不過四、五十年，〔註35〕卻湧現多篇家誡，勢必有些客觀因素促成誡子書得以進一步發展。茲分述其原因於次：

（一）傳統忠義思想遭受時局考驗

魏晉之間所產生的家誡，雖然各方面都優於誡子書，但其內容則不外乎修身、齊家、處世之道，與傳統儒、道思想所看重的理念，並沒有特別凸出之處。於是論實用，不如誡子書緣事而發，論思想不如《論語》、《孟子》、《孝經》、《老子》、《莊子》來得純粹，那他們為什麼仍執意撰述家誡來規範家門呢？假設認同儒家思想則命子弟讀孔、孟之書，認同道家思想則命子弟讀老、莊之學，何必斤斤於建立一套家庭規範來加強勸勉呢？我想這與傳統忠義思想遭受破壞有密切的關係。

東漢從光武帝中興以後，特重名節，知識分子也樂於樹立名節求得在上位者的賞賜，此時儒家的忠義思想廣受全國上下的支持與欽慕。但桓、靈之世，信用宦官，朝政日壞，當時有識之士如李鷹、陳蕃者流，獨以氣節相抗，卻導致黨錮之禍。趙翼《二十二史箚記》卷五「黨禁之起」條云：

> 蓋東漢風氣，本以名行相尚，迨朝政日非，則清議益峻。號為正人

〔註33〕王更生，前引書，頁358。
〔註34〕二文收入曾國藩《經史百家雜鈔》卷十詔令，頁771～773。（世界書局，民國71年10月3版）
〔註35〕曹丕建國黃初元年（220），至司馬炎泰始元年（265），約四十五年。

者，指斥權奸，力持正論，由是其名益高，海內希風附響，惟恐不
及。而爲所貶訾者，怨恨刺骨，日思所以傾之，此黨之所以愈烈也。
〔註36〕

職此之故，宦官挾人主之威，捕殺清議之士，前後死徙廢禁者，數百人，而
且這些都是當時社會的中堅分子，讀聖賢書以申忠義之節的人，范曄《後漢
書》卷六七黨錮列傳論云：

> 靈帝詔刊章捕儉等。大長秋曹節因此諷有司奏捕前黨故司空虞
> 放、太僕杜密、長樂少府李膺……大尉掾范滂等百餘人，皆死獄
> 中。餘或先歿不及，或亡命獲免。自此諸爲怨隙者，因相陷害，
> 睚眥之忿，濫入黨中。又州郡承旨，或有未嘗交關，亦離禍毒。
> 其死徙廢禁者，六七百人……凡黨事始自甘陵、汝南，成于李膺、
> 張儉，海內塗炭，二十餘年，諸所蔓衍，皆天下善士。〔註37〕

秉持忠義節操的天下善士，並沒有因爲對國家忠節而得到實至名歸的好處，
反而遭受到空前的禍毒。這是忠義思想受到很大考驗的時代。此後曹操實際
上掌有中原地區的軍勢後，遷漢獻帝于許都，雖名義上奉漢獻帝爲天子，但
心有鼎移漢祚之意。對不能歸附自己，或恃舊交不敬於己者，往往遭到誅殺，
《三國志》卷十二載崔琰因信中對曹操有不敬之語，被操所殺云：

> 太祖性忌，有所不堪者，魯國孔融、南陽許攸、婁圭，皆以恃舊不
> 虔見誅。而琰世所痛惜，至今冤之。〔註38〕

所謂「恃舊不虔」，實際上就是對曹操沒有如天子一般的敬重，所以都因爲言語
細故被殺。其中孔融在當時頗有重名，才華特出，忠貞於漢室，對曹操的野心
也知之最詳，經常借機諷刺他，制止他的野心，《後漢書》卷七十孔融傳載：

> （融）既見操雄詐漸著，數不能堪，故發辭偏宕，多致乖忤。又嘗
> 奏宜準古王畿之制，千里寰內，不以封諸侯。操疑其所論建漸廣，
> 益憚之。然以融名重天下，外相容忍，而潛忌正議，慮鯁大業……
> 曹操既積嫌忌，而郗慮復構成其罪，遂令丞相軍謀祭酒路粹枉狀奏
> 融……書奏，下獄棄市。時年五十六。妻子皆被誅。〔註39〕

〔註36〕趙翼，《二十二史箚記》，頁 64。（洪氏出版社，民國 67 年 10 月再版）
〔註37〕范曄，前引書，頁 2188～2189。
〔註38〕陳壽，前引書，頁 370。
〔註39〕范曄，前引書，頁 2272～2278。

以「名重天下」的人，忠節於漢室，才華不世出，仍因爲不能屈膝黨同曹操
而被殺，甚而妻子同誅。就因爲孔融如同是忠貞漢室的標的，他被殺，對世
人的影響必然較大，可說再一次顯現亂世忠節只取殺身，對國家振衰起弊，
顯然起不了作用。最後曹丕篡漢，建元黃初。接著是司馬懿父子三人，雖受
重用于曹魏，卻處心積慮，樹立自己的勢力範圍，殘害魏室之忠良。司馬氏
奪權的過程，王仲犖《魏晉南北朝史》有一個簡要的陳述：

> 正始十年司馬懿殺曹爽；嘉平三年，殺揚州刺史王淩及楚王曹彪；嘉
> 平六年，司馬師殺太常夏侯玄、中書令李豐、皇后父光祿大夫張緝，
> 廢魏主曹芳，立高貴鄉公曹髦；正元二年，殺鎮東大將軍毋丘儉；甘
> 露三年，司馬昭又殺征東大將軍諸葛誕；甘露五年，殺魏主曹髦，立
> 曹奐……歷時十五、六年（西元 249～264 年）之久，結果親司馬氏
> 的一派才把親曹氏的一派徹底擊垮了。〔註40〕

司馬懿本來是追隨曹操起家的，隨後曹操去世，又爲曹丕所信重，曹丕去世，
又輔佐曹叡，可說是曹魏的累世功臣。但後來心跡漸萌，謀奪魏室。當此之
時朝中內外忠於曹魏者仍多，他們父子卻逐一殺戮，欲天下人不忠曹魏而忠
司馬氏。所有忠於曹魏者盡遭殺害，阿附司馬氏者倍受禮重，所謂儒家忠義
名節，至司馬氏手裏，已然掃地。

　　從後漢黨錮之禍至曹魏篡漢，再至司馬氏潛移魏祚，凡持名節、忠故王，
例遭殺害，這使得當時知識分子，除非歸隱山林，否則就要做出抉擇：從聖賢
書取忠取義，則有身死家滅之禍；曲附當朝權貴，則有奸佞諂諛之譏。這種心
情在曹魏之世，親曹與親司馬氏的集團中，最爲矛盾。「家誡」作品比較集中的
就在這種情況下產生。親司馬氏者，怕子弟蹈忠義之節，不許子弟殺身成仁，
王昶〈家誡〉是其代表作；親曹魏者，鄙視小節、小謙恭，以爲當全大讓，美
伯夷、叔齊之守節，嵇康〈家誡〉是其代表作。另外杜恕也有〈家戒〉，僅存評
張臺一段話，難窺全貌，但他的兒子是杜預，娶司馬懿女高陸公主，亦黨司馬
氏。〔註41〕王肅有〈家誡〉，僅存飲酒一段，他的女兒元姬，嫁司馬懿的兒子司
馬昭，生司馬炎。亦黨司馬氏。〔註42〕

〔註40〕王仲犖，《魏晉南北朝史》，第一章第五節「曹魏的衰亡」條，頁 136。（坊間
　　　　排印本）
〔註41〕參房玄齡，《晉書》，卷三四，頁 1025。（前引書）
〔註42〕參前註引書，卷三一后妃上文明王皇后傳，頁 950。

　　據此約略可以窺見，曹魏時所產生的「家誡」適與曹氏、司馬氏政爭有密切的關係，假設不是司馬氏父子剷除異己，不忠不義，諸人共事曹魏，直教子弟讀聖賢，成仁取義即可，何必寫此「家誡」，再一次叮嚀「聖人不可為」（王昶〈家誡〉語）呢？由此可知，親司馬氏的三篇「家誡」對傳統忠義思想產生了疑慮不安，尤其在政局的動盪下，自身都不能忠於故王，反而投向司馬政權，他們應當也深深明瞭這種作風在書中是學不到，看不到的，如此專立「家誡」以誡子孫才有其必要性。然則以王昶〈家誡〉為例，他既然把「家誡」形諸於文字，當然不可能如同漢代陳萬年教戒兒子於床下，告訴兒子如何諂媚的行為，〔註43〕而是誡子姪當「遵儒者之教，履道家之言」以便「寶身全行」「永全福祿」，他雖然談「仁義」，但不提「仁義」的內涵，及如何踐履，只把它當作一種名譽，可以藉此「世有冠冕」。這種家誡的典型對南朝家訓有深遠的影響。王昶的後代在南朝累世高官，形成太原晉陽王氏；〔註44〕王肅的後代，形成東海郯人王氏；〔註45〕杜恕的後代，形成京兆杜陵杜氏。〔註46〕這些「家誡」的先趨者，或許也給後世起了一個示範作用，使得南朝以後士風不競，視國家興亡於不顧，唯拳拳於家世冠冕。〔註47〕反觀嵇康不容於司馬昭，昭入罪殺之。〔註48〕子紹入《晉書》忠義傳，捨身護主，殉于蕩陰之戰。〔註49〕嵇康之〈家誡〉，不得不令人想起春秋狐突所謂：「子之能仕，父教之忠……父教子貳，何以事君？」〔註50〕的感慨。嵇紹子亦早亡，〔註51〕不聞另有後嗣，而嵇康教子慕「忠臣烈士之節」，居南朝之世，竟成絕響。後漢宣導之名節，至東晉南朝以後幾乎被家世冠冕所取代，這似乎也可以從曹魏之世黨司馬氏之「家誡」，略見其端倪。

　　據上所述，兩漢以來，從未出現的「家誡」，在曹魏之世，一時湧現，確

〔註43〕　參班固，《漢書》，卷六六陳萬年傳，頁2900。（前引書）
〔註44〕　參王伊同，《五朝門第》「高門權門世系婚姻表」（三）（香港中文大學出版社，1978年重刊1版）。
〔註45〕　參前引書，表（四）。
〔註46〕　參前引書，表（三二）。
〔註47〕　參趙翼，《陔餘叢考》，卷十七「六朝忠臣無殉節者」條，頁179～180。（世界書局，民國79年11月5版）
〔註48〕　參《三國志》卷二一王粲傳附，裴注引魏氏春秋，頁606。（前引書）
〔註49〕　參《晉書》卷八九忠義傳，紹長子眕早夭，未見有其它子弟。
〔註50〕　楊伯峻，前引書，僖公二三年傳，頁403。
〔註51〕　前註41。

實與他們對傳統的忠義思想，持有不同的看法及主張有密切關係，而且他們又不甘於捨棄仕宦傳統，遁跡山林，故而亟需建立一套他們所認定的行為規範，供涉世未深的子弟參考。我以為這是家訓作品至魏而得以進一步發展的重要原因。

（二）時局動盪，人命微淺

　　中國自從後漢桓、靈二帝的黨錮之禍開始，（166、169）直到曹丕建國號魏黃初元年（220），五十餘年間，中國幾乎一直處在戰亂的局面，尤其經過黃巾之亂，軍閥間的相互征戰，使兩漢四百年來比較穩定的社會，帶入一個空前動盪不安的時代。《後漢書》卷四九仲長統傳載其理亂篇云：「今日名都空而不居，百里絕而無民者，不可勝數。」李賢注云：

> 孝靈遭黃巾之寇，獻帝嬰董卓之禍，英雄蟇峙，白骨膏野，兵亂相尋三十餘年，三方既寧，萬不存一也。〔註52〕

當時王粲離開長安，到南方避難，曾寫下《七哀詩》云：「出門無所見，白骨蔽平原。」〔註53〕應是當時長安景象。除了戰亂之外，又加上傳染疾病的侵襲，中原地區死喪慘重，戶口十不存一。待曹操統一北方之後，佔有十二州土地，總戶數只抵得上漢代的一個大郡。〔註54〕

　　經歷這次戰亂而能倖存的人，自然更加珍惜生命，待三國鼎立，生民得以稍事喘息，教導子弟如何免於災禍，似乎也是情理之常。此時「家誡」作品有趨向免禍的色彩，如王肅〈家誡〉言飲酒宜慎云：「禍變之興，常於此作，所宜深慎。」（附錄2-2）王昶〈家誡〉言交友宜慎云：「若與是非之士，兇險之人，近猶不可，況與對校乎？其害深矣……近濟陰魏諷、山陽曹偉皆以傾邪敗沒，熒惑當世，挾持奸慝，驅動後生。雖刑於鈇鉞，大為炯戒，然所污染，固以眾矣。可不慎與！」（附錄2-3）嵇康〈家誡〉敘及與長吏相處之道、言語、知人秘密等事，意皆在免禍。免禍的訴求，本是漢魏六朝家訓的特色之一（參第六章家訓之思想），但時局越是動盪不安，生命越是難以保全，免禍的色彩就會更濃厚，三國初經大戰亂、大死喪，又面對曹魏、司馬氏父子猜忌濫殺無辜，此時撰述「家誡」訓子保全生命，免於無味的禍害，也是家訓作品得以進一步發展的原因之一。

〔註52〕范曄，前引書，頁1650。
〔註53〕俞紹初輯校，《建安七子集》，卷三，頁84。（北平中華書局，1989年7月）
〔註54〕參王仲犖，前引書，頁24。

（三）文學創作風氣鼎盛

就文章性質來看，兩漢流行的誡子書，有其實際的書信功能；遺令、告老傳家有其特殊的撰述條件。唯有「家誡」一類的作品，乃著意撰文，一方面有教育子孫的功能，一方面也是展現個人才學、思想的良好途徑。三國「家誡」的興起，與當時注重文學價值，使文學作品本身具有獨立發展的空間，也有密切的關連。

春秋魯大人叔孫豹曾對晉國范宣子陳述人可以死而不朽時說：

> 太上有立德，其次有立功，其次有立言。雖久不廢，此之謂三不朽。
>
> 〔註 55〕

這種立言可以不朽的觀念，從春秋以來，就深植中國知識分子心中，故而戰國之世荀卿著書立說，名滿天下，呂不韋起而效之，令門下客撰書，號曰「呂氏春秋」，〔註 56〕欲以邀天下之名。兩漢以來司馬相如、東方朔、王褒、楊雄、班固、張衡，都以文才顯揚當世，留名後代。及至曹魏之世，不但在上位者曹操、曹丕、曹植，都擅長文學創作，加上他們欣賞文人，重視文學作品本身的價值，使得一時之間人才輩出，鍾嶸《詩品》序云：

> 降及建安，曹公父子，篤好斯文；平原兄弟，鬱為文棟；劉楨、王粲，為其羽翼。次有攀龍托鳳，自致于屬車者，蓋將百計。彬彬之盛，大備于時矣。〔註 57〕

曹氏父子除了獎勵文學，吸引大量文士從事文學創作之外，曹丕更寫了一篇《典論》「論文」，強調文學作品的價值，他說：

> 蓋文章經國之大業，不朽之盛事。年壽有時而盡，榮樂止乎其身。二者必至之常期，未若文章之無窮。是以古之作者，寄身於翰墨，見意於篇籍，不假良史之辭，不托飛馳之勢，而聲名自傳於後。故西伯幽而演易，周旦顯而制禮，不以隱約而弗務，不以康樂而加思。夫然，則古人賤尺璧而重寸陰，懼乎時之過已。而人多不強力，貧賤則懾於

〔註 55〕楊伯峻，前引書，襄公二十四年傳，頁 1088。

〔註 56〕司馬遷，《史記》，卷八五呂不韋列傳：「是時諸侯多辯士，如荀卿之徒，著書布天下。呂不韋乃使其客人人著所聞，集論以為八覽、六論、十二紀，二十餘萬言。以為備天地萬物古今之事，號曰呂氏春秋。」（鼎文書局，民國 74 年 3 月 7 版，頁 2510）

〔註 57〕陳延傑，《詩品注》，頁 2～3。（臺灣開明書局，民國 70 年 10 月台 8 版）據陳注，曹公父子謂曹操、曹丕，平原兄弟謂曹植、曹彪。

饑寒，富貴則流於逸樂，遂營目前之務，而遺千載之功。日月逝於上，

體貌衰於下，忽然與萬物遷化，斯志士之大痛也！〔註58〕

曹丕以爲文章是「經國之大業」「不朽之盛事」，甚至是留芳百代的「千載之功」，把從事文學創作當成是獨立而且具有絕對價值的事業。居曹魏之世，有這樣的在上位者宣導，又有文風鼎盛的環境，這應該也是刺激兩漢誡子書進一步發展成專用文體「家誡」的重要條件。茲略述王肅、王昶、杜恕、嵇康四人著述於次，以爲本說章表：

王肅，是三國時代具有代表性的經學家，幾乎遍注群經，《三國志》卷十三本傳載：「肅善賈、馬之學，而不好鄭玄，采會同異，爲《尚書》、《詩》、《論語》、《三禮》、《左氏》解，及撰定父朗所作《易傳》，皆列於學官。其所論駁朝廷典制、郊祀、宗廟、喪紀、輕重，凡百餘篇。」〔註59〕著述可謂弘富。另〈隋志〉一論語有「孔子家語二十一卷，王肅解」「聖證論十二卷，王肅撰」；三儒家有「揚子太玄經七卷，王肅注」「王子正論十卷，王肅撰」；四別集有「魏衛將軍王肅集五卷，梁有錄一卷」〔註60〕王氏以研究儒學著述爲主，文集五卷，今多散佚，嚴可均《全三國文》卷二三有輯本。

王昶，曹丕在東宮時，曾任太子文學，《三國志》卷二七本傳云：「著《治論》，略依古制而合於時務者二十餘篇，又著《兵書》十餘篇，言奇正之用。」〔註61〕另〈隋志〉四別集有「魏司空王昶集五卷，梁有錄一卷」〔註62〕書多散亡，嚴可均《全三國文》卷三六有輯本。

杜恕，《三國志》卷十六本傳云：「著《體論》八節，又著〈興性論〉一篇，蓋興於爲己也。」〔註63〕〈隋志〉三儒家有「杜氏體論四卷，魏幽州刺史杜恕撰」雜家有「梁有篤論四卷，杜恕撰」〔註64〕本傳中〈興性論〉即《篤論》首篇，嚴可均《全三國文》卷四二《體論》、《篤論》並有輯本，另卷四一輯有雜文。

嵇康，《晉書》卷四九本傳：「康善談理，又能屬文，其高情遠趣，率然玄

〔註58〕蕭統，《文選》，卷五二，頁2271～2272。（上海古籍出版社，1992年7月）

〔註59〕陳壽，前引書，頁419。

〔註60〕分別見魏徵，《隋書》，卷三二～三五「經籍志」，頁937、938、998、1059。（鼎文書局，民國72年12月4版）

〔註61〕陳壽，前引書，頁744。

〔註62〕魏徵，前引書，頁1059。

〔註63〕陳壽，前引書，頁507。

〔註64〕魏徵，前引書，頁1006。

遠。撰上古以來高士爲之傳贊，欲友其人於千載也。又作〈太師箴〉，亦足以明帝王之道焉。複作〈聲無哀樂論〉，甚有條理。」〔註65〕《三國志》卷二一裴注引《魏氏春秋》：「康所著諸文論六、七萬言，皆爲世所玩詠。」〔註66〕〈隋志〉一春秋：「春秋左氏傳音三卷，魏中散大夫嵇康撰」，二雜傳：「聖賢高士傳贊三卷，嵇康撰，周續之注」，四別集：「魏中散大夫嵇康集十三卷，梁十五卷，錄一卷。」〔註67〕今人戴明揚有《嵇康集校注》，〔註68〕《聖賢高士傳贊》嚴可均《全三國文》卷五二有輯本。

　　四人之中，嵇氏于詩、文著述最豐，傳世亦多，實爲一時儁秀，所撰「聲無哀樂論」「養生論」，尤爲東晉南朝談家口實，〔註69〕最富盛名。至於其他三家或有別集，或有專著，同樣在三國暢旺的文風中，頗染撰文著書的習性。他們四者皆撰「家誡」，除了訓誡子弟之外，應也兼明個人的處世觀，如嵇康〈家誡〉所謂「臨朝讓官」豈不是他堅持所守的寫照嗎？王昶〈家誡〉所謂「遵儒者之教，履道家之言」也展現他先事曹丕，後奉司馬懿以「寶身全行」的作風。於此可知家訓作品由兩漢誡子書，至三國之世而發展爲「家誡」，與此時文學創作風氣，也有相當的關係。及至後世，如顏延之〈庭誥〉、魏收〈枕中篇〉，更是全篇儷言駢句，好像把它當作是一般文學作品來創作，家訓於是隨著文風歧異，作者個人修養，好尚不同，而展現獨特的風貌。

第三節　晉南北朝家訓之發展

　　本節把兩晉、宋、齊、梁、陳看做家訓發展的一個系統，北方五胡十六國、北魏、北齊、北周、隋看做另一個系統，探討兩個系統家訓發展有所區別的原因。

　　南、北朝家訓往不同方向發展，關係比較密切的因素有三點：第一，南北政治環境不同。兩晉南朝形成比較明顯的士族政治，司馬睿渡江之後，雖

〔註65〕房玄齡，前引書，頁 1374。
〔註66〕陳壽，前引書，頁 606。
〔註67〕魏徵，前引書，頁 928、974、1060。
〔註68〕戴明揚，《嵇康集校注》，人民文學出版社，1962 年 7 月。
〔註69〕余嘉錫，《世說新語箋疏》，文學：「舊云：王丞相過江，止道〈聲無哀樂〉、〈養生〉、〈言盡意〉三理而已。然宛轉關生，無所不入。」（王記書坊，民國 73 年 10 月版，頁 211）又王僧虔〈誡子書〉：「〈才性四本〉〈聲無哀樂〉，皆言家口實，如客至之有設也。」（附錄 4-3）知嵇氏之論，下開東晉南朝清談、玄學之風潮。

然劉裕篡晉，蕭道成篡宋，蕭衍篡齊，但是仕宦家族仍然能平流進取，甚至世代公卿，因此仕宦家族對子弟的關懷，較偏重在仕宦的傳統的能否承繼發揚，無庸顧慮整個家族被連根拔除。但北朝則不然，從西晉覆滅之後，沒有渡江的中原士族，直接面臨五胡十六國戰亂不安的政治環境，經歷北魏、北齊、北周的外族統治，時常發生胡漢衝突，使他們憂患意識更盛於南朝。生命朝不保夕，較之曹魏時司馬氏奪權的殺伐，有過之而無不及。第二，南北文化環境不同。兩晉南朝的皇室、士大夫階層，從小讀五經、正史，各安其位，對傳統漢族文化沒有危機意識。北朝漢人知識分子，在外族的統治下，一方面在政治、武力上不得不屈服於外族，但另一方面又以身爲漢族保有優良文化傳統自居，故而撰書以教育子弟承繼漢民族文化，有其迫切的需要。另外，胡人入侵中原，統治的對象是漢民族子弟，他們也想努力吸收漢人文化以方便政策的推動，而古書浩如煙海，自撰一書，以教授子孫，做爲鞏固政權的手段，這是北朝當政者家訓作品較多且部袟較大的原故。第三，南北家族情感薄厚不同。南方家族情感淡薄，兄弟、叔姪貧富、貴賤懸殊，不以爲意；北方因在外族的統治下，生死榮辱，牽繫著家族的命運，因此情感濃厚。情感薄，則家訓的訓誡對象比較局限於自己的子孫；情感厚，則對象會擴及整個家族。對象的大小，也間接影響家訓的發展。

為敘說方便，在此分三個部分各別討論：（一）兩晉南朝家訓之發展（二）北朝漢族家訓之發展（三）北朝皇族家訓之發展。

一、兩晉南朝家訓之發展

兩晉南朝家訓，基本型態承繼自漢魏誡子書、家誡而來，如羊祜〈誡子書〉（附錄 3-1）、陶淵明〈與子儼等疏〉（附錄 3-6）、王僧虔〈誡子書〉（附錄 4-3）、徐勉〈爲書誡子崧〉（附錄 6-3）、王筠〈與諸兒書〉（附錄 6-4）及宋文帝劉義隆、齊武帝蕭頤、梁簡文帝蕭綱等書，是屬誡子書；李秉〈家誡〉（附錄 3-2）、李充〈起居誡〉（附錄 3-3）、夏侯湛〈昆弟誥〉（附錄 3-4）、顏延之〈庭誥〉（附錄 4-2）、張融〈門律〉（附錄 5-2）、任昉〈家誡〉（參第五章第一節七、其他）是屬家誡。唯一在體制上有不同的，是梁元帝《金樓子》戒子篇（附錄 6-2），以及〈隋志〉四總集所載「雜家誡七卷」「諸家雜誡九卷」（參第五章第一節七、其他），從兩書的卷袟看來，內容應是頗爲豐富的，可惜亡佚殆盡，但從它入總集及書名看來，應與梁元帝戒子篇抄古今訓誡爲一篇以

誡子弟相似。終南朝之世，家訓的發展只有承襲，並沒有創新。抄前人訓誡，固然也是體制上的改變，但缺乏個人思想的表達以及強烈的教育訴求。從文風的鼎盛、家族仕宦的綿延不絕、家門風範的講究，南朝都勝過北朝，似乎更應該加強對子弟的訓誡與教導，但在家訓的進一步發展上，南朝卻停滯不前，與北朝勒成一書的情況有別。於此可知南朝在撰文以誡子的態度上，並沒有像北朝那樣感到有其迫切的需要。

其主要原因在於晉南朝仕宦家族多能依靠家族庇蔭，累世公卿，了無憂患意識。

曹魏之世，由於司馬氏的奪權，誅殺異己，使忠義的士大夫氣節，遭到嚴重破壞，因而造就王肅、王昶、杜恕、嵇康等人，紛紛撰述「家誡」，一則申訴個人處世之道，一則教育子弟免於禍害。晉代李秉〈家誡〉、李充〈起居誡〉雖僅殘存一、二段文字，但從李秉敘說自己以前侍坐於司馬昭側，談到阮嗣宗的謹慎，誡子「年少立身，不可不慎，勿輕論人，勿輕說事，如此則悔吝何由而生，患禍無從而至矣」以及李充誡子「床頭書疏，亦不足視」等，基本上仍有誡慎恐懼的心情，是三國家誡的延續。然而自此以後，高門大族，特意撰文以誡子孫者漸少，王、謝二大族，文學鼎盛，〔註 70〕但除了王褒由南朝入北，撰有〈幼訓〉以外，現存只有王僧虔、王筠的誡子書以及謝混的〈誡族子詩〉等作，在南朝有舉足輕重、人才濟濟的大族，反而沒有類似顏延之〈庭誥〉那樣的誡子專文。這與他們多能平流進取有關。《南齊書》卷二三褚淵傳論云：

> 魏氏君臨，年祚短促，服褐前代，宦成後朝。晉氏登庸，與之從事，名雖魏臣，實爲晉有，故主位雖改，臣任如初。自是世祿之盛，習爲舊準，羽儀所隆，人懷羨慕，君臣之節，徒致虛名。貴仕素資，皆由門慶，平流進取，坐至公卿，則知殉國之感無因，保家之念宜切。市朝亟革，寵貴方來，陵闕雖殊，顧眄如一。〔註 71〕

官位既有了保障，改朝換代，也習以爲常，不再有疑惑於忠義氣節的當守與否，這使得南朝仕宦家族，尤其是膏梁望族，完全失去了憂患意識。這種情況越到南朝末期越嚴重，顏之推《顏氏家訓》「勉學」篇說：

〔註 70〕參蘇紹興，《兩晉南朝的士族》，頁 196，註 35。（聯經出版社，民國 76 年 3
　　　　月初版）

〔註 71〕蕭子顯，前引書，頁 438。

> 梁朝全盛之時，貴遊子弟，多無學術，至於諺云：「上車不落則著作，
> 體中何如則秘書。」無不熏衣剃面，傅粉施朱，駕長簷車，跟高齒
> 屐，坐棊子方褥，憑斑絲隱囊，列器玩於左右，從容出入，望若神
> 仙。明經求第，則顧人答策；三九公讌，則假手賦詩。當爾之時，
> 亦快士也。〔註72〕

然則無論如何「平流進取」，假設不讀書，不學無術，如同之推所言「顧人答策」
「假手賦詩」，再大的家族事業，仍然無法保住。所以王僧虔、王筠祖孫二人的
誡子書，勉子弟讀書、撰文，以承繼家風，保住冠冕，是其中頗有見地的。然
而以王、謝滿朝累世高官，在東晉南朝之世，竟未見一篇「家誡」傳世，可以
想像時特意撰文字以誡子，並不爲高門大族視爲迫切而必要的工作。

　　蓋家訓之作，本取於誠慎小心之意，劉勰《文心雕龍》詔策所謂「戒者
慎也，禹稱：戒之用休」，〔註73〕東晉南朝以後，膏粱子弟，爲官則緣於父、
祖之庇蔭，改朝換代，禍不及身，相沿成習，使三國興起之「家誡」，遂無用
武之地，此南朝家訓之發展所以停滯不前也。

　　《世說新語》德行載：「謝公夫人教兒，問太傅：『那得初不見君教兒？』
答曰：『我常自教兒。』」劉孝標注云：「太尉劉子眞（寔），清潔有志操，行
己以禮。而二子不才，並黷貨致罪。子眞坐免官。客曰：『子奚不訓導之？』
子眞曰：『吾之行事，是其耳目所聞見，而不放效，豈嚴訓所變邪？』安石之
旨，同子眞之意也。」〔註74〕他們都以德行身教自許教導子弟之責，載在「德
行」篇，傳美後世，然而降至齊、梁，佛玄並興，崇尙虛浮，不切世用，於
時撰述「家誡」規範家門者，如張融〈門律〉竟以佛、道律其家門，至於任
昉特撰〈家誡〉，堪稱有識，但是家世寒微，等到去世之時，其子「兄弟流離
不能自振，生平舊交莫有收恤。」，〔註75〕反觀世家大族，則罕見這類作品。
危機意識，可說略不經心，《顏氏家訓》「涉務」篇載：

> 梁世士大夫，皆尚褒衣博帶，大冠高履，出則車輿，入則扶持……
> 及侯景之亂，膚脆骨柔，不堪步行，體羸氣弱，不耐寒暑，坐死倉
> 猝者，往往而然。〔註76〕

〔註72〕王利器，前引書，頁145。
〔註73〕王更生，前引書，頁358。
〔註74〕余嘉錫，前引書，頁38。
〔註75〕李延壽，《南史》，卷五九任昉傳，頁1455。（鼎文書局，民國70年元月3版）
〔註76〕王利器，前引書，頁295。

顏之推痛心指陳，此又豈家教不振之失？怎能說「吾常自教兒」「不放效，豈嚴訓所變邪。」呢？遭此大難，「中原冠帶隨晉渡江者百家」「至是在都者覆滅略盡」，〔註77〕往後南朝「家誡」作品，除顏之推等由北入隋者外，終陳、隋之世，未見斯唱。

二、北朝漢族家訓之發展

自西晉永嘉（307～317）喪亂，至隋文帝楊堅統一北方，建元開皇（581），中原地區二百七十餘年間，前有五胡十六國的戰亂，後有北魏、北齊、北周的外族統治，所遭受的災難，較之漢末天下大亂，有過之而無不及。其間漢族撰述家訓者，時有所聞，可考者計有：

（一）黃容《家訓》（參第四章第一節八、其他）

（二）明岌《明氏家訓》一卷（參同前條）

（三）李暠（351～417）〈手令誡諸子〉〈寫諸葛亮訓誡以勖諸子〉（附錄3-7）

（四）刁雍（390～484）《教誡》二十餘篇（參第五章第二節四、其他）

（五）甄琛（？～524）《家誨》二十篇（參同前條）

（六）張烈（448～538）〈家誡〉（參前條）

（七）楊椿（455～531）〈誡子孫〉（附錄7-1）

（八）魏收（507～572）〈枕中篇〉（附錄7-2）

（九）王褒（514～577）〈幼訓〉（附錄7-3）

其間（三）（七）（八）（九）或全篇保存或殘存部分，可見梗概，餘皆散佚於戰亂之中。但從撰述的名目看來，除了楊椿所作為「告老傳家」之外，都是純粹的「家誡」作品，而刁雍、甄琛所撰，部袟至於二十篇以上，尤開創家訓作品前所未有的規模。是知五胡亂華以降，漢族士民處於北朝者，莫不懷恐懼誠慎之心情，故而特重視家訓之撰述，使三國以來「家誡」能夠進一步獲得發展。三國「家誡」遭逢漢末大喪亂之後，使家訓作品得以獨立於誡子書之外；北朝「家誨」等作，亦遭五胡亂華之後，又使「家誡」勒成一書，侔于諸子。憂患、危機意識，當是促使兩漢以來家訓作品蛻變的潛在力量。

〔註77〕李百藥，《北齊書》，卷四五文苑傳，載顏之推「觀我生賦」自注語，頁621。（前引書）

　　黃容、明岌皆遭逢亂世，〔註78〕撰述《家訓》於西晉末年五胡十六國之間，當有感於時代多難，故立家訓以規範子孫；李暠，孤立於河西酒泉、敦煌一帶，建國西涼，前後才二十一年，旋爲盧水胡沮渠蒙遜所建立的北涼併吞，〔註79〕可以想見當時李暠立國西涼，胡賊環伺，猶孜孜撰文以誡子之苦心。此三人家訓，都是拓跋魏一統北土中原以前所撰述，除李暠，李唐建國追尊爲武昭王，〔註80〕故唐修《晉書》載其著作特詳之外，二人家訓已隻字不存。

　　刁雍、甄琛、張烈、楊椿四人並仕北魏朝，魏收歷仕北魏、北齊，王褒歷仕南朝梁、北周，各有傳詳載生平（參各章內容分析及附錄說明），茲以六人事蹟，參考當時政治環境，及所撰述內容，歸納北朝家訓所以發展之原因，主要有兩點：

　　第一，飄流南北，感慨遂深。刁雍與王褒都是由南方北入中原，身事胡主，雖或榮寵有加，而一生飄浮南、北，感慨較深，故有此作。與顏之推遭

〔註78〕黃容僅見載於《華陽國志》卷十一後賢志，附常寬傳後，曾任蜀郡太守，以同時好著述載之。任乃強校注云：「黃容、杜龔惟見《常志》，《目錄》不載，未知其縣貫。應皆著書于流離中者。」（頁661注10）又云：「寬以永嘉五年（311）入交州。作武平太守三年，梁碩之亂後卒，凡在交州十一年如。」（頁661注8，上海古籍出版社，1987年10月）是黃容任蜀郡太守蓋亦在晉末喪亂之際。明岌事亦多不可考，〈隋志〉二雜傳載其官銜云：「僞燕衛尉」（《隋書》前引，頁977），《北堂書鈔》卷一六〇石篇引《三十國春秋》曰：「燕黃門郎明岌將死誡其子曰：吾所以在此朝者，非要貴也，直是避禍全身耳，葬可埋一員石於吾墓前，首引之云『晉有微臣明岌之家』以遂吾本志也。」（頁786，宏業書局景孔廣陶校本，民國63年10月）則似亦由晉而入於燕，故有此言。案：永嘉年間（307～313），慕容廆始在遼東北部大棘城自稱鮮卑大單于，當時中原百姓失業，流亡歸附者甚多，廆亦頗引用漢人共襄時政；至其子慕容皝，乃於咸康三年（337）自稱燕王，其力未及中原，且尚尊東晉卜號；至皝子儁於永和八年（352），僭皇帝位，建元元璽，史稱「前燕」，統有淮水以北、洛陽以東之地，與東晉、前秦鼎足而三。傳位至其子暐，在位十一年，海西公太和五年（370）爲前秦所併，終前燕亡國，皆重用漢人士族，以修國政。（以上參《晉書》卷一〇八～一一一所載）〈隋志〉載明岌仕於「僞燕」，《三十國春秋》稱「燕黃門郎」，則明岌似在永和八年至太和五年間仕於前燕，亦流離於戰亂中僅求「避禍全身」之士。

〔註79〕參王仲犖，《魏晉南北朝史》，頁307～313「西涼與北涼」條。

〔註80〕房玄齡《晉書》卷八七涼武昭王李玄盛傳云：「國人上諡號曰武昭王，墓曰建世陵，廟號太祖。」（前引），又歐陽修《新唐書》卷一高祖本紀：「（淵）其七世祖暠，當晉末，據秦、涼以自王，是爲涼武昭王。」（頁1，鼎文書局，民國74年2月4版）

梁侯景之亂，輾轉于北齊、北周，又入於隋，而撰〈家誡〉，意相彷彿。

刁雍，字淑和，勃海饒安人。曾祖刁協，隨司馬睿渡江，遂家江左，位至尚書令。祖父彝，仕至徐、兖二州刺史。伯父逵、父暢、叔父弘在晉安帝朝，並歷顯職；兄弟子姪，有田萬頃，奴婢數千人。及桓玄構難，任用刁氏兄弟，並爲劉裕所殺，子姪無少長皆死。刁雍爲父暢故吏所匿，投奔後秦姚氏於洛陽，後至長安，姚興以爲太子中庶子。北魏明元帝泰常二年，滅後秦，雍遂仕于魏，專以征討劉宋爲務，蓋欲報滅族之仇。後以功封安東侯，都督揚、豫、兖、徐四州諸軍事、征南將軍、徐豫二州刺史。太和八年冬卒，年九十五。〔註81〕《魏書》卷三八刁雍傳云：

> 雍性寬柔，好尚典文，手不釋書，明敏多智，凡所爲詩賦頌論並雜
> 文，百有餘篇。又汎施愛士，怡靜寡欲。篤信佛道，著《教誡》二
> 十餘篇，以訓導子孫。〔註82〕

刁雍本東晉士族，劉裕誅殺刁氏，故亡命後秦，秦滅入北魏，一生與兵戎爲伍。史云「篤信佛道，著《教誡》二十餘篇，以訓導子孫」，或亦深體生死無常，故撰書訓勉子孫。其後刁氏子孫在北朝世有榮祿，皆緣於雍。

王襃字子淵，琅邪臨沂人。曾祖儉，齊太尉；祖騫，梁金紫光祿大夫；父規，梁左民尚書；皆受封公侯，有名江左。襃在梁，襲父爵封南昌侯，出爲安成內史。太清中，侯景陷京城，江州刺史當陽公大心舉州附賊，賊轉寇南中，襃猶據郡拒守。大寶二年（西元 551 年，年 38），元帝命襃赴江陵，任侍中，累遷吏部尚書、左僕射。及魏征江陵，元帝出降，襃與宗懍等數十人俱至長安，宇文泰授襃車騎大將軍、儀同三司。北周武帝保定中，除內史中大夫，保定三年（563），年五十，撰〈幼訓〉，以誡諸子。建德（572～578）以後，頗參朝議，尋出爲宜州刺史，六年，卒于任，年六十四。〔註83〕案：王襃本江東臨沂世族

〔註81〕 以上據《晉書》卷六九刁協傳、《魏書》卷三八刁雍傳。案：魏收書對刁雍父祖之敘說，似多據刁雍子孫之言，故有偏頗，《北齊書》卷四四儒林傳載：「刁柔，字子溫，渤海人，父整（刁雍孫）……天保初，除國子博士、中書舍人。魏徵撰魏史，啓柔等同其事。柔性頗專固，自是所聞，收常所嫌憚……柔在史館未久，逢勒成之際，志存偏黨。《魏書》中與其內外通親者並虛美過實，深爲時論所譏焉。」（李百藥，前引書，頁585～587）故此雍父前多據《晉書》，雍多據本傳。

〔註82〕 魏收，前引書，頁871。

〔註83〕 以上參《周書》卷四一王襃傳、《梁書》卷四一王規傳、《北史》卷八三文苑傳，並附錄7-3說明。

之後，遭逢侯景亂梁，魏侵江陵，仕於北周。年及知命，乃著〈幼訓〉，或許也因爲流離南北，回顧過去，深有所感，故述其經驗，以教子弟。王褒向來以能文顯名，《周書》稱褒：「博覽史傳，尤工屬文。」〔註84〕至北周，武帝「凡大詔冊，皆令褒具草」〔註85〕亦以能文見賞，故現存〈幼訓〉一章，勉子珍惜時光，志在勤學，或由於此。

江左自東晉以下，迄于齊、梁，世家大族生活過於優渥，反而罕見撰述「家誡」來規範子弟，等到流離北地，雖或以文見賞，以武稱功，於是能夠勤於著述，以訓勉子孫，此蓋飄浮南北，感慨遂深有以致之。

第二，身事外族，憂患意識較深。如楊椿〈誡子孫〉，通篇論「止足」「謹慎」之意，魏收〈枕中篇〉云：「可不畏歟！可不戒歟！」「知止知足，庶免於辱」也是暢談謹慎小心，可免於禍的主題。這與江南王僧虔、王筠等人，勉子仰觀堂構，冠冕傳家，風格迥別。而這種憂患正是導引他們撰文誡子的動機所在。

刁雍以下，除了王褒以外，都包含在北魏、東魏、北齊這個範圍之中，而北朝胡、漢的衝突，在北魏末年終北齊之世最鮮明，而且造成朝士的無辜傷亡最慘重。這些都與外族統治者，一方面仰賴漢人文化，一方面又以武力自恃，形成漢人從文，胡人尚武，相互排擠，導致胡漢問題的激化有關。

這個衝突自拓跋珪定都平城（398），至拓跋燾（424～452 年在位）統一黃河流域，隨著受統治的漢人數量增多，逐漸浮出枱面。中間雖有孝文帝拓跋宏（471～199 年在位），努力消弭兩者的對立，但胡、漢由於生活習性、語言、風俗的種種差異，仍然難以避免雙方潛在的敵對與抗爭，這種情況一直持續到北齊滅亡（577）爲止，都是如此。撰述家訓的作者，從刁雍以下至魏收，乃至入隋的顏之推，都出仕於這個時代背景之下，自然有較濃厚的危機與憂患意識。下面舉幾個重要事件，說明胡漢的衝突。

（一）北魏太武帝太平眞君十一年（450），崔浩國書獄。《魏書》卷三五崔浩傳：

> 大祖（拓跋珪）詔尚書郎鄧淵著《國記》十餘卷，編年次事，體例
> 未成。逮于太宗（拓跋嗣），廢而不述。神䴥二年（拓跋燾，西元
> 429 年），詔集諸文人撰錄國書，（崔）浩及弟覽、高讜、鄧穎、晁

〔註84〕令狐德棻，《周書》，卷四一，頁 729。（鼎文書局，民國 72 年 4 月 4 版）
〔註85〕同前註引書，頁 731。

繼、范亨、黃輔等共參著作，敘成《國書》三十卷……著作令史太原閔湛、趙郡鬱標素諂事浩，乃請立石銘，刊載《國書》，並勒所注《五經》。浩贊成之。眞君十一年六月（450）誅浩，清河崔氏無遠近，范陽盧氏、太原郭氏、河東柳氏，皆浩之姻親，盡夷其族……及浩幽執，置之檻內，送于城南，使衛士數十人溲其上，呼聲嗷嗷，聞于行路。〔註86〕

崔浩因爲國書的事，全族被殺，甚至連及姻親老少，盡夷其族。這些都是當時頗具勢力的漢人士族，一時之間被拓跋燾誅殺殆盡，〔註87〕《魏書》目錄序所云「趙魏舊族，往往以猜忌夷滅」〔註88〕就是指這種情形。關於崔浩國書獄的原因，周一良、王伊同都認爲是「胡漢之衝突」，〔註89〕雖說北魏建國動輒誅殺五族，〔註90〕群臣百姓無論胡漢原就生活在恐懼之中，但像崔浩這個事件，有意專殺漢人大族，確實令漢人仕宦者寒心。

（二）北魏孝明帝武泰元年（528），爾朱榮之亂。爾朱榮爲北秀容部落酋長，孝明帝崩，擅立元子攸，是爲孝莊帝，受封太原王，都督中外諸軍事，兵臨京師，屠殺公卿百官，《資治通鑑》卷一五二載：

> 引百官於行宮西北，云欲祭天。百官既集，列胡騎圍之，責以天下喪亂，肅宗暴崩，皆由朝臣貪虐，不能匡弼，因縱兵殺之……死者二千餘人。〔註91〕

這個事件，爾朱氏殺的，不只漢人，漢化胡人一併殲滅，可說是孝文帝漢化以來的一個胡人反動勢力。第二年（529）楊椿以年高致仕，回華陰臨別在京城爲官的子孫，寫下〈誡子孫〉，那時楊椿七十五歲。第三年，孝莊帝不堪爲爾朱榮傀儡，聯合楊侃（楊椿兄播子）等人，伏兵刺殺榮。爾朱家族原

〔註86〕魏收，前引書，頁815～826。
〔註87〕參王仲犖，前引書，頁549。
〔註88〕《魏書》附「舊本魏書目錄序」。頁3065。（魏收前引書）
〔註89〕王伊同語，見王伊同，〈崔浩國書獄釋疑〉，頁51。（收入《王伊同論文集》，頁45～60，藝文印書館，民國77年4月出版）周一良，〈北朝的民族問題與民族政策〉，頁118云：「崔浩死是統治階級內部胡漢矛盾鬥爭的結果，國史不過是一個近因。」（收入《魏晉南北朝史論集》，頁116～176，坊間排印本）
〔註90〕參趙翼，《二十二史箚記》，參十四「後魏刑殺太過」條，頁188～189。（前引書）
〔註91〕司馬光，《資治通鑑》，卷一五二，頁4742。（洪氏出版社，民國69年10月再版）

本對滿朝貴顯的士族就不滿，這次楊侃助莊帝殺榮，馬上引起榮弟、姪等人的反撲。第四年，楊氏在洛陽、華陰兩地的家族，無少長，皆爲爾朱世隆、爾朱天光所殺。僅椿弟津子楊愔外出，免禍，後入於北齊。〔註92〕魏收在北魏武泰元年（528）任太學博士，爾朱榮濫害朝士時，亦在圍中，以晚起不及上朝，得免於禍。〔註93〕當亦深有所感。

（三）北齊廢帝乾明元年（560），楊愔（字遵彥）被殺。楊遵彥仕北齊高洋，忠誠典重，甚見優寵，天保九年（558），任尚書令，十年，封開封王。高洋崩，與燕子獻、鄭頤並受遺詔輔政，高洋弟演、湛深所不滿，執遵彥等殺之，時年五十。〔註94〕此事亦緣于胡漢對立，太子高殷，爲漢人皇后所生，頗染漢人風度，不爲太皇太后及二叔所喜，故高演等殺楊氏，廢高殷而自立爲王。〔註95〕楊遵彥被殺，魏收、顏之推並及見之，朝中漢人多感歎息，顏之推後撰《家訓》慕賢篇云：

> 齊文宣帝即位數年，便沈湎縱恣，略無綱紀；尚能委政尚書令楊遵彥，內外清謐，朝野晏如，各得其所，物無異議，終天保之朝。遵彥後爲孝昭所戮，刑政於是衰矣。〔註96〕

蓋亦有感而發。之推書中立「止足」「誡兵」，深述持滿之道，鄙視武人（胡人多從武）之失，多爲此種環境所造成。

（四）北齊武平四年（573），崔季舒、張雕虎、劉逖、封孝琰、裴澤、郭遵六人，同被斬之於殿廷。〔註97〕此事魏收等人已不及見，而對顏之推來說卻感同身受，〔註98〕胡漢對立，至北齊末年，已足以亡國，西元 577 年北齊爲北周所滅。

北朝漢人士族，多半生活在這種胡漢衝突的陰影之中，其慮患也深，其危機意識較南人爲強，故多有此撰述專文以誡子之作。

〔註92〕以上參《資治通鑑》卷一五四～一五五，頁 4771～4812。（司馬光前引書）
〔註93〕參《北齊書》卷三七魏收傳，頁 483。（李百藥前引書）
〔註94〕楊遵彥生平據《北齊書》卷三四，頁 453～460。（前引書）
〔註95〕參孫同勛，〈北魏末年與北齊時代的胡漢衝突〉（思與言，二卷四期，民國 53 年 11 月），頁 37～38。
〔註96〕王利器，前引書，頁 137。
〔註97〕詳參孫同勛，前引文，頁 379～380。說亦見蕭璠，〈東魏北齊內部的胡漢問題及其背景〉（食貨月刊，六卷 8 期，民國 65 年 10 月），頁 25～26。
〔註98〕參繆越，〈顏之推年譜〉，「武平四年」條。（收入周法高，《顏氏訓篹注》，附錄二，頁 151～160，台聯國風出版社，民國 65 年 4 月再版）

三、北朝皇族家訓之發展

北朝皇族，入主中土，撰家訓以教子弟者，至今片字不存，其名目可考者，如下：

（一）慕容廆（269～333）《家令》數千言（參第四章第一節、八其他）

（二）慕容皝（309～360）《典誡》十五篇（參同前條）

（三）北魏文明皇后馮氏（442～490）《勸誡歌》三百餘章、《皇誥》十八篇（參第五章第二節四、其他）

慕容廆、慕容皝是父子關係，西晉末年，在遼西一帶崛起，是鮮卑族的一支，晉懷帝永嘉年間（307～312），慕容廆自稱鮮卑大單于。廆死，子皝於西元 337 年稱燕王，東破夫餘及高句麗，攻滅鮮卑宇文部，爲以後慕容儁（皝子）入主中原（史稱前燕）奠定了基礎。〔註 99〕

慕容氏得以迅速發展，與當時西晉末年，中原大亂，士庶多來歸附有關，使他們能很快吸收中土文化，《晉書》卷一〇八載記慕容廆傳云：

> 永嘉初……連歲寇掠，百姓失業，流亡歸附者日月相繼……時二京傾覆，幽冀淪陷，廆刑政修明，虛懷引納，流亡士庶多襁負歸之……於是推舉賢才，委以庶政，以河東裴嶷……爲謀主，北海逢羨……爲股肱，渤海封弈……以文章才儁任居樞要，會稽朱左車……以舊德清重引爲賓友，平原劉讚儒學該通，引爲東庠祭酒，其世子皝率國胄束修受業焉。廆覽政之暇，親臨聽之，於是路有頌聲，禮讓興焉。〔註 100〕

慕容廆除了大量任用漢人，而且請儒學該通的劉讚教導他的小孩，這使慕容皝的漢學基礎更加穩固，對慕容廆的文學素養如何，我們並不太瞭解，但從他自撰《家令》以及廣泛接納漢人，重視文化的吸收來看，應是有相當基礎。到他的世子，受有正統的漢文化教育，就幾乎與一般漢人士族無異，《晉書》卷一〇九載記慕容皝傳云：

> 慕容皝字元眞，雄毅多權略，尚經學，善天文……賜其大臣子弟爲官學生者號高門生，立東庠于舊宮，以行鄉射之禮，每月臨觀，考試優劣。皝雅好文籍，勤于講授，學徒甚盛，至千餘人。親造《太上章》以代《急就》，又著《典誡》十五篇，以教胄子。〔註 101〕

〔註 99〕以上據王仲犖，《魏晉南北朝史》，頁 257～258。（前引書）

〔註 100〕房玄齡，前引書，頁 2805～2806。

〔註 101〕同前註引書，頁 2818～2826。

皝不但承繼父親重親教育的精神，更進一步身體力行，從事講授，而且撰書教胄子。他的父親《家令》才數千言，大約與顏延之〈庭誥〉相彷，他著《典誡》就有十五篇，我想應該是大量吸收前賢典籍的精華，一方面誡其修身、處世之方，一方面教其治國理民之要，如此就包含了先賢儒家諸子的主要訴求。他父親《家令》的要旨是：「獄者，人命之所懸，不可以不慎。賢人君子，國家之基也，不可以不敬。稼穡者，國之本也，不可以不急。酒色便佞，亂德之甚也，不可以不戒。」〔註 102〕除了酒色便佞爲修身的問題，其他都站在治國的角度，從這裏，約略可以窺測《典誡》的內涵。理應不是像顏之推《家訓》專門針對家中子弟的教育，而是比較類似治國、理民、進德、修業等的傳統儒家書籍，也只有這樣才適合拿來當教材，教導胄子。

歷來中土帝王撰書誡子例子少見，我想原因是儒家的典籍本來就是針對治國、理民來寫的，先賢所撰已經汗牛充棟，實不勞再疊床架屋。不過站在胡人入主中原的立場來看，卻是頗有其必要性的。後來唐太宗李世民，也撰有《帝範》共分「君體」「建親」「求賢」「審官」「納諫」「去讒」「誡盈」「崇儉」「賞罰」「務農」「閱武」「崇文」十二篇，序云：

> 汝以幼年，偏鍾慈愛，義方多闕，庭訓有乖。擢自維城之居，屬以少陽之任；未辨君臣之禮節，不知稼穡之艱難。朕每思此爲憂，未嘗不廢寢忘食。自軒昊已降，迄至周隋，以經天緯地之君，纂業承基之主，興亡治亂，其道煥焉。所以披鏡前蹤，博覽史籍，聚其要言，以爲近誡云耳。〔註 103〕

這是太宗專門針對太子一人的教導，故以「帝範」名篇，不過其內容、動機略與傳統子書相似，藉此，或亦可以略窺《典誡》之性質。

慕容皝子儁，有父風，《晉書》卷一一○載記慕容儁傳云：

> 慕容儁字宣英……博觀圖書，有文武幹略……立小學於顯賢里以教胄子……雅好文籍，自初即位至末年，講論不倦，覽政之暇，唯與侍臣錯綜義理，凡所著述四十餘篇。〔註 104〕

慕容氏三代重視教育，崇文尚武，至儁入主中原，建國號燕，其父祖的撰文

〔註 102〕同前註引書，頁 2808。

〔註 103〕李世民，《帝範》，「帝範序」頁 4～5。收入藝文印書館「百部業書集成」聚珍版叢書，民國 58 年。

〔註 104〕房玄齡，前引書，頁 2831～2842。

訓導，居功至偉。

　　至於文明皇后馮氏《勸誡歌》、《皇誥》，都是用來教導北魏孝文帝的，《勸誡歌》達到三百餘章，如以陶淵明〈命子〉章八句，句四字量之，將近萬言，古今長歌，罕有此體。然亡佚不存，難遽論斷。而《皇誥》十八篇，大蓋也類似唐太宗《帝範》十二篇勉子爲帝之道。如以篇數、字數來看，應當都吸收了大量前賢理論，這樣一則可藉此訓勉文帝，一則可藉此讓文帝吸數漢人思想之精華。此書在孝文帝朝比較受到重視，孝文帝曾班賜群臣，有大臣作注，也流傳南土。《魏書》卷七上高祖紀：「（太和）九年春正月……癸未大饗群臣于太華殿，班賜《皇誥》。」，〔註105〕又《南齊書》卷五七魏虜傳：「馮氏有計略，作《皇誥》十八篇，僞左僕射李思沖稱史臣注解。」。〔註106〕另呂文祖曾譯注此書，得超授陽平太守，《魏書》卷三十呂洛拔傳：「（呂）文祖以舊語譯注《皇誥》，辭義通辯，起授陽平太守。」，〔註107〕所謂「舊語」蓋謂鮮卑語，〔註108〕以譯此書即可超授太守之職，雖史未明言當何帝時，也可想見此書受當局重視之一斑，而孝文帝向以孝謹著稱，超授或在孝文太和十九年禁鮮卑語後而文帝仍當朝之時。孝文帝在位，力圖漢化，〔註109〕頗好文學，〔註110〕或亦緣于馮氏之教導。

　　大致說來，北朝皇族進入中原，撰述家訓以誡諸子，大約離不開幾個動機：（一）教育子弟爲人君之道，使後繼有人。（二）吸收漢人文化，提升治國能力。（三）瞭解漢人文化，方便治理轄區內的漢民族。慕容皝、文明皇后馮氏都是頗爲成功的例子。

〔註105〕魏收，前引書，頁155。

〔註106〕蕭子顯，前引書，頁990。案：李思沖即李沖，字思順，頗受文明皇后寵信。《魏書》卷五三：「沖爲文明太后所幸，恩寵日盛，賞賜月至數千萬，進爵隴西公，密致珍寶御物以充其第，外人莫得而知焉。」（魏收前引書，頁1180）

〔註107〕魏收，前引書，頁732。

〔註108〕《魏書》卷七下高祖紀，太和十九年「六月己亥，詔不得以北俗之語言於朝廷，若有違者，免所居官。」（頁177，魏收前引書）此爲孝文帝漢化措施之一，禁鮮卑語。此後新謂華語，舊謂鮮卑語。《北史》卷十九咸陽王禧傳，孝文帝詔「語音不聽仍舊」，李沖言：「四方之語，竟知誰是，帝者言之，即爲正矣，何必改舊從新。」（鼎文書局，民國69年12月3版頁690）此舊新對舉，以應孝文帝之言，舊即謂北俗拓跋氏之鮮卑語。

〔註109〕參王仲犖，前引書，頁543～548「孝文帝改革的内容」條。

〔註110〕參趙翼，《二十二史簡記》，卷十四「魏孝文帝文學」條，頁192～193。（前引書）

第三章 漢魏六朝家訓內容分析（一）

　　以下三章，旨在探討兩漢至隋（西元前 206～西元 618 年），八百餘年間家訓的內容。希望透過內容的分析，可以明瞭這時期家訓誡子的發展，進一步掌握當時文人士大夫或王公貴族心目中理想而可行的具體行爲規範。

　　兩漢至隋誡子的篇章很多，現存除《顏氏家訓》勒成一書外，其他多屬單篇散論、書信往返或詩歌的形式。顏氏之前彙集成書的，有兩種類型：第一類，抄寫前人訓誡之文，彙編爲一書，有如後世之總集者，如〈隋志〉四總集所載《眾賢誡集》十卷，注引梁有《誡林》三卷、《雜家誡》七卷、《諸家雜誡》九卷、《集誡》二十二卷等是；第二類，自撰訓誡以勉子孫，如王莽《誡書》八篇、北魏甄琛《家誨》二十篇、刁雍《教誡》二十餘篇等是，這與《顏氏家訓》相似。凡此今並不存。爲顧及家訓之發展及流變，今存佚並敘，依兩漢、三國、晉十六國、宋、齊、梁、北朝分爲三章六節，殘存者分析其內容，亡佚者附於各節之末，以展現這時期誡子盛況。

　　至於《顏氏家訓》一書，以其內容較多，前賢在這方面的研究成果也頗爲豐碩，因此本論文對該書的研討，別立專章，此處不予列入。唯《顏氏家訓》在內容上亦多與前人暗合，或同一事而意見相左，則取以爲比較之資，不在此限。

第一節　兩漢家訓內容分析

　　劉勰〈文心雕龍·詔策〉云：「戒者，慎也，禹稱：戒之用休。君父至尊，在三同極。漢高祖之〈敕太子〉，東方朔之〈戒子〉，亦顧命之作也。及馬援

以下，各貽家戒。」〔註1〕劉勰所敘漢代誡子之文，今皆見存。茲考史傳、類書所載，尚有韋玄成、劉向、張奐、酈炎、鄭玄、司馬徽、王脩等誡子之作，雖或斷簡殘編，也可以從此看出誡子篇章的原始風貌。至於王莽《戒書》今已隻字不存，附於最末敘其撰述原由。

一、劉邦〈手敕太子〉（附錄 1-1）〔註2〕

劉邦，字季，沛豐邑中陽里人。父親太公，母親劉媼，家世以務農爲業。邦不事家業，秦始皇時爲泗上亭長，秦二世元年起兵，稱沛公，子嬰元年西入關，項羽爲漢王，都南鄭。以漢五年破項羽，即皇帝位，都長安，在位十二年，諡曰高皇帝，廟號太祖，也稱高祖。初娶單父人呂公女呂雉，生孝惠帝劉盈、魯元公主，高祖二年，立盈爲太子，十二年高祖崩，盈即皇帝位，是爲漢惠帝。〈手敕太子〉共五則，即惠帝任太子時，高祖手敕書簡。

漢高祖劉邦〈手敕太子〉共分五則，除第二則定太子惠帝爲嗣外，首則勉子讀書，第三則勉子習字撰文，第四則勉子尊敬長者，第五則遺書託以如意母子，皆訓誡之言，茲分述於後：

（一）勉子讀書、習字撰文。

劉邦在第一則中，自敘遭逢亂世，正值秦朝嚴禁私學，因而感到慶倖，以爲讀書沒有益處。到後來踐祚稱帝，才知道讀書，進而瞭解作者的用意，回想以前的行爲，多不足取。高祖懊悔自己往日不讀書之失，並肯定後來讀書之是，用以告誡惠帝，蓋在於希望他記取教訓，不可重蹈覆轍。另第三則，劉邦自敘向來不習撰文，因此寫得不好，但還能表達自己的意思。高祖責備惠帝寫得還不如他，告誡他應該勤於練習，每次上疏，要親自動筆，不可假託旁人。

劉邦得天下，不在於飽讀詩書，因此他剛開始對儒生並不禮遇，甚且經常辱罵他們。他稱儒生隨何云：「何爲腐儒，爲天下安用腐儒」，〔註3〕罵酈食其云「豎儒，幾敗而公事」。〔註4〕初酈生欲見高祖，高祖麾下騎士告之曰：「沛

〔註1〕 王更生《文心雕龍讀本》（臺北市，文史哲出版社，民國73年3月初版）上冊，頁358。

〔註2〕 （附錄 1-1）表示此篇原文見「附錄」1-1，下文中如有徵引，並參見之，不再標注出處及所據版本。後文並同此例，不再出註。

〔註3〕 司馬遷《史記》卷九一黥布列傳，頁2603。（鼎文書局，民國74年3月7版）

〔註4〕 同前註引書，卷五五留侯世家，頁2041。

公不好儒，諸客冠儒冠來者，沛公輒解其冠，溲溺其中。與人言，常大罵。未可以儒生說也。」〔註5〕皆可以概見高祖不好儒生。此或由於儒生迂闊，不切時事，有以至此。但後來他放下馬鞍，治理天下，對儒生的看法，略有改觀，如漢五年（西元前 202），高祖初并天下，當時「群臣飲酒爭功，醉或妄呼，拔劍擊柱」〔註6〕他也感到相當苦惱，等到叔孫通替他訂定禮儀，群臣上朝井然有序，沒有喧嘩失禮的人，他才感悟的說：「吾乃今日知為皇帝之貴也」。〔註7〕另陸賈對高祖亦多所啟悟，《史記》陸賈列傳載：「陸生時時前說稱詩書。高帝罵之曰：『迺公居馬上而得之，安事詩書！』陸生曰：『居馬上得之，寧可以馬上治之乎？且湯武逆取而以順守之，文武並用，長久之術也。昔者吳王夫差、智伯極武而亡；秦任刑法不變，卒滅趙氏。鄉使秦已并天下，行仁義，法先聖，陛下安得而有之？』高帝不懌而有慚色……陸生乃粗述存亡之徵，凡著十二篇。每奏一篇，高帝未嘗不稱善。」〔註8〕誠如陸生所言，得天下未必以德，而守天下則不得不行仁義、法先聖，知曉古今存亡之理，否則得之亦不能守。而古今存亡之理，多載在典籍，故而劉邦勉太子治理天下不可不勤讀書。這應是古來帝王戒子讀書的用意所在。

（二）尊敬長者

他在手敕第四則說：「汝見蕭、曹、張、陳諸公侯，吾同時人，倍年於汝者，皆拜，並語於汝諸弟。」希望惠帝禮敬蕭何、曹參、張良、陳平諸先生，不可以太子之尊而傲慢長者。

（三）遺言托以如意母子

他在手敕第五則說：「吾得疾遂困，以如意母子相累，其餘諸兒皆自足立，哀此兒猶小也。」類似臨終顧命，希望長子惠帝能代為照顧如意母子。後來如意及其母戚夫人都被惠帝的生母呂后所殺，其間惠帝雖意欲阻止母親的行為，但也無可奈何。〔註9〕章樵注此文云：「鴆毒人彘之禍，高祖蓋逆慮其至此。孝惠懦弱，以萬乘之主，不能庇其弟，亦可悲矣。」其說是也。但此則另有一些疑點，他說「其餘諸兒皆自足立，哀此兒猶小也」據《史記》高祖本紀載高

〔註5〕　同前註引書，卷九九酈生列傳，頁 2692。
〔註6〕　同前註引書，卷九九叔孫通列傳，頁 2722。
〔註7〕　同前註，頁 2723。
〔註8〕　同前註引書，卷九七陸賈列傳，頁 2699。
〔註9〕　同前註引書，卷九呂太后本紀，頁 397。

祖八男，惠帝居次，如意第三，另五男並小於如意。〔註10〕高祖怎可說「皆自足立」呢？是高祖生前對戚夫人及如意特加寵愛，顧慮其後爲人所害，因而強調他的幼小嗎？或者由於戚夫人死狀慘絕，如意年幼無罪飲酖，後人因而附會其事，增潤此辭？以事無可詳考，姑存之以待來者。

二、東方朔〈誡子〉（附錄 1-2）

東方朔，字曼倩，平原厭次人。少失父母，長養於兄嫂。漢武帝時，徵天下賢才，朔上書自薦，以文辭見賞，待詔公車，不久待詔金馬門，爲常侍郎，拜太中大夫給事中。後因飲酒醉入殿中，小遺殿上，劾不敬，被免爲庶人，待詔宦者署，尋復爲中郎。朔向以能言善辯，文辭博洽，見賞於武帝，但因辭語滑稽，行事不拘常禮，始終未得重用。子孫生平不詳，《史記》滑稽列傳載朔曾任用其子爲郎，又爲侍謁者，其子似亦仕於朝庭。〈誡子〉即朔述其人生觀訓誡子弟之作。

東方朔這篇〈戒子〉，主要包含三個理念：

第一，勉子「以仕代農」，如此既可「飽食安步」，又可免於勞苦。

第二，勉子在朝爲官，不必執著於理想，應抱持玩世的態度，可使禍害不及其身。所謂「依隱玩世，詭時不逢」〔註11〕也。

第三，開示具體的行爲準則三點：（一）好名以修身，〔註12〕可以得榮華富貴；但不必盡其才，盡才則身危。所謂「才盡者身危，好名者得華」。（二）得到眾望，則勞碌一生；獨貴孤傲，則失於人和。所謂「有群者累生，孤貴者失和」。（三）凡事留有餘地，則不致匱乏；凡事窮盡，則立見消竭。所謂「遺餘者不匱，自盡者無多」。

另外他表達不欣賞伯夷、叔齊，執著不事二王，餓死首陽山的行逕；〔註13〕

〔註10〕同前註引書，卷八高祖本紀，頁393。

〔註11〕班固《漢書》卷六五東朔傳顏師古注引如淳曰：「依違朝隱，樂玩其身於一世也」（注「依隱玩世」），引臣瓚曰：「行與時詭而不逢禍害也」（注「詭時不逢」，鼎文書局，民國72年10月5版，頁2784）世昌案：依違，不定之辭，即不執著於一是以奉行之。

〔註12〕「好名者得華」「好名」蓋謂東方朔〈答客難〉所云「雖然，安可以不務修身乎哉……此士所以日夜孳孳，敏行而不敢怠也。」（班固《漢書》卷六五，前引，頁2865～2866）

〔註13〕詳見《史記》（前引書）卷六一伯夷列傳，頁2123。

而勉子學習柳下惠不羞汙君，不卑小官，遺佚不怨，阨窮不憫的作風。〔註14〕一切行為要「隨時之宜」，不可拘泥執著。文中所提到的「中」「道」，既不同於儒家之中庸，也不同於道家之自然，是東方朔自身體驗之處世哲學。他這種「以仕代農」「避世全身」的誡子內容，是兩漢到隋代，仕宦家庭誡子的核心思想。尤其是魏晉以下，勉子讀書以求仕進，戒子謹言慎行以免禍，成為一種風尚，東方朔實開其端。

　　東方朔的這種人生觀，與他一生遭遇有密切關係，茲略說明如下。其生平比較可靠的，見於《史記》卷一二六滑稽列傳褚少孫補傳及《漢書》卷六五東方朔傳，《漢書》載其自述云：「朔少失父母，長養兄嫂。年十三學書，三多文史足用。十五學擊劍。十六學詩書，誦二十二萬言。十九學孫吳兵法……亦誦二十二萬言」〔註15〕雖然頗有誇大不實之嫌，但從其言談、撰文，可以瞭解他是一個飽讀詩書的人，褚少孫說他「好古傳書，愛經術，多所博觀外家之語」〔註16〕也可知其學養。他二十二歲，上書求仕，〔註17〕或許抱著崇高的理念，想要有所作為。但他的言行，頗不守禮法，如《史記》所載：「徒用所賜錢帛，取少婦於長安中好女。率取婦一歲所者即棄去，更取婦。所賜錢財盡索之於女子。」〔註18〕又《漢書》所載：恐嚇朱儒；〔註19〕割詔賜之肉；〔註20〕醉入殿中，小遺殿上〔註21〕皆是。加上他言語滑稽不經，以至於武帝把他看做是枚皋、敦舍人一類的人，雖隨侍左右，主要供武帝取笑而已，終不見用。〔註22〕

　　從他的〈答客難〉、〈非有先生論〉〔註23〕隱約可以看出嚮往為國治民的

〔註14〕柳下惠之行，此據孫奭《孟子注疏》（臺北市，藝文印書館「十三經注疏」本，民國70年元月8版）卷三下公孫丑上，頁68。世昌案：《漢書》班固贊謂朔「非夷齊而是柳下惠」，而引〈戒子〉之文云「首陽為拙，柱下為工」，柱下謂老子，師古引應劭曰：「老子為周柱下史，朝隱，故終身無患，是為工也。」（前引書，頁2874）與《類聚》所引不同，姑備於此。

〔註15〕班固《漢書》（前引書），卷六五，頁2841。

〔註16〕司馬遷《史記》（前引書），卷一二六，頁3205。

〔註17〕同註15，朔自述語。

〔註18〕同註16。

〔註19〕班固《漢書》（前引書），卷六五，頁2843。

〔註20〕同前註，頁2846。

〔註21〕同前註，頁2852。

〔註22〕同前註，頁2863。

〔註23〕同前註，頁2864～2873。

感慨，但是事實情況並不能如其所願，因此他只有自我解脫的說「如朔等，所謂避世於朝庭閒者也。古之人，乃避世於山中。」〔註24〕又說「陸沈於俗，避世金馬門。宮殿中可以避世全身，何必深山之中，蒿廬之下。」〔註25〕進不能獲用於君上，退不能勞苦於己身，是他無可奈何的寫照，也正是〈誡子〉所要表達的處世思想。

三、韋玄成〈誡子孫詩〉（附錄 1-3）

　　韋玄成，字少翁，魯國鄒人。父親韋賢，為人質樸少欲，篤志向學，居家教授，號稱「鄒魯大儒」，漢宣帝本始三年，為丞相，封扶陽侯；玄成為賢少子，又以明經位至丞相，故鄒魯諺曰：「遺子黃金滿籯，不如一經。」傳為美談。玄成少好學，纂修父業，襲父爵，漢元帝永光中，代于定國為丞相。兄弟子姪世代仕于朝庭，至哀帝時，宗族至吏二千石者十餘人。家世之盛，少與倫比。此〈誡子孫詩〉，即玄成登相位時，誡子孫之作。

　　《漢書》本傳載玄成撰此詩之動機云：「元帝即位，以玄成為少府，遷太子太傅，至御史大夫。永光中，代于定國為丞相。貶黜十年之間，遂繼父相位，封侯故國，榮當世焉。玄成複作詩，自著複玷缺之艱難，因以戒示子孫。」〔註26〕所謂「玷缺」，是指他擔任太常時，與平通侯楊惲厚善，及惲誅，坐與黨友，遭免官；其後又因侍祀孝惠廟，當晨入廟，時大雨泥淖，不駕駟馬車而騎馬至主廟下，有司劾奏，削爵為關內侯，二事。〔註27〕之前他已作〈自劾詩〉以自責，及登宰相，複爵位，又撰此詩以勸戒子孫。

　　故而詩歌首段，全是自責語，重申君子之人，皆肅敬自持，善其威儀，以養美德，而責己品德不善，威儀荒慢，以墜先人令名。與〈自劾詩〉「惟我小子，不肅會同，惰彼車服，黜此附庸。」〔註28〕的內容相類。次段敘己自少府而至丞相（「九列」謂少府，「三事」謂丞相，據師古注），早晚勸戒，不敢怠惰，時時刻刻約束自己的行為，唯恐有所墜失。三段敘登相復爵，群公百僚，咸來慶賀，實不知我心。以為丞相之職，當之不易，雖畢力於此，猶恐貶退無日。並回憶以前，遭免官降爵時，怕不能步武先人，履居相位，今日既任丞相，心裏

〔註24〕　司馬遷《史記》（前引書），卷一二六，頁 3205。
〔註25〕　同前註。
〔註26〕　班固《漢書》（前引書），卷七三韋賢傳，頁 3113。
〔註27〕　此二事俱見班固《漢書》卷七三玄成本傳。
〔註28〕　同註26，頁 3111。

反而畏懼擔憂，怕難堪重責大任。第四段則告誡子孫，天命無常，當謹守其位，不可荒怠。會同天子，宜小心從事；車服衣冠，宜戒慎約束；言行威儀，不可惰慢。如此或可以保有封邑。並陳示自己所以能居相復爵，是蒙天之福，僥倖遇之，不要因為這樣，而學習他不慎不整的行為。最後他告誡子孫，凡事要肅敬、誡懼，不要辱及祖先，而當盡力捍衛漢室。〔註29〕

玄成告誡子孫的主旨在「以保爾域」，那麼對上，則要「慎爾會同」，對自己，則要「無惰爾儀」。他詳說自己的經歷及感受，也是要藉此讓子孫有所警誡，記住以前的教訓，並非無的放矢。

玄成的宗族在西漢已榮耀當世，史稱「宗族至吏二千石者十餘人」，〔註30〕這當與他的祖先韋孟，他的父親韋賢以書傳家有關，因而玄成的兄弟，皆能成器，當時鄒魯的諺語說「遺子黃金滿籝，不如一經。」〔註31〕就是說明書香世家的令人欽羨。這種精神玄成或許感悟最深，他時時刻刻反省自己的行為，再把治家的理念傳授子孫，使的後代在歷朝能表現出家族的仕宦傳統。從玄成以下，子孫世世代代，派流繁衍，人才輩出，可以得知。根據《新唐書‧宰相世系》所述韋氏，有九房，其中前八房皆出自玄成子孫，在唐代獨出十四位宰相。〔註32〕家世之盛，可見一斑。就玄成誡子的理念「以保爾域」來看，無疑是成功的。

本篇在誡子的傳承上，有兩項比較特別之處：第一，承襲古代士冠禮的祝辭形式；第二，採用自敘的方式以告誡子孫。《儀禮、士冠禮》記載先秦貴族階層男子二十歲加冠的禮儀，雖然它未必普遍的被執行，但總代表先秦某種約定俗成的儀式。其中有加冠祝辭、醴辭、醮辭、字辭，共八章，每章或六句或七句，句四字，內容不乏父親對受冠者的期許及訓勉，例如：「棄爾幼志，順爾成德」「敬爾威儀，淑慎爾德」〔註33〕者是。玄成戒子詩在遣辭用句上，雖較富變化性，但有相當程度承襲自這些祝辭。至於自敘的方式，漢高祖〈手敕太子〉勉子讀書，既已如此，只是該敕未必可信，而且篇幅較短。

〔註29〕 以上解說，頗參顏師古注。（班固《漢書》，卷七三，前引，頁3113～3115。）
〔註30〕 班固《漢書》，卷七三，前引。
〔註31〕 同前註引書，頁3107。
〔註32〕 歐陽修《新唐書》（鼎文書局，民國74年2月4版）卷七四上宰相世系，頁3113。世昌案：京兆韋氏有韋貽範、韋昭度未能確定出自玄成一系，而校勘記以為當補入鄖公房韋安石、小逍遙公房韋承慶（頁3158）。合計為十四人。
〔註33〕 賈公彥《儀禮注疏》（臺北市，藝文印書館「十三經注疏」本，民國70年元月8版）卷三，頁31。

此詩用了大半的內容敘自己的經歷。這種手法，在兩漢至隋代，受到廣泛的使用。如酈炎〈遺令書〉敘己撰文；鄭玄〈戒子益恩書〉敘己求學經過及終生理想；羊祜〈誡子書〉敘己不如先君；李秉〈家誡〉敘己昔日侍先帝之見聞；陶潛〈與子儼等疏〉敘己家境貧乏等等，不勝枚舉。到顏之推《顏氏家訓》更可以說是運用這種方法戒子的集大成者，二十篇之中，除了終制一篇，自敘生平之外，篇篇都包含了他一生行事見聞的經驗。這是造就「家訓」文學可看性的一面，玄成〈誡子孫詩〉實關此手法之先。

四、劉向〈誡子歆書〉（附錄 1-4）

劉向，字子政，初名更生，漢高祖少弟楚元王劉交玄孫。曾祖劉富，景帝時封休侯；祖父劉辟彊，清靜少欲，常以書自娛，不肯仕，昭帝時為光祿大夫；父劉德，宣帝封為陽城侯。家世自劉交以下，並以《詩經》相授，至德，修黃老之術，常持《老子》知足之計。劉向少以能屬文辭稱，宣帝時為諫大夫，後以鑄偽黃金，繫獄減死，尋遷散騎諫大夫給事中；元帝即位，擢為宗正，以忤宦官弘恭、石顯，下獄；後復為中郎，以奸臣當道，廢黜十餘年。成帝即位，召拜中郎，遷光祿大夫，以王鳳專權，不得列位九卿，年七十二卒。向三子皆好學，少子歆，最知名。此〈誡子歆書〉，即歆初任黃門侍郎時，致書訓誡之辭。

劉向此誡子歆書，主要強調人必須有憂患意識，年少得黃門侍郎，尤當謙恭謹慎，戰慄自持，如此可以免禍。他舉董仲舒「弔者在門，賀者在閭」「賀者在門，弔者在閭」來說明禍福無常之理。更以春秋齊頃公（桓公孫，惠公子），承桓公餘威，輕侮晉使者郤克，而遭鞍敗績之禍，其後自知驕縱之失，力圖振作，虛己待民，而百姓親附，諸侯不犯。〔註 34〕為例，以陳「驕奢則禍至」「敬事則福至」之不爽。這與他所撰〈說苑、敬慎〉的篇旨相合，《說苑》說「夫福生於隱約，而禍生於得意，齊頃公是也……」〔註 35〕又說「憂患生於所忽，禍起於細微，汙辱難湔灑，敗事不可復追，不深念遠慮，後悔當幾何。」〔註 36〕都是申明憂患意識的重要。心存憂患，而後行事乃能敬慎，行事敬慎，乃可以免禍得福。這是劉向誡歆之主旨所在。

〔註 34〕參司馬遷《史記》（前引書）卷三二齊太公世家，頁 1497～1499。
〔註 35〕向宗魯《說苑校證》（北京，中華書局，1987 年 7 月 1 版）卷十，頁 249。
〔註 36〕同前註，頁 262。

向所以戒子戰戰兢兢，深謀遠慮，與其一生仕途有關，據錢穆《漢劉向歆父子年譜》載，向二十歲，任宣帝諫大夫，二十四歲，坐鑄僞黃金當伏法，繫獄幾死；二十九歲，復拜爲郎中，給事黃門，遷散騎諫大夫給事中；三十二歲，擢爲散騎宗正，給事中，時元帝初即位，與蕭望之、周堪、金敞同心輔政；三十三歲，與蕭望之、周堪同下獄，皆免爲庶人（廢十餘年）；四十八歲，成帝即位，復進用爲中郎，遷光祿大夫；五十四歲，校中秘書。〔註37〕劉向亦年少仕宦，但在五十四歲之前，宦途並不平穩，中間又遭遇外戚、宦官的專權跋扈，使他感覺到禍福的無常。及成帝初即位，外戚王鳳秉政，有意排斥劉氏，《漢書・元后傳》載：「王氏子弟皆卿大夫侍中諸曹，分據勢官滿朝廷。大將軍鳳用事，上遂謙讓無所顓。左右常薦光祿大夫劉向少子歆通達有異材。上召見歆，誦讀詩賦，甚說之，欲以爲中常侍，召取衣冠。臨常拜，左右皆曰：『未曉大將軍。』上曰：『此小事，何須關大將軍？』左右叩頭爭之。上於是語鳳，鳳以爲不可，乃止。」〔註38〕此事當劉歆拜黃門侍郎之前，是知其後黃門侍郎之拜，得來不易。劉向致書誡歆，即在此情況底下，有感而發。

五、馬援〈誡兄子嚴敦書〉（附錄1-5）

馬援，字文淵，扶風茂陵人。曾祖父馬通，漢武帝時以功封重合侯，以兄馬何羅反，被殺。祖父馬賓，宣帝時以郎持節；父親馬仲，官至玄武司馬。三兄況、余、員，並有才能，王莽時皆爲二千石。援年十二而孤，長養於諸兄，王莽末，爲新成大尹，及莽敗，避地涼州，隗囂以爲綏德將軍，後事光武帝，拜伏波將軍，封新息侯。嚴、敦爲馬援兄馬余二子，年幼失怙，後長養於援，時援出征交址，聞嚴、敦在京師並喜譏議，故馳書誡之。嚴、敦後並知名當時；嚴子馬融，尤有重名，爲後漢大儒。

馬援此誡，包含兩個部分：前半告誡他不可妄議論，包括不議論別人長短，不議論法令是非；後半教他學習龍伯高敦厚周愼的態度，不可學杜季良豪俠好義的作風。馬援憑自己的見識評定二人高下，以便使兄子有一個明確的遵循目標，這與前文東方朔〈戒子〉「首陽爲拙，柳惠爲工」用法相當，

〔註37〕以上參錢穆《漢劉向歆父子年譜》（臺北：商務印書館，民國76年7月1版）卷十，頁249。
〔註38〕班固《漢書》（前引書）卷九八，頁4018。

並無特別涵意。只是龍、杜是當時人，因爲他的評論，卻引起很大波瀾。首先是杜季良，史稱「季良名保，京兆人，時爲越騎司馬。保仇人上書，訟保『爲行浮薄，亂群惑眾，伏波將軍萬里還書以誡兄子，而梁松、竇固以之交結，將扇其輕僞，敗亂諸夏。』書奏，帝召責松、固，以訟書及援誡書示之，松、固叩頭流血，而得不罪。詔免保官。」〔註39〕杜季良的仇人上書，除了不滿杜氏之外，也連帶批評當朝權貴梁松、竇固，結果杜季良免官，松、固遭到光武帝斥責。梁松向來不滿於馬援，除了馬援曾失禮於他之外，〔註40〕這封書信恐怕也有不小的影響。後來援病卒之後，松上書譖馬援，帝大怒，援妻孥惶懼，不敢以喪還舊塋，僅買城西數畝地草葬而已。〔註41〕另外龍伯高，則因馬援的讚許，擢拜零陵太守。〔註42〕這些都是馬援撰此書時始料所不及的。

　　馬援撰書比評人物，欲兄子有所去取，也非突發奇想。據《漢書》馬援本傳所載，他頗有識鑒人物的才能，如批評公孫述說「子陽井底蛙耳，而妄自尊大」。〔註43〕又曾當面告誡梁松、竇固說「凡人爲貴，使可賤，如卿等欲，不可復賤，居高堅自持，勉思鄙言。」〔註44〕又兄子婿王磐（字子石）爲人尙氣節而愛士好施，有名江淮間，交結王侯，援謂外甥曹訓曰：「王氏，廢姓也，子石當屏居自守，而反游京師長者，用氣自行，多所陵折，其敗必也。」〔註45〕後諸人皆如其所戒，尋遭禍敗。故其撰書誡兄子，實如平生言行，當時並沒有預料到勸兄子不可妄議人是非，而書中固已言人是非之乖舛。劉宋裴松之評論援此書曰：「援之此誡，可謂切至之言，不刊之訓也。凡道人過失，蓋謂居室之惡，人未之知，則由己而發者也。若乃行事，得失已暴於世，因其善惡，即以爲誡，方之於彼，則有愈焉。然援誡稱龍伯高之美，言杜季良之惡，致使事徹時主，季良以敗。言之傷人，孰大於此？與其

〔註39〕范曄《後漢書》（鼎文書局，民國70年4月4版）卷二四馬援傳，頁845。
〔註40〕范曄《後漢書》馬援傳云：「援嘗有疾，梁松來候之，獨拜牀下，援不荅。松去後，諸子問曰：『梁伯孫帝壻，貴重朝庭，公卿已下莫不憚之，大人奈何獨不爲禮？』援曰：『我乃松父友也。雖貴，何得失其序乎？』松由是恨之。」（前引書，頁842）
〔註41〕范曄，前引書，頁846。
〔註42〕同前註，頁845。
〔註43〕同前註，頁829。
〔註44〕同前註，頁842。
〔註45〕同前註，頁851。

所誡，自相違伐。」〔註46〕這確實是馬援沒顧慮到的缺失。

其後王昶〈家誡〉，勉子師徐偉長、任昭先，不可學郭伯益、劉公幹，其行文措辭，雷同援文，明顯受馬援此書影響。這種撰書誡子，評論當時人物，馬援實開此風。

雖然如此，它仍不失爲歷來誡子書之典範，劉勰〈文心雕龍・詔策〉云：「馬援以下，各貽家戒。」〔註47〕把此篇當作是魏晉以後家戒作品的先導，並非無據。除了前所述，此文在當時起了一些影響外，之後也廣泛的被引用，如後漢朱穆（100〜163）〈崇厚論〉引此書以證敦厚爲德，救澆薄之失，〔註48〕以下王昶〈家誡〉，梁元帝《金樓子》皆援以戒子。馬援此文所以受後世看重，視爲誡子名篇者，我以爲有下列幾個原因。

第一，馬援忠公體國，勳業顯著。他曾說的一些名言，如「丈夫爲志，窮當益堅，老當益壯。」「凡殖貨財產，貴其能施賑也，否則守財虜耳。」〔註49〕「男兒要當死於邊野，以馬革裹屍還葬耳。何能臥床上在兒女子手中邪？」〔註50〕都是他一生的寫照。年六十二，猶請擊武陵五溪蠻夷，光武帝愍其老，未許之。援曰：「臣尚能被甲上馬」帝令試之。援據鞍顧眄，以示可用。帝笑曰：「矍鑠哉是翁也！」遂許之。〔註51〕這種精神是令人感動的。從他的一生看來，西滅隗囂，南定交阯，走擊五溪，都爲漢室的安定，立下不可抹滅之功勳。這是他令人敬佩之處，也是其言其書令人傳誦的原因。

第二，此文適切地掌握了古今年輕人的缺失，而給予針砭。如批評他人過失，譏刺時政，交通豪俠，逞強鬥狠等，頗能反應當時人的習性，也能給後人一些警惕。這與之前誡子，泛言道德、謹愼、謙虛等內容，有很大不同。

第三，文辭淺顯易了，譬喻精當妥善。如「施衿結褵」本指古代女子出嫁時，母親將五色絲繩和佩巾結在她身上，然後告戒她一些到夫家要注意遵守的行爲。〔註52〕用在這裏就使原本嚴峻責備的口氣，成了父母望子成龍、望女成

〔註46〕陳壽《三國志》（鼎文書局，民國 73 年 6 月 5 版）卷二七王昶傳，裴松之注，頁 747。

〔註47〕王更生，前引書，頁 358。

〔註48〕見范曄《後漢書》（前引書）卷四三朱穆傳，頁 1465。

〔註49〕范曄《後漢書》，卷二四，前引，頁 828。

〔註50〕同前註，頁 841。

〔註51〕同前註，頁 842〜843。

〔註52〕賈公彥《儀禮注疏》，卷六士昏禮：「母施衿結帨曰：勉之敬之，夙夜無違宮事。」（前引，頁 64）。

鳳，理所當然的耳提面命，子弟接受程度就會相對提高。又如「刻鵠不成尚類鶩」「畫虎不成反類狗」，用以比喻學習目標與學習效應的差距。開示子弟，同樣令人敬佩的行為，未必都可以做為我們學習的對象。全文罕用典故、陳言，譬喻又能出人意表，較之東方朔、韋玄成、劉向諸篇，確有其獨到之處。後人傳誦的誡子諸名篇，如鄭玄〈戒子益恩書〉、陶潛〈與子儼等疏〉、王僧虔〈誡子書〉、王褒〈幼訓〉也多半具有這些特質。

六、張奐〈誡兄子書〉（附錄 1-6）

張奐，字然明，敦煌酒泉人。父惇，為漢陽太守。奐少遊三輔，師事太尉朱寵，學《歐陽尚書》，後辟大將軍梁冀府，桓帝永壽元年，遷安定屬國都尉，後遷使匈奴中郎將，在職有聲稱。延熹間，拜武威太守，遷度遼將軍，九年拜大司農，以鮮卑入塞，出為護匈奴中郎將。靈帝初徵拜少府，遷大司農，轉太常。旋遭禁錮，歸田里，閉門不出，授徒千人。張奐一生任武職，長年在外，其〈誡兄子書〉乃奐在外，聞兄子仲祉在故鄉輕傲耆老，因而歸書誡之。兄子生平不可考，據書中言「汝曹薄怙，早失賢父」則奐兄似亦早亡，而諸子長養於奐，有代兄教誡之意。

本篇也是針對兄子的缺失，「輕傲耆老，侮狎同年，極口恣意」提出規勸，要他們崇長幼之序，以禮自持。並舉孔子在自己故鄉的行為態度，「恂恂如」給他們做參考。要他們學習父親恭謹的行為，力圖改過，不可以找一些理由來搪塞。依文中之意，張奐得知兄子行為的偏失，也是得自從故鄉來的人口中，子弟讀書學做人，卻遭鄉人批評，是張奐所不願見到的。這與顏之推〈顏氏家訓・勉學〉所說「見人讀數十卷書，便自高大，淩忽長者，輕慢同列；人疾之如讎敵，惡之如鴟梟。」〔註53〕的情形一樣，故而張奐特別強調要兄子知過能改。《勵忠節鈔》所引「若不改悔，宜早歸泉，吾當啓告汝父」實是痛切之辭。

七、酈炎〈遺令書〉（附錄 1-7）

酈炎，字文勝，范陽人，漢初酈食其之後。炎少有文才，解音律，言論辯洽。漢靈帝時，州郡辟命，皆不就。與蔡邕、盧植等友善。後風病慌忽，遭逢母親去逝，病情加重，妻始產子，受驚嚇而死，妻家訟之於官，炎被收

〔註53〕 王利器《顏氏家訓集解》（臺北市，明文出版社，民國 71 年 2 月初版），卷三，頁 165。

下獄，以炎風病不能理對，靈帝熹平六年，遂死獄中，時年僅二十八。這篇〈遺令書〉是他在獄中的絕命之辭，共有四首，其中第四首篇幅最長，是他針對尚在襁褓中的幼子，期許勉勵的話。

此書不同於一般遺令專言喪葬死生之事，故欄入討論。《古文苑》題此作「遺令書四首」，分別寫給他的亡父、母親、兄弟（興讓、玄讓）及遺孤。本文以第四首誡子的部分為主要探討對象，文中云：「汝之孤也，曾未滿兩旬」，則其子尚在襁褓之中，未能有所識，有所聞，故全文多期許、勉勵之言，與馬援、張奐指事勸戒者，迥不相同。茲依所敘內容，敘說如下：

（一）命　名

酈炎蓋未及為子命名，即被捕入獄，故文中云「嗟哉邈之遺孤，其名曰『止戈』，汝長自為之，寧咨爾止戈。」並期許他長大依照「止戈」的名字，崇文去武，好自為之。這與王昶〈家誡〉命子、姪名為玄、默、沖、虛，欲使子弟顧名思義，用意相當。

（二）勉子博學著書

他說：「必博學以著書，以續受父母久（之）業。我十七而作酈篇，二十四而州書矣，二十七而作七平矣，其賦誦誄自少為之。苟吾戒，汝克從，祭為甘，苟示試（誡），汝克違，梁（粱）奠為苦。」章樵注云：「酈篇、州書皆字學之書，七平蓋倣枚乘七發體。」酈炎自敘撰書之經過，欲止戈效之。今其書多散亡，無從詳考；〔註54〕然炎早慧，頗有文才，亦可以知之，《北堂書鈔》卷九九著述引盧植《酈文勝誄》云：「自齓未成童，著書十餘箱，文體思奧，爛有文章，篋縷百家。」〔註55〕故戒子承續家業博學著書。兩漢以來撰文誡子者，其自身皆博徵眾書，以為應世之資，然尚罕有誡子撰文以承繼家風者，此或因炎在當世但以文得盛名，不以仕宦為務故也。其後如南朝梁王筠〈與諸兒書〉，更以家世「人人有集」自詡，勉子「仰觀堂構，思各努力」（附錄6-4）把著書撰文，視為不墜家風的重要工作。至顏之推則專立〈勉學〉〈文章〉〈書證〉三篇以戒子，也以為這是「紹家世之業」〔註56〕可以傳之久遠的。魏晉以後戒子涉及文

〔註54〕參姚振宗《隋書經籍志考證》（北京，中華書局「二十五史補編」，1987 年 7月 5 版）卷三九之二「梁又有酈炎集二卷錄二卷」條，頁 5693。

〔註55〕虞世南《北堂書鈔》（臺北市，宏業書局，民國 63 年 10 月）卷九九著述，頁439。炎本傳云：「尚書盧植為之誄讚，以昭其懿德。」（范曄，前引書，頁 2649）。

〔註56〕王利器《顏氏家訓集解》（前引書）卷三勉學，頁 194。

章的很多（如李充〈起居誠〉、顏延之〈庭誥〉、張融〈門律自序〉、梁元帝〈金樓子、戒子〉、梁簡文帝〈誡當陽公書〉等是），更進一步討論到有關文體、文章源流的問題，可見文章自後漢以後，逐漸普及一般士人，漸漸成爲知識分子生活的重心。從誡子的要求，也略可窺其端倪。

（三）勉修身

他說：「汝無逸於丘，無湎於酒，無安於忍。事君莫如忠，事親莫如孝，朋友莫如信，修身莫如禮，汝哉其勉之」勉勵他遵禮修身，不可荒逸丘野，不可沈湎於酒，不可安於殘忍，並提出事君、事親、待友的最高準則——忠、孝、信。這些都是傳統儒家思想的行爲準則，酈炎概括而言之。否則炎妻死，己不能理對而入獄，尋亦將終，欲子事親孝，已無所施。另酈炎據本傳，未曾仕宦，理由不得而知，書中提到「懼汝身之隱，可不敕汝以仕乎？」與此「事君莫如忠」相合，他對子弟的願望，仍是博學、著書、修身以仕宦，與儒家「學而優則仕」的理念一致。

（四）報　恩

他說：「下邳衛府君，我之諸曹掾督郵；濟北寧府君，我由之成就；陳留韓府君，察我孝廉；陳留楊使（世昌案：此名疑有脫誤）辟我右北平從事祭（章樵注：四人舉辟炎者）。今我溺於地下，思恩則孤而靡報，汝有可以倒戟背戈，無孤之矣。（章樵注：身死不能報，期其子報之。）」此四人蓋有恩於炎，故勉子倘能倒戟背戈，止戈息鬥，可以無孤弱之愆，當圖報答。

（五）事　師

他說：「陳留蔡伯喈，與我初不相見，吾仰之猶父，不敢以爲兄，彼必愛以爲弟；九江盧府君，吾父事之；張公裒、張子傳幼業、王延壽、王子衍，我之朋友也；鮮於中優，吾先姑之所出也。若不足焉，汝苟足，往而朝觀之，汝不敏，往從之學焉。汝苟往取任焉，咨爾止戈，吾蔑複有言焉。」此歷敘生平過往賢哲，以爲其子師法從學之對象，其中蔡邕、盧植並漢末儒學宗師，王延壽爲王逸子，以撰〈魯靈光殿賦〉知名，乃一時俊秀。酈炎臨終，猶不忘爲子擇師，可見擇師之重要。春秋時孟僖子病將死，召其大夫曰：「我若獲沒，必屬說與何忌于夫子，使事之，而學禮焉，以定其位。」〔註57〕令其

〔註57〕楊伯峻《春秋左傳注》（臺北市，源流出版社，民國 71 年 3 月初版）昭公七年，頁 1296。

二子事孔子。可知爲人父母皆欲爲子擇良師，蓋古今所同。

八、鄭玄〈戒子益恩書〉

　　鄭玄，字康成，北海高密人。八世祖崇，西漢哀帝時尙書僕射。玄少爲鄉嗇夫，得休歸，常至學官，不樂爲吏，父數怒之，不能禁。於是適太學受業，師事第五元先，後師張恭祖、馬融，遊學十餘年，遂通經術。歸耕東萊，講授自娛，遭逢黨禁十四年，隱修經業，杜門不出。靈帝末，黨禁解，各方徵辟，皆不就，一心以「述先聖之元意，整百家之不齊」爲職志。建安五年卒，年七十四。玄獨子益恩，孔融在北海時，舉爲孝廉，及融爲黃巾所圍，赴難隕身。有遺腹子，名小同，高貴鄉公時爲侍中，被司馬昭所殺。此〈戒子益恩書〉乃玄晚年嘗疾篤，致書益恩，自敘生平志趣，有傳家之意。

　　鄭玄戒子書的內容，包含兩部分，一爲自敘，一爲勉子。自敘的部分有三：第一，敘己出外求學、歸養之經過。第二，敘己不樂爲官之心態。第三，敘己未完成之志業。勉子的部分亦有三：第一，勉子承擔一切家事，表示傳家之意。第二，勉子修身行道，以致聲稱。第三，勉子勤儉持家。

　　全文對個人心願的強烈表白，相當明顯，這是此文獨特之處。文中表示，他不願意從事「廝役之吏」，是爲了遊學，而遊學的好處是能「博稽六藝」「覽傳記」「覿秘書緯術之奧」，其極終目標則在「述先聖之元意」「整百家之不齊」，這個心願從小到七十歲沒有改變過，因此他在風燭殘年中，仍念念不忘「所好群書率皆腐敝，不得於禮堂寫定，傳與其人」。這與傳統家訓以要求子弟言行爲主的內容，頗不相類。這種戒子方式在前漢韋玄成〈戒子詩〉的部分已略言及，但此文又稍異於〈戒子孫詩〉。玄成自述其行爲的疏失及失官爵而復得的心態，目的在告誡子弟如何記取教訓保有封域，自述與戒子目的兩者是密不可分的；而鄭玄自敘生平心願「述先聖之元意」，與告戒子弟「勖求君子之道，研鑽勿替，敬愼威儀，以近有德」及「勤力務時，菲飲食，薄衣服」兩點，卻沒有直接關係。我認爲鄭玄的用意主要在傳，而不在戒子，站在傳家的立場，莫過於以清白遺子孫，故詳敘生平，一則表示不愧對於先祖，二則不遺後人之羞，故鄭玄云：「吾雖無絨冕之緒，頗有讓爵之高。自樂以論贊之功，庶不遺後人之羞。」也是爲了說明傳家的用意。

　　其後以自敘手法戒子者，仕宦家族多承自韋玄成，如晉李秉、北魏楊椿

者是；不樂仕宦者多承自鄭玄，如陶淵明者是。〔註58〕唯獨顏之推《家訓》，既認同清白傳家之可貴，己身又不能隱退，故其「終制」自敘每陷於自責。

九、司馬徽〈誡子書〉（附錄 1-9）

司馬徽，字德操，後漢潁川陽翟人。隱居荊州，躬耕自給，有人倫鑒識，值漢末天下大亂，收斂鋒芒，不議時人。荊州後為曹操所破，操欲大用徽，尋病卒。其子多不可考。此〈誡子書〉似徽得知其子，身親勞役，室如懸磬，故勉之以立志修身，不可以貧薄而氣餒。

司馬徽撰此書，蓋因子弟家道貧薄，身親勞役，心有不忍，故而致書誡子。他告誡子弟應立志、篤行，堅守正道，切不可因家境貧困而易行改志。他說「勿以薄而志不壯，貧而行不高」可謂千古名言。《勵忠節鈔》所引末有「常守直道，契同金石，天道佑善，汝當勉之」，鼓勵子弟多行善道，且當堅守不移，以為「天道無親，常與善人」〔註59〕皆堪稱允論。

司馬徽字德操，是漢末名士，一生躬耕壟畝，講學以終，與鄭玄略同。他的處世觀，大略可從《世說新語》言語篇載龐統（字士元）到潁川拜訪德操的對話看出，《世說新語》言語篇云：

> 南郡龐士元聞司馬德操在潁川，故二千里候之。至，遇德操采桑，士元從車中謂曰：「吾聞丈夫處世，當帶金佩紫，焉有屈洪流之量，而執絲婦之事。」德操曰：「子且下車，子適知邪徑之速，不慮失道之迷。昔伯成耦耕，不慕諸侯之榮；原憲桑樞，不易有官之宅。何有坐則華屋，行則肥馬，侍女數十，然後為奇。此乃許、父所以忼慨，夷、齊所以長歎。雖有竊秦之爵，千駟之富，不足貴也！」士元曰：「僕生出邊垂，寡見大義。若不一叩洪鍾，伐雷鼓，則不識其音響也。」〔註60〕

〔註58〕 日人守屋美都雄以為，鄭玄〈戒子益恩書〉是六朝家訓戒子而用自敘手法的先驅。本文頗採用其觀點。守屋氏僅言鄭玄，不及韋玄成，就難以說明鄭玄戒子之自敘何以未涉及戒子內容，他所舉的例子中如陶淵明，雷次宗確實與鄭玄相合，但楊椿，則無所屬，守屋氏都把他們混同來看，以為並承自鄭玄，恐非允論。（守屋美都雄《中國古代，家族と國家》，頁467。日本京都大學東洋史研究會，1968年10月）

〔註59〕 陳鼓應《老子今註今譯》（臺北：商務印書館，民國70年11月修訂8版）七十九章，頁232。

〔註60〕 余嘉錫《世說新語箋疏》（臺北：王記書坊，民國73年10月版）言語第九則，

此事雖未必爲實，〔註61〕然德操不慕榮利，安貧樂道的人生觀卻可從中略見一二，因此他的誡子書，雖則一方面感慨於子弟貧苦的生活，卻仍然堅持善行的踐履，這種戒子的心態在漢魏之際，是頗爲難得的。司馬徽學生向朗遺言戒子，亦云「今但賢耳，貧非人患，惟和爲貴，汝其勉之！」〔註62〕可謂亦得其師之眞傳。他們告誡子弟，都能看破貧富，而重視自己的行爲、態度，其識見實有過人之處。

十、王脩〈誡子書〉（附錄 1-10）

　　王脩，字叔治，後漢北海營陵人。漢獻帝初平中，孔融召以爲主簿，守高密令，復守膠東令，融每有難，脩雖休歸在家，無不至。後袁譚辟爲治中從事，尋爲別駕，譚被曹操被殺，脩相救不及，遂詣操所，乞收葬譚屍。後操以王脩在任廉潔，忠於所主，辟爲魏郡太守，尋爲大司馬郎中令，徙奉常，病卒於官。子忠，官至東萊太守、散騎常侍。另一子名儀，高亮雅直，得罪司馬昭，被殺。儀子褒，痛父不以命終，終身不仕，教授爲務，讀《詩經》至「哀哀父母，生我劬勞」，未嘗不三復流涕，門人受業者並廢「蓼莪」之篇，入《晉書》孝友傳。王脩此〈誡子書〉乃老年致離家遠行之子弟。

　　王脩書中云：「汝今踰郡縣，越山河，離兄弟，去目下」知道這信是王脩寫給離家遠行子弟的，其內容，歸納起來有三點：

　　第一，當珍惜光陰，學習大禹的精神。他說「人之居世，忽去便過，日月可愛也。故禹不愛尺璧而愛寸陰，時過不可還，若年大不可少也。」離鄉背井的年輕子弟，很容易因爲身邊沒人督促，而群居終日，言不及義，浪費大好時光，故而王脩特別強調珍惜光陰的重要。《淮南子》原道訓云：「夫日回而月周，時不與人游，故聖人不貴尺之璧，而重寸之陰，時難得而易失也。禹之趨時也，履遺而弗取，冠掛而弗顧，非爭其先也，而爭其得時也。」〔註63〕即申明時光之可貴，王脩略用其意誡子把握時光，對離家子弟來說，是相當切適的。

　　第二，當慕賢並愼交遊。慕賢可以增進德業，愼交遊可以免於沾染惡習。

頁 66～68。

〔註61〕同前註引書，余氏以爲龐統是德操的晚輩，而且統與孔明比德齊名，似不當有如此安坐車中呼而與之語的行逕，因此斷爲「晉代文士所擬，非事實」。參頁 69 案語。

〔註62〕陳壽《三國志》（前引書）卷四一向朗傳裴松之注引《襄陽記》，頁 1010。

〔註63〕劉文典《淮南鴻烈集解》（北京，中華書局點校本，1989 年 5 月 1 版），頁 27。

他說「欲令見舉動之宜，以觀高人遠節。聞一得三，志在善人，左右不可不慎，善否之要，在此際也。」隻身在外，朋友是進德修養重要的關鍵。因此孔子告訴子貢說：「居是邦也，事其大夫之賢者，友其士之仁者」是追求仁德的利器；〔註64〕相反的，交友不慎，如《禮記》學記所言「燕朋，逆其師；燕辟，廢其學」〔註65〕也都是因朋友所造成。故而王脩特別提到「善否之要，在此際也」也是頗有見地的。顏之推《顏氏家訓》更專列「慕賢」一篇，論述尤詳，這是古來誡子都相當重視的課題。

第三，言行舉止，當謹慎小心，如此可免於悔吝。他說「行止與人，務在饒（謹）之，言思乃出，行詳乃動。」告誡他的子弟，當深思而後言，詳慮而後動。

王脩此文雖簡短淺顯，但從思念對方，以至於勸勉子弟惜時、尚賢、慎言行，都頗能切中旅居在外的遊子，容易忽略的問題，是一篇頗為成功的家書。

他在文末提到「父欲令子善，唯不能殺身，其餘無惜也。」與他生平作為頗不相符。據《三國志》卷十一王脩傳載，脩事孔融時，融每有難，脩雖休歸在家，無不赴難，融甚至說「能冒難來，唯王脩耳」。轉事袁譚，譚為曹操所殺，亦冒死乞收葬譚屍。後為魏武奉常，嚴才反，徒步將官屬至宮門救難，脩曰：「食其祿，焉避其難？」脩可謂忠其主，臨難不苟免之士。但他告誡子弟，尋其文意，謂父親欲子行善，唯獨不能殺身，其餘皆無所惜。實透露出父親教育子弟時，展現對子弟親情的私愛。這與孔子「殺身成仁」，孟子「捨生取義」，把道德追求放在生命之上的教育理念，有所不同。尤其到了魏晉以下，戰亂頻仍，國無常主，這種「不能殺身」的觀念得到充分的發揮。誡子的動機變成為保護「生命」「家庭」而誡，不是為道德、國家而誡。因此一般具體行為規範，雖仍以儒家思想為準則，卻已脫離了這些具體行為規範背後的「仁義」宗旨，這種歧異，當受「父欲子善」的客觀條件所約制。王脩提出父欲子善的教育限制，確實可以做為魏晉以下，家訓思想偏離聖人之道的註腳。

〔註64〕 邢昺《論語注疏》（臺北市，藝文印書館「十三經注疏」本，民國70年元月8版）卷十五衛靈公，頁138。

〔註65〕 孔穎達《禮記正義》（藝文印書館「十三經注疏」本，民國70年元月8版）卷三六學記，頁653。「燕辟」謂不良習慣，此從王夢鷗說。（王夢鷗《禮記今註今譯》，臺北，商務印書館，民國79年3月修訂4版，頁600）

十一、其　他

王莽有《王莽誡書八篇》，今並不存。《漢書》卷九九上王莽傳云：

> 莽子宇，非莽隔絕衛氏，恐帝長大後見怨……即使寬夜持血灑莽
> 第，門吏發覺之，莽執宇送獄，飲藥死……大司馬護軍褒奏言：「安
> 漢公遭子宇陷於管蔡之辜，子愛至深，為帝室故，不敢顧私。惟
> 宇遭辜，喟然憤發，作書八篇，以戒子孫。宜班郡國，令學官以
> 教授。」事下群公，請令天下吏能誦公戒者，以著官簿，比《孝
> 經》。〔註66〕

王莽誅其子，事在漢平帝元始三年（3），時莽年四十八，〔註67〕則作書八篇
以戒子孫，當在其後不久。當時取以比《孝經》，則可以看出當政者對它的重
視。

王莽為了樹立個人清名，因藉小故，殘殺子弟，再撰此戒以律子孫，並非
存有愛心，希望子孫端正其行。趙翼《二十二史箚記》卷三「王莽自殺子孫」
條統計王莽誅殺了自己三子一孫一從子，批評他這是「托大義滅親之說以立名」
「其意但貪帝王之尊，并無骨肉之愛也。」〔註68〕其說是也。用這樣的行為，
想要訓誡子孫，宜乎其不傳。

此書姚振宗《漢書藝文志拾捕》卷二始著於錄，作「王莽誡八篇」，並引
《漢書》王莽傳（前引）、《後漢書》荀爽傳注（案：卷六二），以詳其始末，
然而李賢注亦約略《漢書》以成文，其書蓋亡佚已久。

小　結

兩漢詩、文家訓，篇幅較短，內容簡單扼要，是這時期的特色。當時誡
子的動機，多半局限在臨終顧命及緣事而發的書信，尚罕見特意撰述家誡以
為子孫行為規範之作。但是像東方朔、韋玄成、馬援、鄭玄諸作，載在史籍，
對後人撰述家訓，當有一定的影響。兩漢作品散佚很多，未能窺見誡子作品
的全貌，但以漢末誡子書漸多的情形看來，恐怕在後漢晚期，已漸漸有撰文
誡子的風氣。經過魏晉南北朝的發展，才能產生像《顏氏家訓》那樣的專著。

〔註66〕班固《漢書》（前引書），卷九九上王莽傳，頁 4065～4066。
〔註67〕此據錢穆《漢劉向歆父子年譜》（前引書）頁 79。
〔註68〕趙翼《二十二史箚記》（臺北市，洪氏出版社，民國 67 年 10 月再版）卷三，
　　　　頁 46。

第二節　三國家訓內容分析

　　三國之後，誡子諸作較多，而且發展出獨立的文體──家誡，這與兩漢書信往返或臨終顧命比較起來，更顯示出誡子為一般人所重視，而且訓誡的對象也由剛開始一、兩個人擴大到整個家庭子弟，訓誡的內容也由針對一、兩件事情擴大到眾情備舉。其中保存較完整而頗具特色的是王昶〈家誡〉及嵇康〈家誡〉，從這兩篇可以略知三國時家訓作品已有長足的發展。

　　以下依《全三國文》次序條述曹袞、王肅、王昶、杜恕、殷褒、嵇康、劉備、諸葛亮、姚信等人誡子之作。

一、曹袞〈令世子〉（附錄 2-1）

　　曹袞，沛國譙人，曹操杜夫人次子。建安二十一年封平鄉侯，少好學，年十餘歲能屬文，二十二年，徙封東鄉侯。魏文帝黃初二年，進爵為公，三年為北海王，四年改封贊王，七年徙封濮陽，魏明帝太和二年就國，六年改封中山。青龍元年，以入朝犯京都禁，削縣減戶，三年病卒。此〈令世子〉乃病危臨終訓誡世子之文。世子孚嗣爵，生平多不可考。

　　中山恭王曹袞，愛好文學，史稱「凡所著文章二萬餘言，才不及陳思王而好與之侔。」〔註69〕此文主旨有三：

　　第一，戒驕奢，勉子勿以王者之尊自傲。他說：「汝幼少，未聞義方，早為人君，但知樂，不知苦；不知苦，必將以驕奢為失也。」這是曹袞平日就深自警惕的。《三國志》卷二○本傳載，黃初二年，袞進爵為公，官屬皆賀，他說：「夫生深宮之中，不知稼穡之艱難，多驕逸之失。諸賢既慶其休，宜輔其闕。」〔註70〕可知。他又說「接大臣以禮」「老者猶宜答拜」，與漢高祖〈手敕太子〉命子見蕭、曹諸公皆拜同意。

　　第二，敘兄弟相處之道。以為當「事兄以敬，恤弟以慈」，與傳統「兄友弟悌」的看法相侔。但他又預設一些可能發生的情況，來說明對兄弟有別於事父母。如有小過失，為之掩飾，大過失則當力勸，勸之不聽，寧可辭國守貧，他說「與其守寵罹禍，不若貧賤全身」是也。這與事父母，有過，則諫之，諫之不聽，則號泣而隨之，是不同的。

〔註69〕陳壽《三國志》（前引書）卷二○袞本傳，頁 584。
〔註70〕同前註引書，頁 583。

第三，勉子忠於朝廷，孝敬太妃（杜夫人）。家內之事聽命於杜夫人（袞生母），家外之事受教於沛王（袞同母兄）。

二、王肅〈家誡〉（附錄 2-2）

王肅，字子雍，東海郯人。父王朗，魏文帝時爲司空，封樂平鄉侯，明帝即位，進封蘭陵侯，代華歆爲司徒，太和二年薨。王肅嗣父爵，黃初中爲散騎黃門侍郎，明帝太和三年拜散騎常侍，青龍末領秘書監，兼崇文觀祭酒。正始元年，出爲廣平太守，尋爲侍中，遷太常；嘉平六年，持節兼太常，甘露元年薨，追贈衛將軍，諡曰景侯。子八人，惲、恂、虔、愷皆歷顯職，並封公侯。肅女元姬嫁司馬昭，即文明皇后，生司馬炎、司馬攸。炎即位，是爲晉武帝，尊元姬爲皇太后。王肅子、孫大顯於晉，多緣於此。

王肅此文名爲「家誡」，而《類聚》所引僅及飲酒一事，則其原文已亡佚過半，《顏氏家訓》雜藝篇論博奕云：「王肅、葛洪、陶侃之徒，不許目觀手執，此並勤篤之志也。」〔註 71〕是王肅亦嘗言及博奕之事，恐亦是〈家誡〉中佚文。

本文首言酒酌之設有三項作用，即「行禮」「養性命」「歡樂」，分別就禮儀、實用及嗜欲三方面概括酒的功能。古今喝酒的理由雖多，也難出此範疇。但不論動機爲何，三者容易相互影響，而有飲酒過量之失。因此他暗引〈禮記·樂記〉之文說「是故賓主百拜，終日飲酒，而不得醉，先王所以備酒禍也」〔註 72〕來說明先王制定酒酌之禮，目的在於預防酒過。另外他提到兩點容易發生在酒席間的事，做爲勸戒。

第一，在別人家中飲酒，宜有節制，不可致醉。即使被人強迫，也要謹記父親的勸誡，當「退席長跪，稱父誡以辭之。」他舉敬仲辭君的例子，以爲典範。此云敬仲，當指管仲，《太平御覽》卷八四四酒中引《管子》曰：「桓公飲管仲酒，仲棄其半，公問其故，對曰：『臣聞酒入舌出，舌出言失，言失身棄，臣棄身不如棄酒。』桓公笑焉。」〔註 73〕王肅希望子弟能有管仲辭君

〔註 71〕王利器《顏氏家訓集解》（前引），卷七，頁 527。

〔註 72〕孔穎達《禮記正義》卷三八樂記云：「夫豢豕爲酒，非以爲禍也，而獄訟益繁，則酒之流生禍也。是故先生（王）因爲酒禮，壹獻之禮，賓主百拜，終日飲酒，而不得醉焉。此先王之所以備酒禍也。」（前引書，頁 678）。

〔註 73〕李昉《太平御覽》（臺北：平平出版社，民國 64 年 6 月初版），頁 4274～4275。案：此文今本《管子》未見，事又見《韓詩外傳》卷十、《説苑》卷十敬慎。

的戒慎態度。

第二，在別人家中作客飲酒，不得唱造酒史。所謂「唱造酒史」當謂主動擔任行酒勸酒的人。〔註74〕若爲主人所托，下坐行酒，亦不可強人所難。王肅以爲「禍變之興」，常發生在飲酒時的爭執。

因此對自己則重在節制，稱父誡以辭；對他人則儘量不當勸酒的人，不得已也要看對方接受程度，不可一味的讓人多喝。

古來家訓，勸人飲酒宜有節制，或涉及飲酒聚會宜戒慎的內容很多，如周公撰〈酒誥〉，以戒成王，另外如諸葛亮〈誡子〉、嵇康〈家誡〉、顏延之〈庭誥〉都有類似的告誡，可見飲酒雖不是不好的行爲，卻容易導致難以收拾的場面，故歷來家誡都特別重視。其說參詳顏延之〈庭誥〉「飲酒」條。

三、王昶〈家誡〉（附錄 2-3）〔註75〕

王昶，字文舒，太原晉陽人。伯父柔，字叔優，位至北中郎將；父澤，字季道，位至代郡太守。文帝在東宮，以昶爲太子文學，既踐阼，徙散騎侍郎，遷兗州刺史。明帝即位，加揚烈將軍，賜爵關內侯。正始中，封武觀亭侯，遷征南將軍。嘉平二年，以功遷征南大將軍、儀同三司，進封京陵侯。後以引兵拒毋丘儉、文欽、諸葛誕等反動司馬氏政權之亂有功，遷司空。甘露四年薨。兄子沈，字處道，以佐晉鼎革魏祚，官至驃騎將軍錄尚書事；默，字處靜，魏尚書；子渾，字玄沖，位至晉司徒；深字道沖，冀州刺史；深字太沖，大將軍參軍；湛字處沖，汝南太守。其中默、子渾、湛三人子孫，尤顯於晉世，形成太原王氏高門大族。

本傳云：「其爲兄子及子作名字，皆依謙實，以見其意，故兄子默字處靜，沈字處道，其子渾字玄沖，深字道沖。遂書戒之。」〔註76〕所載默爲昶兄子，

〔註74〕「酒史」蓋本於〈詩經・小雅・賓之初筵〉：「凡此飲酒，或醉或否。既立之監，或佐之史。彼醉不臧，不醉反恥。」毛傳：「立酒之監，佐酒之史。」鄭箋云：「凡此者，凡此時天下之人也。飲酒於有醉者，有不醉者，則立監使視之，又助以史，使督酒，欲令皆醉也。」（孔穎達《毛詩正義》，藝文印書館「十三經注疏」本，卷十四，頁496）王肅所云「酒史」即此督酒勸令使醉之人。

〔註75〕陳壽《三國志》卷二七昶本傳引此文，僅云「遂書戒之」，未及篇名，而裴松之在《三國志》卷一武帝紀建安二十四年、卷十四郭嘉傳注，並稱引此文作「王昶家誡」，其後《類聚》卷二三、《太平御覽》卷六九四並承之（案：《御覽》引作「家戒」），則此似王昶集中原題。茲據前諸引書以爲篇名。

〔註76〕陳壽《三國志》（前引書），卷二七，頁744。

沈為昶堂兄子，〔註77〕則其訓誡對象已不只局限子弟中的一、二人，而是擴大到與昶同祖父之從兄弟子姪。因此其內容也不再是針對子弟某些行為的缺失予以矯正，而是立下普遍的行為規範，希望家族中子姪共同遵守。其撰文誡子的動機已略異於兩漢，呈現出家訓獨立發展的趨勢。茲依其內容條述如下：

（一）遵儒者之教

王昶首先勸勉子弟當遵行孝道，寶身全行，以為《孝經》所言：「身體髮膚，受之父母，不敢毀傷，孝之始也。立身行道，揚名於後世，以顯父母，孝之終也。」〔註78〕人皆知其善，而不免於「危身破家」「陷於滅亡」，是因為不能履行「孝敬仁義」的正道。倘能行之，則宗族安之，鄉黨重之，進一步可以使自己「行成於內」「名著於外」。

這是王昶吸收儒家重視孝道的觀念來勸誡子弟，但他對儒家精神，並非全然接受，而是有所去取的。例如他暗引《孝經》的內容，只重視「寶身」「全行」「顯父母」，把「揚名於後世」去除，顯見他對子弟的要求，雖以儒家思想為應世之資，但缺乏儒家對真理的執著態度。因此他主張「孝敬仁義」，不從根本的「仁」德去肯定，而著眼於它的效益。這種動機的偏差，使〈家誡〉全篇蒙上了一層私愛子弟的色彩，處處著眼於利害。魏、晉以後，誡子內容倡言儒家思想者，或多或少，沾染這個氣息，而王昶〈家誡〉是頗具代表性的。

（二）履道家之言

以取名的方式，訓誡子弟，雖已見於後漢酈炎〈遺令書〉，但王昶更把它理論化，認為古代習慣在盤、杆、几、杖等器用上刻上銘文、訓誡，〔註79〕目的就在於隨時用以警惕自己，不要有過失的行為。而這種訓誡如果是自己的名字，更能達到「顧名思義」的效果。這種取名訓誡，頗具有特色，也可以看出他對子弟期望之深。

他說以玄、默、沖、虛為名，目的在使子弟履道家之言，這是取道家思

〔註77〕參王伊同《五朝門弟》——高門權門世系婚姻表——（三）太原晉陽王氏。（香港，中文大學出版社，1978年重刊第1版）據本傳，昶尚有子深（道沖），王氏未列。

〔註78〕邢昺《孝經注疏》（臺北市，藝文印書館「十三經注疏」本，民國70年元月8版），卷一，開章明義章，頁11。

〔註79〕參盧弼《三國志集解》（北京，中華書局，1982年1版）卷二七，頁615，盧氏集解。

想的特質，做爲待人、處世的態度。並非欲子弟全然接受道家思想，而是運用道家的謙退、虛懷若谷，來保身全行，免於禍害。免禍全身的思想，一直是兩漢以來仕宦家庭誡子思想的主幹，但兩漢如韋玄成〈戒子孫詩〉、劉向〈誡子書〉，都以戒愼小心來警惕子弟，罕見以道家思想爲依據，勉勵子弟持滿免禍的。

　　除了他明言以儒、道兩家思想爲行事準則之外，更詳述各種處世態度，茲分述於次：

（三）戒浮華、朋黨

　　他以爲人不能篤行「孝敬仁義」，則易陷於浮華不實，進而黨同伐異。浮華不實，雖有聲稱，終究經不起考驗；黨同伐異，更容易因事相互牽連。兩者都應戒除。以聲聞取人，當時或有此風，因此曹丕誡子云：「父母於子，雖曰肝腸腐爛，爲其掩蔽，不欲使鄉黨士友聞其罪過。然行之不改，久久人自知之，用此仕（任）官，不亦難乎？」〔註80〕特別強調聲名不足恃。顏之推《家訓》則更立「名實」一篇，重申「巧僞不如拙誠」〔註81〕的重要。王昶歸咎其原因在「惑當時之譽，昧目前之利」，於是提出仕宦當知足。

（四）勉知足

　　王昶勉子弟當知足，主要依據道家思想，《老子》四十四章云：「知足不辱，知止不殆，可以長久。」〔註82〕又四十六章云：「禍莫大於不知足；咎莫大於欲得。故知足之足，常足矣。」〔註83〕但與此又略有層次之別，老子所言，不分貧賤富貴，即使貧賤，仍當知足，不求聲名、財勢，以保全眞的生命。王昶則以「保世持家，永全福祿」爲訴求，勸子弟要知道滿足，不可過分營求，過分營求，則連原有的東西都會失去。這與王昶在曹魏之世進爵封侯，澤流子孫，有密切的關係。

　　魏晉以後，仕宦家族誡子，常言及此，如北魏楊椿〈誡子孫〉云：「吾今年始七十五，自惟氣力，尚堪朝覲天子，所以孜孜求退者，正欲使汝等知天

〔註80〕劉清之《戒子通錄》（臺北：商務印書館「四庫全書」本，民國75年1版）卷一，頁9。「雖曰」二字原倒，依文意乙正，「人」字原脫，據《太平御覽》（前引書）卷四五九鑒戒引補。

〔註81〕王利器《顏氏家訓集解》（前引書），卷四，頁282。

〔註82〕陳鼓應《老子今註今譯》（臺北：商務印書館，民國70年11月8版），頁162。

〔註83〕同前註，頁165。

下滿足之義，爲一門法耳，非是苟求千載之名也。」（附錄 7-1）又北齊魏收〈枕中篇〉云：「知止知足，庶免於辱。」（附錄 7-2）至顏之推《家訓》專立「止足」一篇，云：「宇宙可臻其極，情性不知其窮，唯在少欲知足，爲立涯限爾。」〔註84〕皆其例。用意皆與王昶相似，旨在「保世持家，永全福祿」。晉葛洪《抱朴子》外篇卷四十九「知止」，反復論說「止足」一千餘言，唐姚思廉《梁書》卷五二止足傳序云：「魚豢〈魏略・知足傳〉……謝靈運〈晉書止足傳〉……〈宋書・止足傳〉」〔註85〕知魏晉以來，家族強大者，累世高官，倘不能節制，如石崇因富罹禍，其例甚多，因而史傳、諸子、家誡並極力倡言止足之重要。

　　另外他又提到立功二難、治家二患，也涉及止足之義。他論立功二難說：「夫立功者，有二難：功就而身不退，一難也；退而不靜，務伐其功者，二難也。」所云難，謂難以保世持家，全身而退。功就而身不退，如衛鞅事秦孝公，張儀事秦惠王，李斯事秦始皇，雖有功於主，而不能及時引退，卒遭車裂之禍。〔註86〕退而不靜，務伐其功，如韓信助漢高祖得天下，及封淮陰侯，「日夜怨望，居常鞅鞅，羞與絳、灌同列」〔註87〕後爲呂后所殺，太史公曰：「假令韓信學道謙讓，不伐其功，不矜其能，則庶幾哉，於漢家勳可比周、召、太公之徒，後世血食矣。」〔註88〕因此王昶勸告子弟，成功之下未易久處，倘身爲人臣，終日懼失寵祿，則禍患無所不至。他舉樂毅「知難而退，保身全名」，張良「辭三萬戶封」「卒無咎悔」，〔註89〕做爲立功者全身而退的典範，欲子姪仰慕學習其精神。

　　其次他論治家二患說：

> 治家亦患焉：積而不能散，則有鄙吝之累，積而好奢，則離驕上之罪，大者破家，小者辱身。此二患也。

　　王昶以爲治家理財亦有二患，一爲積而好奢，一爲積而不能施捨。好奢，則罹驕上之罪；不能施捨，則有鄙吝之失。他以爲這會造成破家辱身，故訓

〔註84〕王利器《顏氏家訓集解》（前引書）卷五，頁 316。
〔註85〕姚思廉《梁書》（鼎文書局，民國 72 年元月 4 版）卷五二，頁 758。
〔註86〕分別見司馬史《史記》卷六八商君列傳、卷七十張儀列傳、卷八七李斯列傳。三人並以莫須有之罪見誅。
〔註87〕司馬遷《史記》（前引書）卷九二淮陰侯列傳，頁 2628。
〔註88〕同前註，頁 2630。
〔註89〕樂毅事見《史記》卷八十樂毅列傳，所撰報燕惠王書聞名後世。張良事見《史記》卷五五留侯世家。

勉子弟戒奢、散財，以保元吉。顏之推〈家訓・止足〉對家中理財，說得更具體，他說：「天地鬼神之道，皆惡滿盈。謙虛沖損，可以免害……常以二十口家，奴婢盛多，不可出二十人，良田十頃，堂室纔蔽風雨，車馬僅代杖策，蓄財數萬，以擬吉凶急速，不啻此者，以義散之；不至此者，勿非道求之。」〔註90〕人皆有求財貨之心，而財貨每不能使人滿足，故而古先聖賢多從根本處勸人寡欲。寡欲則財貨不積，何用如王、顏二氏孜孜言止足。這是因爲他們基本上認定人有欲望是難免的，追求財貨在某種程度上可以被容許，故而王昶勉子行「孝敬仁義」，是爲了繼承「先人世有冠冕」的家風；顏氏勉子讀書，是爲了「紹家世之業」。〔註91〕仕宦家庭勸勉子弟，實難脫此窠臼。相對的，爲維持此家風，就不能陷於禍害，而盈滿驕奢，是肇禍罹罪之端，故倡言止足、戒奢、散財。其止足之內涵，多基於「積財」後節制之，蓋亦有感於欲望之難以完全禁絕故也。

（五）戒速成

〈家誡〉云：

夫物速成則疾亡，晚就則善終。朝華之草，夕而零落；松柏之茂，隆寒不衰。是以大雅君子惡速成，戒闕黨也。

這是王昶〈家誡〉中唯一涉及學習方法的陳述。他以爲凡物速成則早亡，晚就則善終，並舉早花之草與松柏做對比，勸勉子弟任何事都要循序漸進，不可躁競。他舉《論語》中的例子：「闕黨童子將命。或問之曰：『益者與？』子曰：『吾見其居於位也，見其與先生並行也，非求益者也，欲速成者也。』」〔註92〕說明孔子也是惡速成的。儒家的教育理念中，對循序漸進的學習，相當重視，如孟子所言「流水之爲物也，不盈科不行；君子之志於道也，不成章不達。」〔註93〕又說「其進銳者其退速」〔註94〕以流水爲喻說明學習必須按部就班，才能有所成。敘銳進不足恃，其退也速。另〈禮記・學記〉也說「學不躐等」。〔註95〕都強調學習當漸進，不可速成。王安石〈傷仲永〉之作，當亦有鑒於此。

〔註90〕王利器《顏氏家訓集解》（前引書）卷五，頁317。

〔註91〕同前註，卷三勉學，頁194。

〔註92〕邢昺《論語注疏》（前引書）卷十四憲問，頁131。

〔註93〕孫奭《孟子注疏》（前引書），卷十三下盡心上，頁238。

〔註94〕同前註，頁243。

〔註95〕孔穎達《禮記正義》（前引書），卷三六，頁650。

（六）戒自伐

他首先舉春秋時代范武子責罰文子的例子，來說明自稱其善，掩人之美的行為之不當。《國語》載此事云：

> 范文子暮退於朝。武子曰：「何暮也？」對曰：「有秦客廋辭於朝，大夫莫之能對也，吾知三焉。」武子怒曰：「大夫非不能也，讓父兄也。爾童子，而三掩人於朝。吾不在晉國，亡無日矣。」擊之以杖，折委笄。〔註96〕

范文子因不能謙讓，被他的父親責打。王昶以為文子的態度是一般人的毛病，只要有一些優點，有一些才能，很少不讚美自己，不自以為是的。如此不菑掩人之美，陵人之上，將遭到別人的報復。因此他又舉春秋晉卿郤錡、郤犫、郤至受戮於晉厲公，王叔陳生得罪於周而奔為例，〔註97〕認為這些後果都是因為「矜善自伐好爭」所造成的。故而他勸勉子弟不自伐不自矜，可以免禍。

王昶這一席話，主要承繼春秋周卿士單襄公（單朝）評述郤至自伐之語，《國語》載晉克楚于鄢，使郤至告慶于周，郤至自伐其功曰：「微我，晉不戰矣……戰而勝，是吾力也。且夫戰也微謀，吾有三伐；勇而有禮，反之以仁……若是而知晉國之政，楚、越必朝。」周卿士邵桓公以告單襄公，單襄公曰：「人有言曰：『兵在其頸』其郤至之謂乎！君子不自稱也，非以讓也，惡其蓋人也。夫人性，陵上者也，不可蓋也。求蓋人，其抑下滋甚，故聖人貴讓」後郤至歸，明年死難。〔註98〕昶用此以訓子謙讓避禍，居三國之世，頗有先見之明。他後面提到「屈以為伸，讓以為得，弱以為強，鮮不遂矣」則以「伸」「得」「強」為目的，勸子弟柔弱勝剛強。這是他前文所云「履道家之言」的涵意。他運用《老子》所云：「不自見，故明；不自是，故彰；不自伐，有功；不自矜，故長。夫唯不爭，故天下莫能與之爭。古之所謂『曲則全』者，豈虛言哉！誠全而歸之。」〔註99〕的道理，以為如此「鮮不遂矣」。從此可以看出王

〔註96〕左丘明《國語》（臺北：漢京文化事業有限公司，民國72年12月）卷十一晉語五，頁401。裴松之曰：「對秦客者，范燮也。此云范丐，蓋誤也。」（三國志（點校本）卷二七，頁747）。世昌案：范武子名會，晉正卿；子文子，名燮；孫宣子，名丐。《國語》所載為武子杖擊文子事，與宣子無涉。

〔註97〕三郤受戮，事見《左傳》成公十七年（楊伯峻《春秋左傳注》，前引書，頁900～903），王叔陳生與伯輿爭政，事見《左傳》襄公十年（同前引書，頁983～984）。郤至以自伐受戮，王叔以好爭見逐。

〔註98〕郤至自伐，事見左丘明《國語》（前引書），卷二周語中，頁80～87。

〔註99〕陳鼓應《老子今註今譯》（前引書），二十二章，頁107～108。

昶吸收道家思想訓誡子弟，是有偏向的，也就是他僅取其全身免禍的部分用意。後來梁徐勉〈爲書誡子崧〉更借老子所云「後其身而身先」，以爲「若能爾者，更招巨利」（附錄 6-3）則已完全曲解老子的用心。

（七）戒毀譽

他以爲「毀譽」，根源於一個人的好惡，而這正是招致禍福的關鍵所在，因此古先聖人對此都相當謹慎。他舉孔子所說的話「吾之於人，誰毀誰譽；如有所譽，必有所試」以及「子貢方人，賜也賢乎哉，我則不暇。」認爲以孔子聖人之德尚且如此小心，更何況我輩庸庸之徒怎可對人輕率毀譽呢？另外他引馬援戒兄子「聞人之惡，當如聞父母之言；耳可得而聞，口不可得而言也」的話，認爲這個告誡是至理名言，希望子弟能謹記在心。王昶引孔子、馬援之說，以爲譽他人之美，猶當謹慎，況毀他人之惡，則決不可爲。此蓋以毀譽則涉於朋黨，朋黨則有彼此之患，故王昶戒之特深。

（八）處 謗

王昶以爲處謗的最佳態度是自修其身，這可說是不刊之訓，頗具有實務積極的意義。荀子說：「非我而當者吾師也」〔註100〕孟子贊許「子路人告之以有過則喜」〔註101〕的態度，都同樣推崇反省、修身，來對待別人的批評。他在文中引俗諺說：「救寒莫如重裘，止謗莫如自脩」，可說是爲處謗作了最好的註腳。顏延之〈庭誥〉對謗議的由來及自處之道，另有解說，可參詳之。

（九）交 友

王昶戒子弟交友往來宜慎，不可與是非之士、兇險之人接近。他舉魏諷與曹偉二人爲例，熒惑當世，而終遭敗沒，其流風餘習尚存，不可不慎。

魏諷事見《三國志》卷一武帝紀建安二十四年，裴注引《世語》曰：「諷字子京，沛人，有惑眾才，傾動鄴都，鍾繇由是辟焉。大軍未反，諷潛結徒黨，又與長樂尉陳禕謀襲鄴。未及朝，禕懼，告之太子，誅諷，坐死者數十人。」〔註102〕諷以建安二十四年，曹操遣兵漢中之際，欲謀反誅操，其動機已不可知，然事敗坐誅者甚多，據《三國志》所載，有張繡子泉（卷二八）、

〔註100〕王先謙《荀子集解》（北京，中華書局，1988 年 9 月），卷一修身篇，頁 21。
〔註101〕孫奭《孟子注疏》（前引書）卷三下公孫上，頁 67。
〔註102〕陳壽《三國志》（前引書），頁 52。另袁宏《後漢紀》（臺北：華正書局，民國 63 年 7 月台 1 版）卷三十，頁 493。《資治通鑑》（臺北：洪氏出版社，民國 69 年 10 月修訂再版）卷六八，頁 2162。亦略及諷事。

王粲二子（卷二一）、劉廙弟偉（卷二一）、宋忠子（卷四二），另相國鍾繇以此免官（卷一），中尉楊俊左遷平原太守（卷二三），文欽下獄（卷二八）。王昶於建安末事曹丕，為太子文學、中庶子，而諷為丕所殺，則昶於事件首尾，當知之甚詳，故舉以為戒。另曹偉事，見昶本傳裴注引《世語》曰：「黃初中，孫權通章表。偉以白衣登江上，與權交書求賂，欲以交結京師，故誅之。」〔註103〕魏諷以謀反伏誅，曹偉以通敵受戮，王昶以為無論其動機為何，皆非寶身全行者所當為，故誡子遠離是非之地，以保其身。

　　王昶誡子弟不可浮華、朋黨、毀譽，慎交遊，除了深有感於魏諷、曹偉之伏誅外，當時年少專務交群結黨，妄求虛名，不知腳踏實地，修身篤行，恐怕也有關係。董昭於魏明帝太和六年（232），上疏陳末流之弊曰：「近魏諷則伏誅建安之末，曹偉則斬戮黃初之始……毀壞風俗，侵欲滋甚。竊見當今年少，不復以學問為本，專更以交遊為業；國士不以孝悌清脩為首，乃以趨勢游利為先。合黨連群，互相褒歎，以毀訾為罰戮，用黨譽為爵賞，附己者則歎之盈言，不附者則為作瑕釁。至乃相謂『今世何憂不度邪，但求人道不勤，羅之不博耳；又何患其不知己矣，但當吞之以藥而柔調耳。』」〔註104〕王昶撰〈家誡〉約在明帝青龍年間（參附錄說明），與此疏適在前後，他對子弟的告誡，與董昭對當時年少的批評，頗有暗合之處。蓋時俗如此，故王昶再三痛切指陳，欲子弟有所警誡。

（十）評述古今人物，以供子弟學習取捨

1. 聖人不可為。

　　王昶說：

> 若夫山林之士，夷、叔之倫，甘長饑於首陽，安赴火於綿山，雖可
> 以激貪勵俗，然聖人不可為，吾亦不願也。今汝先人世有冠冕，惟
> 仁義為名，守慎為稱，孝悌於閨門，務學於師友。

伯夷、叔齊，不食周粟，餓死首陽山，事見《史記》卷二一伯夷叔齊列傳；介之推，不言祿，隱於綿山，事見《左傳》僖公二十四年、《史記》卷三九晉世家文西元年，梁玉繩云：「被焚之說，起于戰國時。」〔註105〕事見《新序》

〔註103〕陳壽《三國志》，卷二七，前引書。
〔註104〕陳壽《三國志》（前引書），卷十四董昭傳，頁442。
〔註105〕梁玉繩《史記志疑》（臺北：鼎文書局「四史辨疑」，民國66年12月初版），
　　　　卷二一，頁237。

卷七節士。此並有所執著，而立清操於往代。孔子以爲夷、齊的行爲「求仁
而得仁」，〔註106〕孟子謂伯夷：「非其君不事，非其民不使，治則進，亂則退……
故聞伯夷之風者，頑夫廉，儒夫有立志。」〔註107〕多有讚美之辭。然王昶認
爲聖人行迻，雖可以激貪勵俗，卻不能當做取法的對象，他也表明自己不願
子弟有此作風。

　　從王昶此文，最可以看出魏晉以後仕宦家庭的誡子心態，王脩所云「父
欲子善，唯不能殺身，餘無所惜。」（附錄1-10）的私愛，在此得到進一步發
展。王昶並不認爲隱居山林或爲某種執著捨棄爵祿是可行的，而應承繼先人
「世有冠冕」的家風。奉行「仁義」「守愼」「孝悌」「務學」諸德，用意在保
此冠冕於不墜。但是孔孟所謂仁義之德，極終目的並不在有無冠冕，故而或
有「殺身成仁」〔註108〕或有「捨生取義」，〔註109〕生命都可以犧牲，何況冠
冕？於此可見王昶勸誡子孫奉行儒家諸德，中間存有極大的私愛，他所認爲
的價值觀，尚不能超越福祿，更妄言生命，因此礙於福祿、生命的仁義執著，
王昶不願子弟爲之，這是可以想見的。

2. 學習徐幹、任嘏，不可學郭奕、劉楨。

　　郭奕字伯益，曾任太子文學，與王昶同職。〔註110〕徐幹字偉長，劉楨字公
幹，建安十六年（211）爲五官中郎將文學，十九年，幹爲臨菑侯文學，楨爲臨
菑侯庶子，與王昶前後同事曹丕。〔註111〕任嘏，文帝時曾任黃門侍郎，時昶任
散騎侍郎，皆曹丕近侍。〔註112〕徐幹、劉楨年當稍長於昶，且未共事，故於徐

〔註106〕邢昺《論語注疏》（前引書），卷七述而，頁62。
〔註107〕孫奭《孟子注疏》（前引書），卷十上萬章下，頁176。
〔註108〕邢昺《論語注疏》卷十五衛靈公：「子曰：志士仁人，無求生以害仁，有殺身
　　　　以成仁。」（前引書，頁138。）
〔註109〕孫奭《孟子注疏》卷十一下告子上：「生，亦我所欲也；義，亦我所欲也。二
　　　　者不可得兼，舍生而取義者也。」（前引書，頁201）
〔註110〕陳壽《三國志》卷十四郭嘉傳載「奕爲太子文學」（前引書，頁435），昶本
　　　　傳云：「文帝在東宮，昶爲太子文學」（頁744）。案：杜佑《通典》卷三十云：
　　　　「魏武置太子文學，自後並無。」（北京，中華書局，1988年12月1版，頁
　　　　829）則太子文學僅在建安二十二年十月（217）至建安二十五年元月（220）
　　　　間，曹丕爲太子時有此官。其間僅二年有餘，二人蓋嘗同時任此職。
〔註111〕徐幹、劉楨二人仕宦，參俞紹初輯校《建安七子集》附錄「建安七子年譜」
　　　　（北京，中華書局，1989年7月1版），頁416～432。
〔註112〕任嘏，《三國志》卷二七裴松之引《別傳》云：「文帝時，爲黃門侍郎」（前引
　　　　書，頁748），昶本傳云：「文帝踐作，徙散騎侍郎」（前引書，頁744）。

幹云「吾敬之重之」，於劉楨云「吾愛之重之」。與郭奕「親之昵之」，任嘏「友之善之」，措辭略有不同。然昶與四人皆或前或後隨事曹丕，故而知之較詳。

王昶在文中希望子弟學習徐幹、任嘏，而不要仿傚郭奕、劉楨，主要原因是王昶以為徐、任在處世態上較可取，他們事上恭敬謹慎、待人寬厚、不言人過失，是可以「保身全行」的表現。至於郭、劉雖然也各有其長處，但待人接物，則有些許缺失。郭奕簡傲，劉楨少所拘忌，都是王昶認為容易惹禍上身的行為。

盧弼《三國志集解》引姜宸英曰：「士有踞弛而大節可觀，有拘謹而名誼無取。即如郭奕、劉楨，何遽不如徐幹、任嘏，而概劣之，豈為公論玩此一篇，直是父教子諂耳。」〔註113〕姜氏此言，亦頗能識見王昶誡子重心不在大節，而在拘謹，這是仕宦家庭誡子的特色，不只王昶一人如此。但他以為郭奕、劉楨，何遽不如徐幹、任嘏，進而謂「直是父教子諂耳」，則所論似乎偏激。若就事論事，徐、任並非諂者，而郭、劉亦無大節。幹之生平多不可考，其行事頗見所撰《中論》無名氏序，褒揚益于文辭，與昶所論皆合，序末云「余數侍坐，觀君之言，常怖篤意自勉而心自薄也。何則？自顧才志不如之遠矣耳。然宗之仰之，以為師表。」〔註114〕似亦同時人所論，當非無據。曹丕〈與吳質書〉，獨於徐幹讚美有加，曰：「觀古今文人，類不護細行，鮮能以名節自立，而偉長獨懷文抱質，恬惔寡欲，有箕山之志，可謂彬彬君子者矣。」〔註115〕皆可以概見徐幹之性行超拔時人。至於任嘏，僅見《三國志》裴注引《別傳》，雖未必全可信據，然所云「嘏為人淳粹凱悌，虛己若不足，恭敬如有畏。其修身履義，皆沉默潛行，不顯其美，故人少得稱之。」〔註116〕與昶所述亦合。二人於諸史傳，未見貶詞，其行事當時人所共推故也。而郭奕，生平不詳，史稱「為太子文學，早薨。」其父郭嘉，以功封洧陽亭侯，三十八歲卒，太祖深表哀痛，表奏增邑八百戶，並前一千戶。由奕承繼父爵。〔註117〕時奕當甚年少，昶評之「輕貴有餘」者，或非無據。至於劉楨，以平視甄氏，失敬被刑，〔註118〕其不拘小節者

〔註113〕盧弼《三國志集解》（前引書），卷二七，頁617。
〔註114〕徐幹《中論》序（臺北：商務印書館「四部叢刊」初編，民國64年6月台3版），頁3。
〔註115〕蕭統《文選》（臺北：藝文印書館，民國56年10月5版），卷四二，頁603。
〔註116〕陳壽《三國志》（前引書），卷二七，頁748。
〔註117〕陳壽《三國志》（前引書），卷十四，頁435。
〔註118〕參見陳壽《三國志》（前引書），卷二一，頁601。

如此，葛立方《韻語陽秋》評此事云：「曹操威燄蓋世，甄夫人出拜，諸人皆伏，而公幹獨平視，雖輸作而不悔，亦可嘉矣。」〔註119〕又謂楨不肯少屈於操，不以聖明待操。直以有大節者視之，則非允論，嚴羽《滄浪詩話》「詩評」云：「劉公幹〈贈五官中郎將詩〉：『昔我從元后，整駕至南鄉。過彼豐沛都，與君共翱翔。』元后蓋指曹操也。至南鄉謂伐劉表之時，豐沛都，喻譙郡也……是時漢尚存……正與荀彧比曹操爲高光同科。或以公幹平視美人爲不屈，是未爲知人之論。」〔註120〕其說是。誠然以小節之失，責備於一人，並非篤厚之道，而王昶此處乃欲子弟慕習時賢，故於對象審愼擇別，並非如姜氏所言「父教子諂」。

此文品評人物，全襲馬援〈戒兄子嚴敦書〉手法，顯言人失，裴松之以爲：「魏諷、曹偉，事陷惡逆，著以爲誡，差無可尤。至若郭伯益、劉公幹，雖其人皆往，善惡有定；然既友之於昔，不宜復毀之於今，而乃形于翰墨，永傳後葉，於舊交則違久要之義，於子孫則揚人前世之惡。於夫鄙懷，深所不取。善乎東方之誡子也，以首陽爲拙，柳下爲工，寄旨古人，無傷當時，方之馬、王，不亦遠哉！」，〔註121〕說是矣，可爲後人訓子之借鏡。

（十一）遊　戲

王昶羅列投壺、博、奕、樗蒲、彈棋、射六種遊戲，其中僅有射箭是他所認同，容許子弟從事的遊藝。他以爲投壺雖載在《禮記》，但晉侯以投壺而亡，〔註122〕可見它有其弊端。博、奕二戲，孔子曾說「爲之猶賢乎已」，〔註123〕但那也只勝於飽食終日無所用心的人，不是君子當務之急；更何況宋閔公以好博奕而亡，〔註124〕而他也曾親見坐圍棋而死的人。這些都不值得去做。

〔註119〕葛立方《韻語陽秋》卷二十，收入何文煥《歷代詩話》（臺北：漢京文化事業有限公司，民國72年1月），頁650。

〔註120〕嚴羽《滄浪詩話》收入何氏輯《歷代詩話》，同前註引書，頁700。

〔註121〕陳壽《三國志》（前引書），卷二七昶本傳，頁747～8。

〔註122〕此事未詳所指。《左傳》昭公十二年載晉昭公與齊景公宴，投壺爲戲，（楊伯峻《春秋左傳注》，頁1332～3）未云以此而亡。

〔註123〕邢昺《論語注疏》卷十八陽貨：「子曰：飽食終日，無所用心，難矣哉。不有博奕者乎，爲之猶賢乎已。」（前引書，頁158）。

〔註124〕春秋宋閔公與臣宋萬博戲，爲宋萬所弒，事見《春秋公羊傳》莊公十二年傳。又《史記》卷三八宋微子世家，宋湣公十一年秋，《新序》卷八節士並載此事，內容略異。何休《解詁》云：「傳本道此者，極其禍生於博戲相慢易也。」（徐彥《春秋公羊傳注疏》，臺北，藝文印書館「十三經注疏」本，民國70年元月8版，卷七，頁91）。

其中他提到樗蒲、彈棊，說它們既無益於人，又國有禁令，皆不得為。有益無益，是王昶個人所認定的，至於連法令都禁止，就顯示它並非一般性的純娛樂遊戲。尤其是樗蒲，技術的成分低，大半須靠一些運氣，類似於今天的骰子，唐代李肇、李翱曾對樗蒲之法有一概略的描述，〔註125〕用五顆木制骰子，每顆有黑、白、犢、雉四種變化，五顆同擲，訂立各種不同名目的專有名稱，以分高下輸贏。是晉代非常流行的一種賭博性遊戲。〔註126〕王昶說「國有禁」，當即禁止財物往來的賭博，並非專指這兩種遊戲。〔註127〕

　　魏、晉以後，各種遊戲，頗行於世，甚至有些人耽樂於此而荒廢正務，比王昶略晚的韋昭曾受命吳太子，撰〈博奕論〉，以明博奕之失云：「今世之人多不務經術，好翫博弈，廢事棄業，人事曠而不修，賓旅闕而不接……至或賭及衣物，徙棊易行，廉恥之意弛，而忿戾之色發……妨日廢業，終無補益。」〔註128〕葛洪《抱朴子》外篇自敘說：「每觀戲者，慚恚交集，手足相及，醜罵相加，絕交壞友，往往有焉。怨不在大，亦不在小，多召悔吝，不足為

〔註125〕李肇《唐國史補》卷下：「其法：三分其子三百六十，限以二關，人執六馬，其骰五板，分上為黑，下為白。黑者刻二為犢，白者刻二為雉。擲之全黑者為盧，其采十六；二雉三黑為雉，其采十四；二犢三白為犢，其采十；全白為白，其采八。四者貴采也。開為十二，塞為十一，塔為五，禿為四，撅為三，梟為二，六者雜采也。貴采得連擲，得打馬，得過關，餘采則否。新加進九、退六兩采。」（臺北：世界書局，民國67年10月3版，頁61～62）。又李翱《五木經》（收入《全唐文》卷六三八，臺北，大化書局「全唐文及拾遺」，民國76年3月初版，頁2891）一文與此互有詳略，可參看。
〔註126〕參《太平御覽》卷七五四樗蒲引《晉書》諸條，可明晉人好以樗蒲為賭錢之工具。葛洪《抱朴子》外篇疾謬亦云：「世故繼有，禮教漸頹……盛務唯在樗蒲彈棋。」（臺北：世界書局「新編諸子集成」，民國72年4月新4版，外篇卷二五，頁146）可略見當時風氣。
〔註127〕唐以前諸朝律令，今皆亡佚，無法由《漢律》、《魏律》明確當時對賭博行為的責罰情況，但從戰國李悝《法經》的律目及今存《唐律疏議》對賭博的明令禁止，略可推測得知漢魏南北朝對賭博行為是禁止的。房玄齡《晉書》卷三十刑法志載李悝《法經》律目六篇，其中《雜律》有「博戲」一目（鼎文書局，民國72年7月4版，頁922）；《唐律疏議》卷二六雜律十四條云：「諸博戲賭財物者，各杖一百；（原注：舉博為例，餘戲皆是。）贓重者，各依己分，準盜論。」（臺北：弘文館出版社，民國75年3月初版，頁487）另外，南朝宋王景文以蒲戲白衣領職，劉康祖坐樗蒲免官，南朝陳王質以招聚博徒免官（參張亮采《中國風俗史》，上海文藝出版社，1988年12月影印出版，頁206。世昌案：事本《宋書》卷五○，頁1447；卷八五，頁2179；《南史》卷二三，頁643，亦可證樗蒲賭博為法令所禁止。
〔註128〕陳壽《三國志》（前引書），卷六五韋曜傳，頁1460。

也。」〔註129〕都同聲批評諸戲的缺失，以為既無益於人，又有礙於進德修業。甚者因此削官免職，傾家蕩產。這應是王昶不希望子弟從事諸戲的重要原因。

顏之推《家訓》列雜藝一篇，以訓勉子弟，用意與此略同。但他廣論書法、繪畫、射箭、卜筮、算術、醫方、音樂、博奕、投壺、彈棊諸藝，一方面肯定它們的作用，勸誡子弟可以兼習，但又告訴他們不可專精。把這些當作是讀書從仕以外的一種技藝，與王昶把它看成遊戲，稍有差別。當作遊戲，則除了有實際作用的射箭之外，餘則一切禁止；當作技藝，則雖非儒者本業，不必專精，而當可兼明。這是他們二者心態上看待諸戲的不同點。也因此之推不言專用以賭博的樗蒲，王昶未及書、畫、卜、算、醫、藥。

（十二）其 他

〈家誡〉云：

> 及其用財先九族，其施捨務周急，其出入存故老，其論議貴無貶，其進仕尚忠節，其取人務實道，其處世戒驕淫，其貧賤慎無戚，其進退念合宜，其行事加九思。如此而已，吾復何憂哉？

王昶在文末泛論諸種處世原則，做為總結，以彌補前文未及之事。可謂眾情備舉，唯恐掛一漏萬。所言用財、施捨、出入（用人取捨）、論議、進仕、取人、處世、貧賤、進退、行事皆略言梗概，欲子弟舉一反三。

王昶〈家誡〉的內容較兩漢以來誡子書為豐富，這與他撰〈家誡〉的動機不只針對一個人或一件事有關，因而它也沒有誡子書那樣具有專對性，可以給某些弟子特別的警示作用。而其內容所涉及不外乎教子弟如何修身、齊家、處世，又與先哲儒、道思想有所歧異，顯見王昶想藉由這個「家訓」，建立他所認定的理想處世規範。雖然他取用儒、道的某些概念，但並非純粹的儒家，也非純粹的道家，而是一種雜揉兩家，「取兩用中」的思想型態。純粹的儒家，追求仁義，可殺身、捨生；純粹的道家，追求自由自在，視官位爵祿如糞土。但這都是王昶不願子弟所有的行為。因此他說「遵儒者之教，履道家之言」，其用意在遵儒者之教，以便「行成於內，名著于外」；履道家之言，以便「寶身全行」「永全福祿」。也就是王昶勸誡子弟，目的不在道德、真理的踐履，而在引導子弟學一種「永全福祿」的處世哲學。從這個角度來看，王昶的誡子內涵與東方朔相當接近，只是王昶更明確而具體的開示這種

〔註129〕葛洪《抱朴子》（前引書），外篇卷五十自敘，頁203。

處世方法，並且儘量從儒、道思想裏面尋找根源，以證成其說。後人對王昶此種誡子心態，頗有微言，盧弼《三國志集解》引姚範曰：

> 魏、晉之世，以此爲全身遠害之術可矣，若究其指歸，正鄉愿之見耳。呂成公、王伯厚皆稱之，余未以爲允也。一篇議論，不過以世有冠冕，不欲爲山林之枯槁，又鑒於何、鄧之徒朋黨浮華，馴至於大戮，故以謙實爲寶身持家之術。其所云孝敬仁義，非思詣極聖訓，而沖虛玄默，亦略取道家之似，但攙和用之，爲入世之方耳。故身處魏、晉篡弒之際，而漠然無動於中，其平生立訓如此。典午之後，風節不立，廉恥日消，此等言語爲之嚆矢。〔註130〕

魏晉以後仕宦家庭的誡子思想，這種特色表現得更爲明顯，即使是撰集成書的《顏氏家訓》也不免摻雜此色彩，倘以純粹的道德眼光來衡量諸人家訓，魏晉南北朝之誡子思想確實是脫離正軌的。諸人對生命價值的認同，尚未能超脫個人幸福之追求而直接以道德爲目的自身，故而他們在訓誡子弟時，雖憑藉道德尋求安身的行爲典範，實則已然與道德分道揚鑣。因爲他們多半以家世冠冕的承繼爲最終目標，而以修身、治家爲達到這目標的手段，當目標與手段有所歧異時，自然而然就會修訂儒、道思想，以符合承繼家世冠冕的目的。德國哲人康得在《道德底形上學之基本原則》中把律令分爲三種：一爲「技術的律令」，二爲「實用的律令」，三爲「道德的律令」。〔註131〕像王昶這類家誡，即典型的實用律令；與儒、道純粹以道德爲依歸的道德律令，其目標本有不同，故而王昶有此不純粹的缺失。

然而即使王昶〈家誡〉的內容，並非純粹的以道德踐履爲目標，也不致引起姜、姚等人嚴厲的批評。主要的原因是王昶在曹魏親附司馬氏，並爲丕所信用。及司馬氏父子漸掌朝政，王昶黨同之，助平毌丘儉、文欽之亂，諸葛誕之反；進爵封侯，蔭及子孫，有生之年，榮登三公（司空）。其族子王沈，少孤，養於昶，初事高貴卿公曹髦，髦密謀欲攻司馬師，沈以其謀馳告師，髦遂敗，被殺。〔註132〕王氏家族黨同司馬氏，實自王昶始。司馬昭移魏祚後，太原王氏

〔註130〕盧弼《三國志集解》（前引書），卷二七，頁 617。案：所指呂成公、王伯厚稱之云云，見王應麟《困學紀聞》卷十三「攷史」（臺北：世界書局「翁注困學紀聞」，民國 73 年 4 月 3 版，頁 689）。

〔註131〕參牟宗三譯註《康德的道德哲學》（臺北：學生書局，民國 81 年 9 月 3 版），頁 46～49。

〔註132〕參陳壽《三國志》（前引書），卷四三少帝紀，頁 144；又《晉書》卷三九王

頗盛於兩晉，亦與王昶、王沈不無關係。其家族之興起可謂皆源於親附司馬氏，故爲後世所譏。唐修《晉書》卷三九史臣刺王沈曰：「夫立身之道，曰仁與義。動靜既形，悔吝斯及……王沈才經文武，早尸人爵，在魏參席上之珍，居晉爲幄中之士，桐宮之謀遽泄，武闈之禍遂臻……仁義之方，求之彌遠矣。」〔註133〕王昶誡子遵奉「孝敬仁義」，不可陷於朋黨，而其身及兄子未能履行，徒拘謹於小節，而妄顧大義，這是王氏居魏晉鼎革之際，不可逃逭之失。

四、杜恕〈家戒〉（附錄 2-4）

杜恕，字務伯，京兆杜陵人，父畿，魏文帝時尙書僕射，封豐樂亭侯。杜恕嗣父爵，魏明帝時爲散騎侍郎，轉黃門侍郎，出爲弘農太守、河東太守、幽州刺史，嘉平元年得罪當死，以父畿爲國捐軀，免爲庶人，徙章武郡，四年卒於徙所。子預，字元凱，尙司馬懿女高陸公主，大顯於晉室，位至征南大將軍，開府，封當陽侯。晉南朝京兆杜陵杜氏世代官宦不絕，與杜恕、杜預一支昌盛，關係最巨。而杜預娶高陸公主，尤爲杜氏後日平流進取，奠定基礎。

杜恕〈家戒〉之規模當亦如王昶、嵇康〈家誡〉，今僅存評張子臺一段，猶如王昶評徐幹、劉楨諸人，以勸誡子弟。張子臺名閣，《三國志》邴原傳稱「以簡質聞」〔註134〕用以類邴原爲人，事多不詳。杜恕舉閣入〈家戒〉，蓋以此人高風亮節，不以己之所好爲是，不以己之所惡爲非，如此修養，雖不必富貴，亦可遠離患禍。

五、殷褒〈誡子書〉（附錄 2-5）

殷褒，生平多不可考，曾任滎陽令、章武太守。任滎陽令時，廣築學館，民知禮讓，於是百姓乃作歌誦之：「滎陽令，有異政，修立學校，人易性，令我子弟恥訟爭。」（參附錄 2-5 說明）

此〈誡子書〉主要表達兩個理念：

第一，戒求虛無的天道。殷氏以爲天道難盡、難行，既使像前漢京房，長於災變，善預測未來，亦不能免禍。故勉子宜著重人事，不可追求難行之

沈傳。
〔註133〕房玄齡《晉書》（前引書）卷三九，頁 1163。
〔註134〕陳壽《三國志》（前引書）卷十一邴原傳，頁 354。

天道。京房事詳《漢書》卷七五本傳，治《易》，善言吉凶，史稱「房數上疏，先言其將然，近數月，遠一歲，所言屢中，天子說之。」〔註135〕後為權貴石顯等所陷，棄市。京氏之亡，非由於善言吉凶，而在於譏刺權貴，得罪石顯、五鹿充宗等人，只不過他是藉由對《易》的專研為手段，以諷人主。而終遭殺身之禍。《顏氏家訓》雜藝篇論卜筮云：「世傳云：『解陰陽者，為鬼所嫉，坎壈貧窮，多不稱泰。』吾觀近古以來，尤精妙者，唯京房、管輅、郭璞耳，皆無官位，多或罹災，此言令人益信。儻值世網嚴密，強負此名，便有註誤，亦禍源也。」〔註136〕亦勉子不可專卜筮，探求難盡、難行之天道。以為強負此名，乃禍源也。這應也是殷褒戒子的用意。

第二，戒譭謗、勉謙恭。譭謗是京房真正罹禍的原因，故而殷褒以為要免於禍害仍當戒除彈射世俗的習性。其中舉了弗父何〔註137〕、晏平仲、曾參、顏回謙恭的典範，給子弟做參考。而勉子不要像春秋范文子一樣，不知禮讓，獨對秦客，為父所誡。古來誡子不可謗毀世俗，自馬援而下，多所言及，諸人蓋皆以為謗毀不可澄清真理、改變事實現狀，反而會因此惹禍上身。故殷氏認為不如「朝益暮習」，時時充實自己。文末云「古人有言，思不出其位，爾其念之，爾其念之」勉子謹守本分，語頗真摯。

六、嵇康〈家誡〉（附錄 2-6）

嵇康，字叔夜，譙國銍人。父昭，字子遠，官至督軍糧治書侍御史。兄喜，字公穆，有當世才，歷任徐、揚州刺史、太僕、宗正卿。康家世儒學，早孤，少有儁才，不修名譽，長而好老、莊之業，與魏宗室婚，拜中散太夫。善屬文論，彈琴詠詩，自樂於懷抱之中，與阮籍、山濤、向秀、阮咸、王戎、劉伶等友善，遊於竹林，號為七賢。時逢魏晉鼎革之際，以親曹氏不與司馬氏，景元二年被司馬昭所殺。獨子嵇紹，字延祖，十歲而孤，因山濤推薦。

〔註135〕班固《漢書》（前引書）卷七五，頁 3160。

〔註136〕王利器《顏氏家訓集解》（前引）卷七，頁 520。

〔註137〕「弗父何」各本同，疑當作「正考父」，嚴輯逕改，蓋以其乖違史實。案：《左傳》昭公七年九月載孟僖子之言：「弗父何以有宋而授厲公。及正考父，佐戴、武、宣，三命茲益共，故其〈鼎銘〉云：『一命而僂，再命而傴，三命而俯，循牆而走，亦莫余敢侮。饘於是，鬻於是，以餬余口。』其共也如是。」（楊伯峻《春秋左傳注》，前引，頁 1295）弗父何為正考父之曾祖，三命茲恭者乃正考父，非弗父何。

官至晉惠帝侍中，護主死於蕩陰之難。紹長子眕，早夭。康兄喜子蕃，仕至太子舍人，蕃子含字君道，好學能屬文，與紹併入《晉書》忠義傳。康所撰〈家誡〉對象當亦包含兄子等人。曹魏四人〈家誡〉，唯嵇康持論與眾不同，亦唯有嵇康親曹氏而反對司馬氏，其後世子孫之表現，也唯有嵇紹、嵇含獨標風度於有晉。

嵇康此誡以「立志與持志」做爲全文綱領，然後分述處世中的一些課題，如品德、施捨、言語、飲酒等，以爲皆當秉持自己既定的原則——「志」行事。茲分述於下：

（一）立志與持志

嵇康全文普遍強調「志」，所謂志，即指個人的操守及一切行事原則。他認定「人無志，非人也」，又以爲既有志，則當「口與心誓，守死無二，恥躬不逮，期於必濟。」如此，一個人的行爲才不致受外物、內欲、近患、小情所牽引，而能朝著既定的目標去做。嵇康在此似乎察覺到，立志人人都會，但未必都能堅持所守，因此有些人「中道而廢」，有些人「不成一簣而敗之」，不能有始有終，則做任何事情都難以成功，故而他在此特別強調立志後的「擇善固執」，與孔子所云「造次必於是，顛沛必於是」的精神是一致的。東方朔誡子云「隨時之宜無有常家」，王昶孜孜以「寶身全行」爲宗旨，都與嵇氏誡子的方向有很大歧異。雖然嵇康也沒有明確的指出要子弟遵行何種思想與準則，但他舉出四個人的行爲，認爲是守志之固者，做爲子弟學習的榜樣，可以看出〈家誡〉是以儒家思想爲基本理念的。他說「若夫申胥之長吟，夷齊之全潔，展季之執信，蘇武之守節，可謂固矣。」申包胥乞秦師，哭於秦庭，七晝夜不飲不食，口不絕聲，終復楚國；伯夷、叔齊，恥食周粟，餓死首陽山；柳下惠執信，能存魯國；蘇武出使匈奴，守志不屈，牧羊北海，終全臣節。〔註138〕諸賢皆身爲人臣，忠公愛國，置己身利害於度外，即使犧牲生命，也堅持其志，可以說是儒家精神的實際典範。以這種精神勸誡子弟，在兩漢以來的誡子思想中是比較罕見的。

（二）大德與小節

人間善行眾多，有時不得不有所去取，倘忽略大德而專注重小節，本末

〔註138〕申包胥事見《左傳》定公四年傳，伯夷、叔齊事見《呂氏春秋》誠廉篇，柳下惠氏展字季，事見《呂氏春秋》審己篇，蘇武事見《漢書》蘇武傳。說參戴明揚《嵇康集校注》（北京，人民文學出版社，1962 年 7 月 1 版）卷十，頁 316。

倒置，也非行善的基本精神，因此子夏曾說：「大德不踰閑，小德出入可也」〔註139〕即是針對兩者不可得兼的情形說的。嵇康在這方面有較深的感觸，他以為不必刻意修飾細節，當全大德，他說：「不須作小小卑恭，當大謙裕。不須作小小廉恥，當全大讓。若臨朝讓官，臨義讓生，若孔文舉求代兄死，此忠臣烈士之節。」生命與富貴是一般人難以捨棄的，但是在應當犧牲生命、捨棄富貴以保全節操之時，能義無反顧，才是大謙讓。在歷史上，王莽少時也是謙恭有禮，但後來篡奪漢室，與嵇康同時的當權者司馬氏，標榜名教、推崇周孔，但實則殺戮異己，廣樹私黨。嵇氏蓋有見於時風只注重小卑恭、小廉恥，而妄顧大義，故勸告子弟當全大讓，不須注重小節。

（三）施與受

施與受是人與人之間不可避免的往來，嵇康站在治家與免禍的觀點，看待施受的問題。綜合其說，主要有下列幾點：

1. 不須行小惠，而當賑濟窮乏。若人來求我，損廢甚多，而所濟之義少，則當權其輕重拒之。不可隨意為人輕竭。

2. 受人饋贈，如為親戚、朋友之間的禮尚往來，可以接受。但除此之外，一切「匹帛之饋，車服之贈」都當拒絕之，避免他人「鬻貨徼歡，施而求報」。

3. 他人請求，欲己鼎力相助，當謙言辭謝，說明自己從不做這種事，應可以得到別人諒解。如果對方真有急困，心所不忍，則可面拒而暗中助之，如此可以免除常人淫輩的請求，自己也問心無愧。

（四）言　語

嵇康在告誡子弟言語宜慎方面，占了〈家誡〉一半的篇幅，對言語之失的防範，說得比較具體，雖然他也說「非義不言」，但就全篇看來，即使合於義的言論，仍以不言為佳。在文中談到與所在長吏，不可極親密；人有相與爭論，慎勿參預；飲酒聚會，見人爭語，似欲轉盛，便當舍去，倘不得遠離，取醉為佳；意有所諱，當守口如瓶；見人竊語私議，便舍起，慎勿強知人知；凡有嗤笑人之闕者，率以不言答之。其勉子不知、不言的用意皆在防備禍患。

〔註139〕邢昺《論語注疏》（前引書）卷十九子張，頁172。大德、小德之說從朱熹集注，朱注云：「大德小德，猶言大節小節……言人能先立乎其大者，則小節雖或未盡合理，亦無害也。」（《四書集注》，臺北，漢京文化事業有限公司，民國70年10月，頁433）。

他所說的「夫言語，君子之機，機動物應，則是非之形著矣，故不可不慎。」可以涵蓋他所要表達的全部意念。馬援、王昶、殷褒、顏延之、梁元帝、楊椿、魏收等人的誡子篇章，都涉及這方面的問題，顯見言語宜慎，是古代家訓的重要課題。

（五）飲 酒

嵇康在生活習慣的告誡，只涉及飲酒一事，他以爲飲酒當有節制，「見醉熏熏便止，慎不當至困醉，不能自裁」，又不當強勸人飲酒，不飲自己。王肅、顏延之誡子，亦及飲酒當節制事，可以參看。

嵇氏〈家誡〉論施受、言語、飲酒等生活細節，著重在誡愼小心，此爲「戒」這類文體的特質，劉勰〈文心雕龍・詔策〉云：「戒者，慎也」〔註140〕即明言「戒」多半寓意謹慎小心的色彩，這是嵇康〈家誡〉與傳統家訓精神相一致的地方。另一方面他重視操守，讚美申包胥、伯夷、叔齊、柳下惠、蘇武愛國的行迹，稱孔融求代兄死，爲「忠臣烈士」之節。文中又屢言「義」字，如「非義不言」「如所濟之義寡」「見義而作」「於義無可」「臨義讓生」「當正色以道義正之」「常人皆薄義而重利」，把行事的一切準則歸之於義，與孟子所謂「義，人之正路」〔註141〕相合。都可以看出他希望子弟能遵循儒家行爲規範的用心。〈竹林七賢論〉謂「嵇康非湯、武，薄周、孔，所以逆世。」〔註142〕他在〈與山巨源絕交書〉中謂：「老子、莊周吾之師也」〔註143〕則與當時他反對司馬氏專權，反對那些假借儒家禮教言行不一的人，所發表之言論，我們從〈家誡〉可以瞭解他對儒家思想，基本上是肯定的。

王昶也希望子弟「遵儒者之教」，但他不願意子弟學習伯夷、叔齊、介之推守節不辱的行迹；嵇康則讚譽夷齊之全潔，美「臨義讓生」的精神。可知嵇康對子弟的訓誡，道德是超越生命、富貴的，而王昶則尙不能離開「家世冠冕」而別有更高的行爲價值。這種差異在他們子孫的行爲上，也可以得到印證。王昶的後代，正如他所意欲的，家世冠冕，成爲兩晉人稱「太原王氏」的高門大族；嵇康的獨子嵇紹，受山濤推薦，入朝爲官，護主死於蕩陰之戰，

〔註140〕王更生《文心雕龍讀本》（前引）上冊，頁358。
〔註141〕孫奭《孟子注疏》（前引書）卷七下離婁上，頁132。
〔註142〕《太平御覽》卷一三七引，參戴明揚前引書，頁382。
〔註143〕《嵇中散集》（臺北：商務印書館「四部叢刊正編」，民國68年11月台1版）卷一，頁12。

－94－

唐修《晉書》列爲「忠義傳」之首，也符合了嵇康所訓「忠臣烈士之節」。一則榮耀當代，一則留名青史，我以爲這跟他們家庭教育的不同有著相當程度的關係。

七、劉備〈遺詔敕後主〉

劉備，字玄德，涿郡涿縣人，漢景帝子中山靖王劉勝之後。祖父劉雄、父親劉弘，世仕州郡。備少孤，與母親販履、織席爲業。年十五與公孫瓚俱事盧植，而不甚樂讀書，喜狗馬、音樂、美衣服，好交結豪俠。獻帝時，群雄逐鹿中原，入蜀定漢中，以魏文帝黃初二年即皇帝位，改元章武，在位三年病卒，年六十三。諡曰昭烈皇帝。史稱蜀先主。〈遺詔敕後主〉乃備病篤時選述，以誡後主禪。禪字公嗣，年十七即位於成都，史稱「後主」，在位四十一年，降于魏，封安樂縣公，至晉泰始十七年薨於洛陽。

本文内容類似誡子書信，與一般遺令、終制多涉喪葬或交待身後事者，頗有不同。故雖爲遺詔，仍置家訓中討論。劉備撰此文，已然病篤，而心中猶念念不忘劉禪兄弟，在在顯示出慈父愛子的情懷。

他對劉禪的期許，可分爲兩部分說明：

第一：行善去惡，修養品德。劉備仍然堅信，身爲一國之君，「惟賢惟德，能服於人」，因此他勸勉子弟「勿以惡小而爲之，勿以善小而不爲」告誡劉禪要積善去惡。這兩句典出《易》繫辭傳下，〔註144〕原意爲不積善不能夠成名，不積惡不足以滅身，而一般小人以爲小善無助於品德就不去做，小惡無傷於修養而不戒除。最後造成無法掩飾的缺失，不可解脫的罪過。劉備蓋深明此理，翻轉辭句，充分掌握一般人「小惡」「小善」的忽略，成了後世傳誦勸誡的名言。

第二：勉子觀書，以益心智。歷來誡子勉學的例子不勝枚舉，如前所述漢高祖、酈炎等是，但他所舉的書目當中，除了《漢書》、《禮記》之外，如《六韜》、《商君書》，及諸葛亮替劉禪抄寫的《申》、《韓》、《管子》等，頗涉及權謀法術，與傳統儒家以德治爲核心的治國理念頗有不同。歷來誡子勉學者雖多，但罕見勸勉子弟閱讀法家典籍的。或許因爲這樣，宋劉清之《誡子

〔註144〕孔穎達《周易正義》卷八繫辭下：「善不積不足以成名，惡不積不足以滅身。小人以小善爲无益而弗爲也，以小惡爲无傷而弗去也。故惡積而不可揜，罪大而不可解。」（藝文印書館「十三經注疏」本，民國70年元月8版，頁170。）

通錄》中，甘脆把敘及《六韜》等諸書一段，全數刪除，蓋以爲法治思想不足以益人心智，更不可用以勸勉子弟。然而，從劉備、諸葛亮都鼓勵劉禪閱讀法家典籍，可以明瞭，他們在治國的理念上，是相當程度的信從權謀法術的。儒者所謂「以德化民」「仁者無敵」，理論上固然可喜，但實際從事治國理民，這些往往成爲理想，難以實現，或許這是他們主張多參考法家思想的原因。另外，劉禪仁慈敦厚，稍嫌庸弱，劉備或有鑒於此，故勉以諸書，彌補他的缺失，也是一種因材施教。〔註145〕

八、諸葛亮〈誡外生〉〈誡子〉（附錄 2-8）

諸葛亮，字孔明，琅邪陽都人。漢司隸校尉諸葛豐之後，父諸葛珪，字君貢，漢末爲太山郡丞。亮早孤，隨從父諸葛玄赴豫章太守任，又隨玄依劉表。玄卒後，躬耕隴畝，常自比於管仲、樂毅。後隨劉備左右，蜀平，以爲軍師將軍，遷丞相；後主禪即位，封武鄉侯，領益州牧，建興十二年卒，諡曰忠正侯。初，亮無子，過繼兄瑾第二子喬（字松柏）爲嗣，隨亮至漢中，年二十五卒。親生子瞻字思遠，年十七，尙公主，年三十七死於戰陣。亮大姊適漢末房陵太守蒯祺，小姊適龐山民，皆襄陽舊族。亮有〈誡外生〉、〈誡子〉，即緣於諸子、外甥而作。

諸葛亮誡子弟諸文，今存共有四段，雖斷簡殘篇，亦可略窺亮對子弟教導的重視。

其〈誡外生〉一段，主要勉勵外甥當立下崇高的志向，及立志之後如何持志，完成理想。他以爲持志的積極原則在於「慕先賢」，唯有仰慕先賢的理想及行邐，才能堅定自己爲國爲民，追求眞理的目標；而人的情欲易流於追逐名利聲色，耽愛犬馬，因此就消極原則上來說，應「絕情欲，棄凝滯」。倘能步武先賢，不沈迷世俗所好，那麼心中嚮往的目標，就能「揭然有所存，惻然有所感」。另外在應世上，總有些許的不如意，足以令人心灰意冷，他認爲應當「忍屈伸，去細碎，廣咨問，除嫌吝」，要能夠容忍一時的不得意，不斤斤計較，多聽取別人的意見，去除心中的不滿與怨恨。那麼雖然仕途不暢，對樂道的心境也是毫髮無損的，對目標的達成，也不必擔憂。諸葛亮最後告誡外甥，如果意志不堅，流於世俗情欲的追求，終究會成爲凡庸，處於下流，

〔註145〕說參盧弼《三國志集解》（前引）卷三二，頁 740 引姜宸英、唐庚諸說。

這是他所不願意見到的。

　　從他的〈誡外生〉一文，令我們感受到一股強而有力的企圖心，這種企圖心不在於保身全名，而在於理想的踐履，充分表現儒者剛毅的風範。就立志與持志這觀點上來說，與嵇康〈家誡〉相當近似，都可以做為我們立身處世的南針。

　　至於他的〈誡子〉，今存三則。首則流傳最廣，在行文上與〈誡外生〉頗類似，其內容主要有三點：

　　第一：澹泊。澹泊在行為上有兩層涵意，一指寡欲，一指節儉，這兩者也是相輔相成的。他認為節儉可以養成良好的品德，澹泊寡欲可以完成崇高的理想。

　　第二：寧靜。寧靜謂心態上安然自在，不躁競，不憂慮而言。此即〈大學〉所謂「靜而後能安」「靜」與「安」的修為。他進一步認為寧靜可以有助我們修身養性、學習進修、窮極理想。

　　第三：立志與學習。他認為人空有才華不足恃，透過學習才可以充實才能；而要學有所成，則有賴立志。

　　他在文末有感而發的說，如果不能珍惜光陰，而「年與時馳，意與日去，遂成枯落，多不接世，悲守窮廬。」那就無可挽回了。一方面指引子弟行事的原則及目標，一方面警示他們勿虛擲光陰，流於凡庸，可說是諸葛亮告誡子弟一貫的手法。

　　另外，在〈誡子〉第二則談到飲酒的問題，認為飲酒要合於禮，以和為貴，雖可至醉，不可迷亂。另外第三則，談到子弟書信麤拙，希望他們能勤加練習。

九、姚信〈誡子〉（附錄 2-9）

　　姚信，字元直（一說字德佑，說參附錄 2-9 說明），三國吳吳興人。為陸遜外甥，吳大帝赤烏七年，以親附太子，遭到流徙。歸命侯寶鼎間曾任太常。精通天文，著有《昕天論》，又著《周易注》、《士緯》、《姚氏新書》等作，有集二卷，今多亡佚。其子弟不可考，隋、唐著名的史學家姚察、姚思廉為其後代子孫。姚信〈誡子〉之作，就規模言類似「誡子書」，就措辭言類似「家誡」，與諸葛亮〈誡子〉類似。

　　姚信告誡子弟，旨在闡述「行善」的動機，原則及效用，並論及一般人

行善的弊病。以期勉子弟「貴賤無常，唯人所速」，當堅持所守。茲就其內容分述如下：

第一：行善的動機、原則及效用。他首先舉古人行善的態度告誡子弟，他認爲古人行善的動機，不是爲了追求名聲，也不是爲了迎合他人，純粹是自己樂於從善，把行善當作是自己的做事準則。至於行善的原則，在終始如一，絕不因爲環境人事的順逆、險易而改轍。如此一切的行爲，可以上符天意，下合人道，因而可以得到神明的庇佑，眾人的尊重，進而聲名自然顯著，榮祿自然到來。在此姚氏堅信行善的動機絕不是爲了名利，但聲名、榮祿自然會因行爲的良善而有所回應。故而他進一步勉勵子弟，人的貴賤無常，完全決定於一個人的行爲表現，因此他說「苟善，則疋夫之子可至王公；苟不善，則王公之子反爲凡庶。」充分表現積善可以成德的理念。

第二：行善的弊病。他以爲一般人都知善之爲美，但往往在踐履的過程，不能堅守原則，以致自毀其行。而其最根本的原因在於對善行不能真誠相待，所謂「不誠無物」，行善如果「內析外同，吐實懷詐」，表裏不一，就難以展現行善的成果。也因不真誠，就容易受外在因素的左右，而捨棄善行。他在文中提到三種狀況，頗能說出一般人的弊病所在。

（一）「見賢則暫自新，獨居則縱所欲」在別人看不到的地方就會爲所欲爲，毫無克制的能力。這點也是前賢特別重視的，《中庸》云：「君子誠愼乎其所不睹，恐懼乎其所不聞。莫見乎隱，莫顯乎微，故君子愼其獨也」〔註 146〕應也是針對一般人「獨居則縱所欲」有感而發的。

（二）「聞譽則驚自飾，見尤則棄善端」在行爲無法受人肯定的時候，就自暴自棄，不能堅守善行，今人針對這點特質，以爲教導應以鼓勵替代責罰，是頗能引導子弟行善的方式。但人之應世，獨立於天地之間，不可能永遠受他人保護，對自己的行爲應有相當的體認。決不可因爲他人的「譽」或「尤」，就輕易放棄自己的信念。

（三）「失名位，恒多怨人而害善」當自己失去名位的時候，就怨天尤人，甚而陷人進己。他說「怨一人則眾人疾之，害一善則眾人怨之」如此不但不能挽回名位，適足以自毀善行。因此他主張當自己失去名位，應當「舍僞從實，遣己察人」「舍己就人，去否適泰」，

〔註146〕朱熹《四書集注》中庸第一章（臺北：漢京，民國 70 年 10 月）頁 46〜47。

　　　　只要眞誠行善，拋棄個人短見，多觀察別人的行逕，吸取眾人的
　　　　優點，自然可以去凶逢吉。

　　以上三點無非是對善行不能確實體認，無法眞心認同善行的價值所導致
的缺失。從姚信〈誡子〉全文看來，可以明瞭他對行善的執著及認定行善的
效用，是典型的儒家學者風範。

小　結

　　三國撰文誡子，除了沿續兩漢臨終顧命及誡子書的型態外，發展出專門
用以訓勉子弟的「家誡」。從王肅、王昶、杜恕、嵇康都撰有〈家誡〉看來，
可以想見當時誡子風氣之盛行。就現存較完整的王昶、嵇康二人〈家誡〉中
可以看出，內容涉及的層面很廣泛，已不再只是矯正子弟一兩項行爲的疏失，
或針對一兩種品德加以陳述，而是想建立一個理想可行的處世典範，供眾子
弟遵守奉行。他們所認定的典範或特別強調以預防子弟誤蹈的方向，因多依
據於個人經驗，故其內容隨著學養、性格、環境而有很大差異。這是造就三
國家誡內容豐富又多樣化的重要原因。

第四章 漢魏六朝家訓內容分析（二）

第一節 晉五胡十六國家訓內容分析

晉代家訓的篇章很多，名目也趨向於多樣化，如李充有〈起居誡〉、夏侯湛有〈昆弟誥〉、黃容、明岌有《家訓》、陶淵明有〈命子〉，而且除了使用通行的散文外，詩歌、「尚書」體的撰述也不乏其人，這是撰文誡子發展過程中的必然現象。可惜有些作品只見篇名，內容隻字不存，有些作品殘存在古注類書中，已難窺原貌。以下我們依序探討羊祜、李秉、李充、夏侯湛、謝混、陶淵明、李暠等人的家訓內容；至於黃容、明岌《家訓》，慕容廆《家令》、慕容皝《典誡》都只存篇名，附於最末，略說緣起。

一、羊祜〈誡子書〉（附錄 3-1）

羊祜，字叔子，泰山南城人。世吏二千石，至祜九世，並以清德聞。祖續，仕漢南陽太守。父衜，上黨太守，娶孔融女生羊發，再娶蔡邕女，生徽瑜（景帝司馬師妻，史稱景獻羊皇后）及祜。羊祜於晉武帝咸寧初，官至征南大將軍、開府儀同三司，並專辟召，位極人臣。諸子不可考，兄發子篇來繼，位至散騎常侍，早卒。依〈誡子書〉內容來看，其訓誡對象不只一人，已與傳統兩漢誡子書緣事而發，及於訓誡的情況不同，只是篇幅短小，不及「家誡」之規模。

羊祜〈誡子書〉內容，主要由兩部分組成。他首先自敘受教於父親羊衜的經過，並說明自己有今日的成就，全是皇恩所加，不是自己的能力可致。

因而勸誡子弟在才能上不如自己，更應該善自修養，可免凶終。

他勸誡子弟，在行爲態度上應當恭敬、謹愼。他說：

> 恭爲德首，愼爲行基，願汝等言則忠信，行則篤敬。無口許人以財，
> 無傳不經之談，無聽毀譽之語。

以恭、愼爲行事原則的勸誡，是古來誡子思想的核心，只是羊祜特別強調言、行宜謹愼，他誡子不可隨意許人錢財，不可說不經之談，不要聽毀譽之言，或許因爲這些行爲容易帶來無窮後患，就好像禰衡恃才傲物，逞口舌之快，終遭殺身之禍一般。〔註 1〕羊祜生當魏、晉鼎革之際，或亦感慨仕途艱難，故而勉子不可妄言悖行，他說倘「言行無信，身受大謗，自入刑論，豈復惜汝，恥及祖考。」也是有感而發的。

二、李秉〈家誡〉（附錄 3-2）

李秉，字玄冑，江夏平春人。祖父李通，字文達，後漢末，以俠聞於江、汝之間，獻帝建安年間以功封都亭侯，拜汝南太守，卒於戰陣，文帝踐阼，謚曰剛侯。父親李緒，文帝時爲平虜中郎將；叔父李基，襲爵，仕文帝爲奉義中郎將。秉有儁才，爲時所貴，官至秦州刺史。有四子：重字茂會，歷位尙書吏部郎、平陽太守；尙字茂仲，短字茂約，晉懷帝永嘉中並典郡，矩官至江州刺史；嶷早亡。〈家誡〉即告誡諸子所作。

李秉〈家誡〉以自敘昔日侍司馬昭之對話爲主題，引導子弟行事、言談當謹愼從事，他以爲倘能謹言愼行，勿輕論人，勿輕說事，則悔吝無由而生，患禍亦所不至。

文中言及司馬昭與三長吏談爲官之道，司馬昭以爲爲官當修清廉、謹愼、勤勉三者。李秉進一步申說三者之中，愼尤爲重要，他說「清者不必愼，愼者必自清」，認爲謹愼的修行，可以涵蓋諸種美德。

歷來誡子如劉向、馬援以下，都強調愼的修養，其用意都在於免禍全身，如此，則謹愼不過是減少失誤的一種行事態度，它本身並不能決定事情的是非善惡，因此過於謹愼，不明是非，雖或可以保身，對國家、社會、公理，卻沒有絲毫益處。文中提到司馬昭讚美阮籍，說他「每與之言，言及玄遠，

〔註 1〕 禰衡字正平，漢末文士，恃才傲物，言語不遜。孔融薦之於曹操，操不能忍，遣送劉表；表初服其才名，後以衡態度侮慢，恥不能容，送與江夏太守黃祖。黃祖性急，衡性終不改，爲祖所殺。生平略見《後漢書》卷八十下文苑列傳。

而未嘗評論時事，臧否人物，眞可謂至愼矣。」倘身爲人臣，爲了免禍，從不評論時事，臧否人物，則人主從何而鑒別是非？後漢、魏晉之間，對這種行逕、人物的推崇，也可以從司馬徽得到印證，《增廣類林雜說》卷二儒行篇引《文士傳》載：

> 司馬徽字德操，潁川人，有大度，不說人之短長。所諮請，莫問吉凶，悉稱好，終不言惡。有鄉人往見徽。徽問安否？鄉人云：「子死」，徽曰：「好」，其妻責之：「以君有鄉人，故語問之。云何聞人死知其好？」徽答曰：「如卿之言亦好」〔註2〕

司馬徽是漢末名士，雖然《文士傳》所載類似笑談，但表現時人風氣及尊崇。在後漢、魏、晉之際，戰亂頻仍，人主相互猜忌，人臣無所適從，或許也是造就這種人物及行爲，特別受到讚美的原因。在此風氣之下也就導引出一切行爲皆當謹愼的誡子風潮，而李秉〈家誡〉對愼的重視是尤具特色的。

三、李充〈起居誡〉（附錄 3-3）

　　李充，字弘度，江夏人。祖父李秉，秦州刺史；父李矩，江州刺史。充少孤，善楷書，辟丞相王導掾，轉記室參軍。幼好刑名之學，深抑虛浮之士，嘗撰〈學箴〉以申其說，任大著作郎時，留心墳典，曾以四部類貫群書，甚有條理，秘閣以爲永制。又撰《翰林論》五十四卷，爲中國早期文學理論專著。累官至中書侍郎，卒於任。入《晉書》文苑傳。充子顗，亦有文義，多所著述，郡舉爲孝廉，官至本郡太守。此〈起居誡〉與曹魏時〈家誡〉相類，爲誡家門子孫之作。

　　李充〈起居誡〉，是一篇針對晚輩言行舉止的告誡之文。今僅存四則，蓋已亡佚泰半。然四段文字各具特色，內容上趨向細緻化，這應是家誡發展過程中的必然現象。茲依序述說於後：

　　第一：處世態度當溫良恭儉，小心翼翼。

　　他首先稱許孔子所以貴爲聖人，是因爲他「溫良恭儉」，文王所以受人讚美，是因爲他「小心翼翼」。這些處世態度，都是聖賢所肯定而恭自踐履的。他進一步批評當時扭曲的行爲價值，說：「末俗謂守愼爲拘吝，退愼爲怯弱，不遜以爲勇，無禮以爲達，異乎吾所聞也。」在魏晉諸子反對禮教，放浪形

〔註2〕　王朋壽《類林雜說》（臺北：新興書局「筆記小說大觀」三十編，民國 68 年 10 月）卷二儒行，頁 5289。

骸，崇老莊，退儒術的環境下，以這一席話鍼砭子弟的觀念，是頗具有慧眼的。《晉書》卷九一儒林傳序云：「有晉始自中朝，迄於江左，莫不崇飾華競，祖述虛玄，擯闕里之典經，習正始之餘論，指禮法爲流俗，目縱誕以清高。」〔註3〕可見當時風条崇尚縱誕，藐視禮法之一般，李充生當晉室渡江之際，於時貴遊子弟，多仰慕王澄、謝鯤等人輕佻、曠誕的行逕，故出此言，當亦有感於時風之不競，人心之不古。

第二：他人床頭書疏，不可翻閱。

李充站在莫知他人隱私的觀點，訓勉子弟不可翻看別人床頭書信，以不視不知可以免禍爲誡。他說：「床頭書疏，亦不足視，或他私密事，不欲令人見，見之縱能不宣，誰與明之。若有洩露，則傷之者至矣。」在未經他人允許，私自翻閱他人書信，原是不尊重他人隱私的行逕，更何況古代仕途艱險，更宜謹慎。鄭玄的孫子鄭小同，即因被司馬懿懷疑，偷看密疏受酖而死。〔註4〕雖說司馬懿的行爲令人不齒，鄭小同也死得冤屈，但以父母的立場，自然希望子弟儘量避免這種事的可能發生。這或許是李充特別提及此事的原因。

第三，軍書羽檄，非儒者之事，當舍之，以待能者。

他告誡子弟不可撰「軍書羽檄」，原因在於軍書羽檄與一般文章不同，他說「檄不切厲，則敵心陵，言不誇壯，則軍容弱。」意謂檄文有「切厲」及「誇壯」兩項特質。劉勰〈文心雕龍・檄移〉也曾談到檄文的特色說「非唯致果爲毅，亦且屬辭爲武。」〔註5〕是就「切厲」而言；又說「雖本國信，實參兵詐，譎詭以馳旨，煒曄以騰說。」則就「誇壯」而言。而檄文之用，本在兩軍對峙，互討彼罪，稱己仁德。因而言彼則謂示以懲戒，故須峻切嚴厲，以靡敵心；言己則謂師出有名，故辭多誇大威武，以壯聲勢。李充認爲切厲則言必及殺，誇壯則辭必虛誕。這都不是儒者當爲之事，且與家奉佛法，不殺生、不妄語的戒律相違背。故勉子舍之，以待能者。

然而身在朝庭，操刀執筆，似亦不能自專。因此對這個問題，顏之推《家

〔註3〕 房玄齡《晉書》（鼎文書局，民國72年7月4版）卷九一儒林傳，頁2346。

〔註4〕 范曄《後漢書》卷三五鄭玄傳李賢注引《魏氏春秋》：「小同，高貴卿公時爲侍中。嘗詣司馬文王，文王有密疏，未之屏也，如廁還，問之曰：『卿見吾疏乎？』答曰：『不』文王曰：『寧我負卿，無卿負我。』遂酖之。」（鼎文書局，民國70年4月4版，頁1212）

〔註5〕 王更生《文心雕龍讀本》（臺北：文史哲出版社，民國73年3月初版）上篇，頁377。

訓》也有所論述，他在文章篇中評論陳琳制檄的前後矛盾，他說：

> 陳孔璋居袁裁書，則呼操為豺狼；在魏制檄，則目紹為蛇虺。在時
> 君所命，不得自專，然亦文人之巨患也，當務從容消息之。〔註6〕

他認為陳琳在袁在魏，文從己出，自相舛謬，是文人之巨患，雖在不得已的情況底下，猶當謹慎斟酌。之推所謂「巨患」當是指檄文的內容誇誕不實，非出作者本意，這與李充〈起居誡〉對子弟的告誡是一致的。

　　對於檄文的撰述，李充以為不可為，之推以為當斟酌之，都是因為檄文語涉軍戎，進不能與人為善，退不關陶冶性靈。更甚者還會引起事端。如南朝宋文帝元嘉三十年，太子劉劭引兵弒文帝，自立為帝，以顏延之為光祿大夫。當時文帝第三子劉駿為江州刺史，聞父被殺，即起兵聲討，由顏竣撰檄文斥責劉劭，文中有「梟鏡反噬，難發天屬」「凶慢之情，發於齠齔，猜忍之心，成於幾立」「志梟元兇」「逆醜無親，人鬼所背」之辭。書到京邑，劭召延之，示以檄文，問曰：「此筆誰所造？」延之曰：「竣之筆也。」劭又曰：「言辭何至乃爾。」延之曰：「竣尚不顧老父，何能為陛下。」〔註7〕如果不是顏延之巧答妙對，恐怕也不免於難。可見檄文除了言及殺戮，語涉虛誕，有時也會造成想像不到的災禍。而且兩軍對峙，檄文互討，乃軍政常規，成敗之由，並非在此。〔註8〕此或亦李充、顏之推不願子弟為之的原因。

　　李充子李顒的作品，今雖多數亡佚，但從嚴可均《全晉文》卷五三輯本中所存，皆為賦、論、誄之作，或亦秉承家教，有所不為。

　　第四，敘碑文之特質及撰碑名家。

　　李充〈起居誡〉另外提到碑文的問題，他說：「古之為碑者，蓋以述德紀功，歸於實錄也。」又說「中世蔡伯喈長於為碑」認為古代撰述碑文的目的在紀述人物之功德，因此它所記的內容與事實相符。並認為蔡邕擅長撰述碑文。

　　劉勰《文心雕龍》誄碑云：「自後漢以來，碑碣雲起；才鋒所斷，莫高蔡邕」又云：「夫屬碑之體，資乎史才。其敘則傳，其文則銘。標敘盛德，

〔註6〕 王利器《顏氏家訓集解》（臺北：明文出版社，民國72年2月初版）卷四文章，頁241。

〔註7〕 以上參《宋書》卷七三顏延之傳、卷九九二，凶傳。

〔註8〕 沈約《宋書》卷七三顏延之傳，史臣曰：「出身事主，雖義在忘私，至於君親兩事，既無同濟，為子為臣，各隨其時可也。若夫馳文道路，軍政恒儀，成敗所因，非繫乎此。而據筆數罪，陵轢犯逆，餘彼慈親，垂之虎吻，以此為忠，無聞前誥。」（鼎文書局，民國73年元月4版，頁1904）

必見清風之華；昭紀鴻懿，必見峻偉之烈；此碑之制也。」〔註9〕他的觀點基本上與李充是相符的。李充稱古人爲碑有如「實錄」，彥和稱撰寫碑文，有賴良史的才識，都說明碑文雖意在「述德紀功」，但仍以眞實爲美，有如史家撰述歷史，雖有褒辭，不可溢美而誣。

兩漢、三國誡子書，多以勸誡子弟行爲爲主，雖鄭炎勉子「博學著書」，亦未及文學理論之陳說。而李充此誡，雖多殘損，猶述「檄文」「碑文」之特質，以告誡子弟，在李充之前諸家誡，實未見其例。由此可知晉代文學理論已漸漸成爲文士研討的重心，〔註10〕且李充曾撰《翰林論》，對文學理論本有一番獨特的見解，〔註11〕故而才會把這些內容編入「起居誡」中，以訓誡子弟。往後如顏延之〈庭誥〉、張融〈門律自序〉、顏之推《顏氏家訓》文章篇，都重視子弟文章寫作，進而提供自己關於文章的看法給子弟參考。可以想見家訓的內容，不斷隨著時代的脈動而增益或改變，這實是家訓作品內容越來越豐富的一個重要因素。

四、夏侯湛〈昆弟誥〉（附錄 3-4）

夏侯湛，字孝若，譙國譙人。曾祖父夏侯淵，字妙才，追隨曹操，屢建戰功，封博昌亭侯，娶操妹爲妻，長子衡又娶操弟海陽哀侯女，故而特見榮寵，淵於子皆得封侯。祖父威，魏兗州刺史。父莊，淮南太守，娶羊衜女，生夏侯湛。湛少有盛才，文章宏富，美容觀，與潘岳友善，每同行，京都謂之「連璧」。武帝泰始中拜郎中，轉尚書郎，出爲野王令，政清務閑，優遊多暇，因撰〈昆弟誥〉以訓群弟。依文中所言，湛有兄弟共七人，湛爲長，故撰此以誡六弟。

夏侯湛〈昆弟誥〉，與一般家誡、誡子書在形式及內容的陳述上頗有不同。從其題目「昆弟誥」約略可以推知。他勸告的對象是他的六個弟弟——淳、琬、瑤、謨、總、瞻，而訓誡方式全仿《尚書》〈堯典〉、〈皋陶謨〉的體裁，內容的表現因受制於文辭，顯得模糊而不切時事。誥誡之文至於如此，流於

〔註9〕 王更生《文心雕龍讀本》（前引書），上篇，頁 207。

〔註10〕 如陸機有〈文賦〉，摯虞有《文章流別論》等文論之專著，略可明此現象。說可參王運熙、楊明《魏晉南北朝文學批評史》第一編「魏晉文學批評」（上海，上海古籍出版社，1989 年 6 月 1 版）。

〔註11〕 李充有《翰林論》，爲文學批評之專著，說參王運熙前引書第一編第四章第二節李充，頁 149～152。

文士舞弄文墨之另一題材，其實質作用已微乎其微。

全篇內容可分爲兩部分：

第一，曆敘祖先德業，做爲群弟認同家族傳統之榜樣。

他曆敘遠祖滕公，輔佐漢高祖，首創功德；曾祖潛侯，寅亮魏武，開啓土宇，立功安家；祖父穆侯，承先啓後，仕宦傳家。對於他們父親夏侯莊、母親羊姬（爲羊衜女，晉武帝景獻羊皇后姐）〔註12〕的行誼、訓誨，載述尤詳；一則感念父母的養育之恩，一則策勉群弟當崇孝道，以報罔極。文中云：「古之人厥乃千里承師，矧我惟父惟母世德之餘烈，服膺之弗可及，景仰之弗可階，汝其念哉！」可說是對父母最高的推崇。

第二，訓勉群弟修身、愛人。

他用對話引導的方式，首先提示欲承父母之訓，邇而可遠者，唯在修身及愛人。進一步勉勵他們達成此目標的唯一方法就是腳踏實地的去做，他說「不行惟艱，厥行惟易」。這些都是承繼自先賢的典言懿德，歷久而彌新。即使在今天也都堪做爲每一個人奉行的法則。文末則假設群弟各言修身諸德，大略泛言——謙卑、有恆、矜持、勤勞、恭敬、知恥、憂患等涵養，對各種品德的修持方法，並無進一步說明，在訓誡子弟的作用上，恐怕也只有徒具虛文，難收立竿見影的效果。

五、謝混〈誡族子詩〉（附錄 3-5）

謝混，字叔源，小字益壽。祖父謝安，字安石，東晉孝武帝時以功封建昌縣公，拜太保，都督十五州諸軍事，卒諡文靖，更封廬陵郡公。父親謝琰，字瑗度，以功封望蔡公，歷職會稽內史、尚書右僕射、徐州刺史，死於戰陣，諡曰忠肅。琰有三子：肇、峻、混，混最知名，少有美譽，善屬文，尚晉陵公主，襲父爵，歷職中書令、中領軍、尚書左僕射。謝混常與諸族子講論文義，居在烏衣巷，謂之烏衣之遊。詩中指稱謝靈運、謝瞻、謝晦皆謝安兄謝據之玄孫，謝曜、謝弘微皆謝安弟謝萬之玄孫，謝氏家族人才輩出，實亦賴此父兄之時時督促。

此詩主要針對謝混五位族子——靈運、晦、曜、瞻、弘微詩文的優劣做一番評述，冀望子姪於詩文創作能有進益，詩末云：「數子勉之哉，風流由爾

〔註12〕陳壽《三國志》卷九夏侯淵傳注引《世語》曰：「莊，淮南太守……晉景陽皇后姊夫也。由此一門侈盛於時。」（鼎文書局，民國73年6月5版，頁273）。

振，如不犯所知，此外無所懼。」正道出謝混撰文的用意。

他評述謝靈運的作品，說「實有名家韻，若加繩染功，剖瑩乃瓊瑾」，勉勵他撰文須加以修正潤色；評述謝晦，說「穎達且沈雋，若能去方執，穆穆三才順」，勉勵他撰文須去除心中方正固執的偏頗；評述謝曜，說「弱冠纂華胤，質勝誠無文，其尚又能峻」，告誡他，質勝於文，當加強修飾文辭的華美；評述謝瞻，說「采采標蘭訊，直響鮮不躓，抑用解偏吝」，批評他的作品平鋪直述，缺乏含蓄的韻味；評述謝弘微，說「無倦由慕藺，勿輕一簣少，進往必千仞」，勉勵他努力創作，積少成多，終有所成。

謝對諸族子的作品多有批評，唯獨對謝弘微青睞有加，極盡褒美，〈隋志〉四別集載梁有「謝弘微集二卷」，今其詩、文，隻字不存，蓋亦非以詩文名家。而混所以對弘微特加讚賞，其原因蓋有二端：第一，弘微原謝恩子，十歲時過繼爲混兄謝峻之子，以同屬一門故特加親愛。第二，弘微自幼言行舉止已爲混所讚賞，及長「舉止必循禮度，事繼親之黨，恭謹過度。伯叔二母，歸宗兩姑，晨夕瞻奉，盡其誠敬。」〔註13〕我想行爲的良善正是謝混所以移美於詩文的原因。其後混以黨劉毅被誅，弘微親理其家務，若預公事，亦不愧謝混生前相重，而混亦可謂知人。〔註14〕

六、陶淵明〈命子〉〈責子〉〈與子儼等疏〉（附錄 3-6）

陶淵明，一名潛，字元亮，尋陽柴桑人。曾祖侃，字士行，生性聰敏，勤於吏職，以功封長沙郡公。祖父陶茂，武昌太守。父名不顯，在〈命子〉詩中提到父親：「於穆仁考，淡焉虛止，寄跡風雲，冥茲慍喜。」或爲隱居不仕之人。淵明一生不樂仕宦，曾任州祭酒、鎮軍建威參軍、彭澤令，旋皆以故去職，好讀書，常著文章自娛。詩文集十卷，今傳於世。淵明有五子：儼、俟、份、佚、佟，皆不好讀書。所撰〈命子〉期勉長子儼，〈責子〉意在責備五子，〈與子儼等疏〉爲告老傳家之作。

陶淵明關於誡子的作品，傳於世者，有此三篇。其中〈責子詩〉雖未必是寫給子弟看的，但詩中對諸子的責備及評述，頗可以反映淵明對子弟的期許及盼望。因此敘說陶氏的誡子內涵，有必要一併討論。

〔註13〕《宋書》卷五八謝弘微傳，前引書，頁 1592。
〔註14〕同前註，混妻東鄉君云：「僕射平生重此子，可謂知人。僕射爲不亡矣。」

（一）〈命子〉

這三篇當中，〈命子〉之作在時間上比較早，從詩中僅言及長子陶儼，及末章所云「日居月諸，漸免於孩」看來，其撰述大約在陶儼七、八歲之間。〔註15〕詩共分十章，每章八句，依其內容主要有兩個部分：

第一，敘說陶氏祖先的由來及功德。

他首先追溯陶氏的先祖到唐、虞的陶唐氏，夏的禦龍氏，商的豕韋氏，周的陶叔。頗有尋根探源，推崇家族源遠流長的用意。其次分別敘說漢代隨高祖破代封侯的陶居及景帝時丞相陶青他們的功業。最後歷敘曾祖陶侃、祖父陶茂及父親的行誼。〔註16〕對功德尤著的陶侃，更是由衷的讚歎，說他「桓桓長沙，伊勳伊德，天子疇我，專征南國。功遂辭歸，臨寵不忒。孰謂斯心，而近可得。」可以想見淵明仍孜孜以有此曾祖為榮。以此命子，其目的當即期勉子弟能仰觀堂構，步武列祖列宗，並且要負起傳承家風的責任。這與夏侯湛〈昆弟誥〉（附錄 3-4）訓誡諸弟敘說先人德業的手法及涵意是相同的。

第二，命名為儼。並勉「溫恭朝夕」「夙興夜寐」。

他在詩中說「名汝曰儼，字汝求思。溫恭朝夕，念茲在茲。尚想孔伋，庶其企而」又說「福不虛至，禍亦易來，夙興夜寐，願爾斯才」。給他取名為儼，取字求思，希望他如〈曲禮〉所言「毋不敬，儼若思」莊矜自持，並瞻仰孔伋（字子思），無忝所生。〔註17〕而且日常生活態度當溫和、謙恭，凡事當勤勉努力。希望長子陶儼能恪遵訓誨，作為一個有用的人才。

這首詩在表現上，對子弟訓誡的強度稍嫌不足，反倒是述說身為一個父親對子弟深切的盼望之情，描寫得較為深刻而細膩，例如他敘說在未得子前的心境時，說「顧慚華鬢，負影隻立。三千之罪，無後為急。我誠念哉，呱聞爾泣。」以及自己對長子的期許，說「厲夜生子，遽而求火。凡百有心，奚特於我。既見其生，實欲其可，人亦有言，斯情無假。」這與王昶、嵇康等人的〈家誡〉內容，有相當程度的差異。站在訓誡的立場來看，王、嵇的作品應是較具實用價值的，而陶氏〈命子〉則抒情的色彩較濃厚。

〔註15〕此從逯欽立說，見所撰《陶淵明集》附錄「陶淵明事迹詩文繫年」義熙十一年條（臺北：里仁書局，民國 71 年 9 月），頁 223。
〔註16〕說參楊勇《陶淵明集校箋》（臺北：盤庚出版社，民國 68 年 2 月 1 版），頁 32～36。
〔註17〕說參楊勇前引書，頁 38，註 54。引丁福保注。

（二）〈責子〉

〈責子詩〉是淵明責備他五個兒子的作品。他自歎年歲漸老，而五子皆不好讀書，資質平庸，只能以酒澆愁。全詩行文淺白，類似戲謔，況長子阿舒（儼小名）已經十六歲，但「懶惰故無匹」；次子阿宣（俟小名），將近十五歲，然「不愛文術」；雍、端（份、佚小名）十三歲，「不識六與七」；么子通（佟小名）將滿九歲，整天「但覓梨與栗」。面對諸子不好讀書，懶惰成性，淵明把這些歸諸於天命，他說「天運苟如此，且進杯中物」，頗有無可奈何的感慨。從詩中我們也可以得知淵明期許子弟讀書、勤勉的涵意。遊潛《詩話》云：「淵明有命子、責子諸作，蓋自示訓誨意也」〔註18〕其說近是。

（三）〈與子儼等疏〉

淵明這封書信，頗有傳家的意味，他在文中說「天地賦命，生必有死。自古賢聖，誰獨能免」「疾患以來，漸就衰損。親舊不遺，每以藥石見救，自恐大分將有限也。」因而全文用了大半的篇幅述說個人的懷抱及處世態度，後半段才勸勉五子當珍惜兄弟之情，和睦相處。這種勸誡方式與鄭玄〈戒子益恩書〉（附錄 1-8）相當近似，可視爲不樂仕官之知識分子誡子傳家的兩篇代表作品。茲略述其內容於後：

1. 陳說死生有命，富貴在天之理

他引用子夏的話，做爲自己看待「生死」「富貴」的態度，認爲一個人窮達得志與否，無法依意求得，生命的修短、壽夭也是命中註定，不能另有所求。他所以講生命的問題，主要是慰勉子弟不必憂慮，凡人皆當有死，倘有萬一，也是古來賢聖所不能避免的。至於他講「富貴」的問題，主要在自舒懷抱。他敘說自己的個性「性剛才拙，與物多忤」，因而「儴俛辭世」；又言及自己好讀書，常常欣然忘食，並且樂於投入大自然的懷抱。陶氏不樂爲官，出於對心靈自由自在的渴求，這種渴求人皆有之，絕沒有人天生喜歡受人拘束，但淵明所以與眾不同處，在堅持這種心靈的自由，而不在乎失去富貴，即使貧困，也在所不惜，他在〈歸去來兮辭〉序中云：「質性自然，非矯勵所得。饑凍雖切，違己交病。」〔註19〕最能表現他「性剛才拙」，堅持這種自由自在的心態。

但在另一方面，陶淵明是一家之主，對妻子兒女的生活必須勇於負責。然

〔註18〕見楊勇前引書，卷三引，頁178。
〔註19〕逯欽立《陶淵明集》卷五，前引書，頁159。

而爲官雖是解決家庭經濟的好途徑，但與他不受羈絆的個性不合；從農雖性之所好，卻使妻、子不免於饑寒。這個問題總是懸蕩在陶淵明心中，難以兩全，但是他最後仍選擇了後者，因此在文中充滿了對子弟致歉之意，他說「自量爲己，必貽俗患。僶俛辭世，使汝等幼而饑寒」又說「汝輩稚小家貧，每役柴水之勞，何時可免？念之在心，若何可言。」這也是淵明抉擇個人理想的生活方式之餘，所必須面對的現實環境。

2. 勸勉子弟當和睦相處

他在文中勉諸子要和睦相處，同舟共濟。並舉古代鮑叔牙與管仲，分財無猜的精神；歸生、伍舉，班荊道舊的友誼；〔註20〕說明四海之內皆兄弟之義，更何況兄弟情同手足，尤當珍惜。另外淵明希望諸子能兄弟同居、同財，他舉漢末韓元長爲例，說他「身處卿佐，八十而終。兄弟同居，至於沒齒」；又舉西晉氾稚春爲例，說他「七世同財，家人無怨色」。〔註21〕淵明期盼諸子能學習韓、氾的精神，即使做不到，也應該心嚮往之。

淵明誡子三篇，在前後心境上是有不同的。他在〈命子〉詩中歷敘先祖勳德，對子弟的期許很高，希望他「尚想孔伋，庶其企而」。但在〈責子〉中對成長的五子懶惰、不讀書，不免心灰意冷，借酒澆愁，因此在〈與子儼等疏〉裏，已全然看不到他對子弟行爲上的勸誡，只希望他們兄弟和睦相處，同居同財。其前後變化，跟他的五個兒子行爲表現，當有密切的關係。

七、李暠〈手令誡諸子〉〈寫諸葛亮訓誡以勗諸子〉（附錄 3-7）

李暠，字玄盛，隴西成紀人。高祖雍、曾祖柔，仕晉並歷位郡守。祖弇，仕張軌爲武衛將軍、安世亭侯。父昶，早卒，遺腹生暠。暠少而好學，通涉經史，尤善文義，及長，頗習武藝，誦孫吳兵法。身處五胡亂華之際，自立於酒泉、敦煌，晉隆安四年自稱大都督、大將軍、涼公、領秦涼二州牧，建元爲庚子。史稱「西涼」。義熙元年，改元建初，遷都酒泉。〈手令誡諸子〉即撰於始遷之時，後於暇日又寫諸葛亮〈訓誡〉以勗諸子。在當時外敵環伺，暠與諸子固守西北，環境之艱困可以想見。義熙八年病卒，唐人諡曰「武昭王」。暠諸子

〔註20〕鮑叔、管仲事見《史記》管晏列傳，歸生、伍舉事見《左傳》襄公二十六年，參逯欽立前引書，頁 190。

〔註21〕韓元長，名融，後漢韓韶子，漢獻帝初平中大鴻臚；氾稚春，名毓，《晉書》卷九一有傳。說參楊勇前引書，卷七，頁 304，註 20、22。

皆年幼仕宦西京，次子歆繼王位，旋爲且渠蒙遜所滅。

李暠在東晉安帝時建立西涼，地處河西走廊的西半部酒泉、敦煌一帶，轄地較前涼、後涼猶爲窄小，在五胡十六國中，是少數由漢人成立的政權之一。由於地方偏遠，夷狄環伺，終年外患不斷，使李暠有很強烈的憂患意識，這點傾向在兩篇誡子文中有充分表現。另外李暠諸子都年幼仕宦，擔任人民的褓母，長子還要繼承他的王位，因此這兩篇在內容上與一般家誡稍有不同，除共同的修身涵養之外，尤其強調治國理民的方法及態度。茲依序略述其內容於後：

（一）〈手令誡諸子〉

本文除李暠自述立身、處世、治國理念外，對諸子的訓誡，主要集中在第二段。在首段，他言及訓誡的撰述過程說「後事付汝等，粗舉且夕近事數條，遭意便言，不能次比」今依其內容，分爲三項以說明之：

第一，修身。他告誡子弟飲酒宜節制，言語宜謹愼，喜怒之情宜思而後動；勿伐善施勞，勿逆詐億必；不可師心自是，宜廣加諮詢；當從善如流，去惡如探湯；身既富貴，不可驕縱；退朝之暇，宜觀典籍，可知古今成敗之由。

第二，理民。他告誡子弟關於治民方面認爲應當敬老扶弱，體恤民間疾苦，不可放縱左右作威作福。另外盡可能減少刑獄，不得已有訴訟，也當勤於審察，依理評斷，切不可感情用事，恫嚇無辜。

第三，任官。對人才的擇別，應當理性認清對方，要「愛而知惡，憎而知善」，切莫以愛憎用人。至於眾人所惡，也不要輕易相信，當仔細觀察，明瞭眞象。與群臣共處，要遠離佞諛，接近忠正。對下屬的賞罰，宜遵守「賞勿疏漏，罰不容親」的原則。

李氏這些勸告，基本上與傳統儒家修身、治民的觀念相吻合，並無特別之處，唯行與不行，端在子弟的體認深切與否。暠於建初十三年薨，由次子李歆嗣位，改年嘉興，結果「他用刑頗嚴」「繕築不止」，大臣屢勸不聽。後來劉宋代晉，歆出兵攻張掖，群臣勸諫，並不採用，終戰敗而死，未幾國滅。〔註22〕李暠所言「廣加諮詢，無自專用」其子弟似未能遵行，以至身死國滅，這或許也不是李暠所能逆料的。

〔註22〕參《晉書》卷八七涼武昭王李玄盛傳。

（二）〈寫諸葛亮訓誡以勖諸子〉

　　這段文字應是李暠抄寫諸葛亮《訓勵》爲一篇，用以勸勉子弟閱讀的序言。文中言及諸子幼年受任，未能得到完善的教育，因此勉勵子弟觀看諸葛亮《訓勵》、應璩奏諫諸文，認爲「周、孔之教盡在中矣」，不須遠求經典。而且他們的行文淺顯易懂，治國、立身之道相容並蓄，可以做爲師法的準則。

八、其　他

（一）黃容《家訓》

　　《華陽國志》卷十一後賢志常寬傳云：「蜀郡太守巴西黃容，亦好述作，著《家訓》、《梁州巴紀》、《姓族》、《左傳鈔》，凡數十篇。」〔註23〕黃容未見正史載錄，《華陽國志》附於常寬傳後，以同時之好著述者並敘之，則黃容似亦西晉末東晉初時人。〔註24〕所撰《家訓》，散佚無徵，〈隋志〉以下諸目錄皆未登錄，蓋流傳未廣，旋即散亡，僅賴常璩敘巴、蜀人物特詳，故敘及之。清人補《晉書》藝文志諸家，如丁國鈞、文廷式、秦榮光、黃逢元等，並據常《志》錄入，視同諸人「家誡」。〔註25〕黃容以前，撰文訓子，名目雖多，未見以「家訓」名篇者，及《顏氏家訓》大行於世，後人多以此爲家誡通稱。

（二）明岌《明氏家訓》一卷

　　此書首錄于〈隋志〉二史部雜傳：「明氏家訓一卷，僞燕衛尉明岌撰」清人文廷式、黃逢元，《補晉書藝文志》改隸子部儒家，視同家誡。〔註26〕明氏生平不詳，此書亦久亡，嚴可均《全晉文》卷一四九引《北堂書鈔》卷一六〇

〔註23〕任乃強《華陽國志校補圖注》（上海，上海古籍出版社，1987年10月1版）卷一一後賢志，頁660。
〔註24〕常《志》敘黃容事繫常寬之後，與杜龔並列，皆同時人。任乃強云：「黃容、杜龔惟見《常志》。《目錄》不載，未知其縣貫。應皆著書於流離中者。」（前引書，頁661注10）所云流離，即西晉末，巴蜀李特、李雄在梁、益二州建立成漢過程中的戰亂，說詳王仲犖《魏晉南北朝史》（坊間排印本）第三章第三節「流民入蜀與成漢建國」。
〔註25〕見丁國鈞《補晉書藝文志》卷三丙部子錄、文廷式《補晉書藝文志》卷四子部儒家、秦榮光《補晉書藝文志》卷三子部雜光、黃逢光《補晉書藝文志》卷三子錄儒家，四書並收入「二十五史補編」第三冊。
〔註26〕文廷式，前引書，卷四子部儒家；黃逢元，前引書，卷三子錄儒家。二人不依〈隋志〉著錄於史部雜傳，蓋以此書名爲「家訓」，自不同於當時「家傳」「家紀」等專載家族傳記之書。

載其將死誡其子云：「吾所以在此朝者，非要貴也，直是避禍全身耳。葬可理圓石於吾墓前，首引之云：『晉有微臣明岌之塚』以遂吾本志也。」〔註27〕姚振宗《隋書經籍志考證》卷二○雜傳「明氏家訓」條云：「案：前燕慕容暐滅於晉太和五年，岌爲其衛尉黃門郎，東晉時人也。」〔註28〕世昌案：觀明氏自稱「晉有微臣」，又云「吾所以在此朝者，非要貴也，直是避禍全身」，知明氏不得已身事異族，心中仍以晉室爲念。其《家訓》今雖不得見，蓋亦以「避禍全身」爲其宗旨。

中國自五胡亂華，南北分立，北方經歷十六國、北魏、東魏、西魏、北齊、北周的異族統治，漢人爲求自保，家訓撰述的數量規模都比單純生活在東晉南朝的世族來得多而且大。如北魏朝有張烈〈家誡〉千余言、甄琛《家誨》二十篇、刁雍《教誡》二十余篇、楊椿〈誡子孫〉、北齊有魏收〈枕中篇〉等，由南入北的王褒、顏之推也分別撰有〈幼訓〉、《家訓》二十篇，這都顯示時代動盪之中，身處異族統治底下的士族，對家世冠冕的傳承，不敢有恃無恐，故而對子弟的勸告，也才趨向於煩密、多樣化。《明氏家訓》的撰著，應是此類作品的先趨。

（三）慕容廆《家令》

《晉書》卷一○八載記慕容廆傳云：「廆嘗從容言曰：『獄者，人命之所懸也，不可以不愼。賢人君子，國家之基也，不可以不敏。稼穡者，國之本也，不可以不急。酒色便佞，亂德之甚也，不可以不戒。』乃著《家令》數千言以申其旨。」此文亦久亡，清人丁國鈞、秦榮光、黃逢元《補晉書藝文志》始著於錄。〔註29〕名爲「家令」，應也是告誡子弟之文，〔註30〕依本傳所載，其內容蓋勉子弟（一）刑獄關係人命，量刑斷獄，必須謹愼小心，勿枉勿縱。（二）賢人君子爲國家的棟樑，當禮敬之。（三）稼穡農耕，是民生的根本，乃治國當

〔註27〕貝嚴氏《全上古秦漢三國六朝文》（日本京都，中文出版社，1981年6月3版），頁2323。《北堂書鈔》卷一六○石篇引《三十國春秋》云：「燕黃門郎明岌將死誡其子」（臺北：宏業書局景孔廣陶校本，民國63年10月出版，頁786）。

〔註28〕姚振宗《隋書經籍志考證》（北京，中華書局「二十五史補編」，1989年7月5版），頁5360。

〔註29〕參註25。

〔註30〕在此之前，未見有撰文誡子以「家令」名篇者，而《新唐書》卷一六三穆寧傳載：「寧居家嚴，事寡姊恭甚。嘗譔家令訓諸子，人一通。」（鼎文書局，民國74年2月4版，頁5015）是後世亦有以「家令」名篇，訓誡子弟者。

務之急。（四）酒色惡習，便佞損友，對品德修養爲害很大，當戒除之。

（四）慕容皝《典誡》十五篇

　　《晉書》卷一○九載記慕容皝傳：「皝雅好文籍，勤於講授，學徒甚盛，至千餘人……著《典誡》十五篇，以教胄子。」〔註31〕此文亦久亡，丁氏等《補晉書藝文志》始著於錄。〔註32〕皝既親事講授典籍，則其《典誡》蓋大量吸收古籍精華，以勉子弟，有如唐太宗《帝範》約略儒者治國理民之要道以誡子弟。

　　皝爲廆第三子，父子相承，對子弟教育都特別重視，雖出身鮮卑族，卻大量吸收漢文化，以訓誡子弟。其後皝第二子儁於東晉穆帝永和五年（349）即燕王位，第四年（352），入主中原，史稱「前燕」。〔註33〕慕容氏的倔起與他們重視家庭教育應有密切關係。

第二節　劉宋家訓内容分析

　　以下將分析宋文帝劉義隆、顏延之、王僧虔三人的誡子内容。王僧虔歷仕於宋、齊兩朝，在齊的官位尤顯，但他的〈誡子書〉寫在劉宋朝時期，因此攔入此節討論。至於范曄有〈獄中與諸甥姪書以自序〉（嚴可均《全宋文》卷十五），雷次宗有《與子姪書》（嚴可均《全宋文》卷二九）志在自舒懷抱，與誡子書迥別，雖爲家書，並非家訓，故不予論列。

　　其中顏延之〈庭誥〉，爲現存顏之推《顏氏家訓》以前保留最長篇的家訓，頗能代表兩漢諸子書過渡到《家訓》的中介作品，因此論述特詳，多引前後人家訓作品，以比較其内容，可藉此明瞭誡子思想的發展。

一、劉義隆〈誡江夏王義恭書〉〈報衡陽王義季詔〉（附錄 4-1）

　　劉義隆，小字車兒，彭城縣綏輿里人，宋武帝劉裕第三子，景平二年八月即皇帝位，是爲宋文帝，改元元嘉，在位三十年，內清外晏，四海謐如，劉宋諸君中最稱治世。然以事起蕭牆，爲元兇劉劭（文帝長子）所弒。文帝元嘉六年任其弟義恭都督荊、湘、雍、益、梁、寧、南北秦八州諸軍事，並爲荊州刺史，時義恭年僅十七，就任大職，且幼失庭訓，頗染膏粱惡習，故

〔註31〕房玄齡《晉書》（前引書），卷一○九，頁 2826。
〔註32〕同註25。
〔註33〕參王仲犖，前引書，第四章第二節「前燕慕容氏的興衰」。

撰書誠之。另義季爲劉裕第七子，素嗜酒，自義康廢後，遂爲長夜飲，略少醒日，文帝於元嘉二十年間，撰文勸其斷酒。二人皆義隆弟，言辭之間，頗有兄代父教之意。

宋文帝劉義隆（裕第三子）在元嘉六年（429），徵其弟彭城王義康（裕第四子）入朝輔政，原缺都督荊、湘、雍、梁、益、寧、南北秦八州諸軍事、荊州刺史，則改由義恭（裕第五子）擔任。這兩個職務，一則總理朝庭內外政務，一則統領重兵保衛國家，是劉宋政權不輕易假手他人的重要工作。但當時義恭年僅十七，對如何治國理民仍很陌生，而且他自幼受到父親劉裕的特別偏愛，性情褊急，生活奢侈。因而文帝特撰此文，目的在教導他如何做好一個長吏，並且希望他戒除性行上的缺失。茲依其訓誡內容條述於次：

（一）勉弟戒除性行之缺失

1. 戒褊急

褊急謂氣量狹隘、性情急躁。氣量狹隘則不能接納別人的意見，性情急躁則隨欲而行不假思索，如果這種個性上的缺失不能先矯正，則任何進德修業的金玉良言，多說也無濟於事。因此文帝認爲他首先要矯正褊急之失，文帝說「汝性褊急，袁太妃亦說如此。性之所滯，其欲必行，意所不在，從物回改，此最弊事。」〔註34〕並以爲要修正缺失，就要立志裁抑，對心中的欲望，當斷則斷，才是身爲一個大丈夫「贊世成名」所應有的行爲。他並舉古人在性情上表現的優劣，做爲義恭學習及警惕的對象。他讚美漢高祖劉邦，〔註35〕豁達大度，成爲美德；批評魏武帝曹操，猜忌褊急，終爲所累。並舉西門豹性急，佩韋以自緩；董安於性緩，佩弦以自急。〔註36〕來說明本性的缺失可以由個人意志加以改變。而相反的任由偏頗的個性發展，不知警惕，就如同關羽、張飛以短取敗。〔註37〕可知性情的偏失，足以影響一個人的行

〔註34〕 袁太妃，即義恭生母。文帝以兄長身分告誡其弟，對他缺失的指摘引用其母親的說法來印證，比較俱有說服的效用。

〔註35〕 「豁達大度，漢祖之德」句，《建康實錄》卷十二太祖文皇帝元嘉六年引此文「祖」作「主」（上海，上海古籍出版社，1987年10月1版，頁313），則謂劉備。

〔註36〕 劉義隆書云「西門、安于，矯性齊美」，典出《韓非子》觀行：「西門豹之性急，故佩韋以自緩；董安于之心緩，故佩弦以自急。故以有餘補不足，以長續短之謂明主。」（陳奇猷《韓非子集釋》，臺北，世界書局，民國70年3月3版，卷八，頁479。）

〔註37〕 劉義隆書云「關羽、張飛。任偏同弊」，見《三國志》卷三六關、張本傳陳壽評曰：「關羽、張飛皆稱萬人之敵，爲世虎臣。羽報效曹公，飛義釋嚴顏，並

為，進而左右其品德修養。而古來聖賢並非生而道德完備，仍須依靠後天的認知及涵養，如西門豹、董安於都是能針對其缺失而時時刻刻提醒自己改正的人，因而名揚後世。關羽、張飛則適得其反，雖勇當萬夫，為世虎臣，但關羽剛猛而自矜，張飛殘暴而少恩，終遭敗亡。文帝希望義恭能體察前人成敗之由，並且在日常生活當中都要謹記在心，以期革除褊急之性。

2. 戒奢侈

奢侈是古來膏粱子弟容易犯的毛病，而義恭年少得志，生於深宮之中，未知民生疾苦，史傳稱他「驕奢不節」「奢侈無度」，〔註38〕因此文帝從日常費用、居所、衣著等各方面告誡他，希望他能有所節制。

（1）自己一個月的費用，不可超過三十萬。

當時義恭的母親袁太妃隨子就任，而袁氏一切費用由文帝另外支付，因此文帝說「今既進袁太妃供給，計足充諸用，此外一不須復有求取」告誡他不可假借太妃的名義，再有求取。另外如果犒餉軍隊，自己費用不足，則當節省用度，自己每個月開支，決不可超過三十萬。如能減省於此，更佳。

（2）居所不可日求新異

文帝告誡他，在江陵（荊州刺史治所）的官舍，園池堂觀，無須改作。如果有什麼不便，也要小心整修，而應以整修一次為原則，決不可勞民傷財，日求新異。

（3）對部屬的賞賜宜多斟酌

文帝告誡他，爵位、財物應善加珍惜，不可隨意賜予。尤其是對親近的人，尤應斟酌。他舉自己為例，認為他對待左右，雖為少恩，但外人對他的評價，並不認為不對。以此希望義恭在賞賜部屬的用度能盡量減少。

（4）其他生活習慣的告誡

文帝另外勸他，「聲樂嬉遊」，不可過度；賭博、飲酒、馳騁畋獵皆不可為；「奇服異器」，不可沈迷；嬪侍左右，已有數人，不可始至江陵，又有所納。

（二）勉弟為政理民之道

1. 勉弟共體時艱，秉承王業。

有國士之風。然羽剛而自矜，飛暴而無恩，以短取敗，理數之常也。」（前引書，頁 951）。
〔註38〕見《宋書》卷六一武三五傳，前引書，頁 1640、1651。

　　南朝宋承繼東晉江山，偏安江南，北魏則一統北方，對南朝構成威脅。因此荊州以居於上游，軍事地位頗爲重要，劉裕遺詔諸子次第居之。〔註39〕義恭以十七歲少年，居此重任，因而文帝告訴他「汝以弱冠，便親方任。天下艱難，家國事重，雖曰守成，實亦未易。隆替安危，在吾曹耳，豈可不感尋王業，大懼負荷。」並要他深自砥礪，思而後行，開誠布公，親禮國士，乃可以深得臣民擁護。另外，文帝又提及，萬一己有不諱，幼主嗣立，司徒義康當行周公撫育成王之事，彼時天下安危全繫於二位弟弟身上。怎能不策勵自己，力圖振作。

2. 勉弟勿以貴陵人，宜勤接賓客，禮賢下士。

　　他在文中說「以貴陵人，物不服；以威加人，人不厭」告誡他不可仗恃自己的尊貴，作威作福。進而尤應禮賢下士，切莫驕侈矜尚，他舉漢代大將軍衛青爲例，稱說他「遇士大夫以禮，與小人有恩」是值得師法的對象。至於具體方式他認爲「常宜早起，接對賓侶，勿使留滯……下月及夜，自有餘閑」。

3. 勉弟宜親近佐吏，以廣視聽。

　　文帝以爲身任長吏，宜多接近下屬，次數太疏則彼我不親，彼我不親則不能使人盡其情，如此則無由知眾人之事。因此要廣引視聽，須先從親近佐吏下手。

4. 勉弟凡事皆當慎密。

　　文帝以爲不論君臣，皆當守密。尤其屬下進言，胸懷至誠，所陳尤不可漏泄，這樣才對得起他們忠貞不二的情款。他引用「君不密則失臣，臣不密則失身」告誡他守密的重要。另外對於屬下相互詆毀，則要仔細明察，切不可輕易聽信。

5. 勉弟聽訟不可獨斷專行，宜採納眾議。

　　文帝以爲訟獄論斷，難可預料，如能在問訊案情前一、二日與劉湛等人共同參詳，則當大有幫助。而審問當時，則盡可能諮問左右，謙恭爲懷，千萬不可參雜個人喜怒的成分，只要能擇善而從，美譽自然歸於自己。決不可師心自用，以求獨斷之明。萬一如此，必有悔恨。

　　另宋文帝〈報衡陽王義季詔〉，旨在勸其麼弟義季戒酒。義季本嗜酒，自其

〔註39〕《宋書》卷六八武二王傳：「高祖（劉裕）以荊州上流形勝，地廣兵強，遺詔諸子次第居之。」（前引書，頁1798）。

兄彭城王義康被免爲庶人之後，尤縱酒無度，本傳稱「遂爲長夜之飲，略無醒日」〔註40〕故而文帝下詔勸止。此詔不言飲酒之功用，一以戒酒改過爲訓，與王肅（附錄2-2）、嵇康（附錄2-6）、諸葛亮（附錄2-8）諸人誡子之心態有異，另具一番風貌。其內容約可分爲三點：

（一）飲酒傷生

他說「此非唯傷事業，亦自損性命，世中比比，皆汝所諳」文中舉長沙兄弟，皆以嗜酒而亡爲例，〔註41〕告誡他飲酒不僅有礙事業，且易損及生命。

（二）戒酒有助於身體復原

文帝舉將軍蘇徽爲例，說他耽酒成疾，命在旦夕，後來文帝命其戒酒，並以藥膳治療，到今天已能站立。

（三）戒酒不難，端在立志割捨

文帝以爲節制飲酒，絕非難事，只因嗜好者不能立志割捨而已。他舉晉元帝爲例，說他雖貴爲人君，尚能有感於王導的勸誡，終身不復飲酒。

義季接獲第一封詔書，仍然「酣酒如初，遂以成疾」文帝於是又寫一封信告誡他，並差遣道士孫道胤、楊佛等人，爲他調理藥膳，冀望他的身體好轉。前後二詔情眞語切，實非一般御用文士代主行文者可比。

二、顏延之〈庭誥〉（附錄4-2）

顏延之，字延年，琅邪臨沂人。曾祖顏含，東晉右光祿大夫，封西平縣侯，諡曰靖。祖約，零陵太守。父顯，護軍司馬。延之少孤貧，好讀書，無所不覽，文章之美，冠絕當時。歷仕劉宋武帝，少帝、文帝、孝武帝朝，仕至金紫光祿大夫，卒諡「憲子」。〈庭誥〉爲延之於元嘉十一年至十七年間，免官去職，屏居里巷，閑居無事時所撰，用以訓誡諸子。延之有四子：竣，孝武帝吏部尙書，封建城縣侯；測，官至江夏王大司徒錄事參軍；㚟，歷仕記室參軍、濟陽太守、中書侍郎；躍，生平不可考。延之除了撰此〈庭誥〉，日常生活也屢次借機教訓子弟。其長子顏竣，孝武帝在藩時，爲撫軍主簿。其後元兇劉劭弒文帝，孝武舉兵入討，內外諸事，總任於顏竣，及孝武踐阼，

〔註40〕《宋書》卷六一武三王傳，前引書，頁1654。

〔註41〕長沙兄弟未詳何人。劉裕弟道憐封長沙王，子義欣嗣，兄弟六人。見《宋書》卷五一宗室傳。

倍受禮重，權傾一朝，位極人臣。延之居於舊宅，凡所資供，一無所受，見竣起宅，謂曰：「善爲之，無令後人笑汝拙也。」並常語竣：「平生不喜見要人，今不幸見汝。」皆可以概見延之雖生性不護細行，對子弟貴盛，仍孜孜不以爲善。又文帝曾問延之，諸子誰有其風，延之云：「竣得臣筆，測得臣文，㷀得臣義，躍得臣酒。」據史傳所載，竣、測確實皆以文章見長，㷀亦任事有稱，唯躍不可考，據此也得知延之對諸子的關懷與瞭解。

顏延之〈庭誥〉是顏氏訓誡子弟的專論，內容涵蓋較廣，諸如修身、治家、處世、文章、佛道思想等都曾論及，是《顏氏家訓》以前，現存最長篇的家訓作品。但歷來對此文的研討多集中在《弘明集》所引佛、道比較的問題，〔註42〕以及《初學記》所引文學理論的問題，〔註43〕這些並不能滿足我們對〈庭誥〉全文的瞭解。同時顏延之寫此文的目的，既是告誡子弟，而大半的篇幅也多涉倫理的範圍，我們自然必須針對這個核心來討論，才更能表現顏氏撰文的用意。另外對「家訓」的研究者，如守屋美都雄〈六朝時代の家訓について〉〔註44〕、周法高〈家訓文學的源流〉〔註45〕所涉及的題材頗多，觀點也很有創獲性，仍無暇著力於〈庭誥〉內容的解析。因此分析〈庭誥〉內容，凸顯它在「家訓」思想、文學上的地位，尤能切合顏延之撰寫此文誥子之用心。茲就其現存篇章內容分爲（一）名篇（二）立志（三）治家（四）處世（五）嗜欲（六）論文（七）數相（八）佛道（九）總結九部分以討論之。

（一）名　篇（附錄4-2-1）〔註46〕

延之在全文首章，即標示「庭誥」二字之命義及撰述動機。他把「庭誥」

〔註42〕如木全德雄「顏延之の生涯と思想」（日本中國學會報第十五集，1963年10月出版，頁139～140）。黃水雲《顏延之及其詩文研究》（臺北：文史哲出版社，民國78年5月初版），頁105～107等是。

〔註43〕如倪台英《顏延年及其詩文研究》（淡江學報第十三期，民國64年1月），頁473，王運熙、楊明《魏晉南北朝文學批評史》（上海古籍出版社，1989年6月1版），頁207～209等是。

〔註44〕收入東洋史研究叢刊之十九《中國古代の家族と國家》（日本京都大學文學部東洋史研究會，昭和40年10月發行），頁461～496。

〔註45〕周法高〈家訓文學的源流〉上、中、下，大陸雜誌二卷2～4期，民國50年1～2月。

〔註46〕因《庭誥》原文較長，爲說明各部分撰述依據，例於分題下標示附錄中原文分段代號，可參閱之。下並同此，唯省除前碼，標示最後一碼。

當作只是告誡家門中子弟的訓示，決不敢衡諸世人而皆準，所以他謙虛的說「施於閨庭之內，謂不遠也。」自己年紀大了，隨時都可能離開人世，又害怕匆促之間，子弟們沒來得及聽聞父訓，因而撰述此文，好讓家門中有所依循。

「庭」即中堂，今謂之大廳、客廳，古代庭位於屋室中間，故〈說文、廣部〉謂之「宮中」。〔註47〕「誥」謂告誡之文，《尚書》有〈仲虺之誥〉、〈康誥〉、〈酒誥〉，皆告誡訓示的話。延之用「庭誥」名篇，蓋據孔子嘗獨立於庭，其子鯉趨而過之，因藉機訓勉其子當學詩、禮，以立以言的典故，〔註48〕後人因稱父教爲「庭訓」，也是根據於此。

延之接著說明他撰述此文的方針及取捨原則，像「立履之方，規鑒之明」一類立身、履行、規範、鑒戒的具體行爲，是一般人都明瞭的準則，不再贅言。他所要說的全是他平日生活經驗累積得來，而且這些問題都有待於人心思維才能洞察透徹、明辨是非，這與「通人之規」有很大不同。他又說勸勉訓誡，當以專精爲主，原不勞煩瑣繽密，他之所以備舉眾議，是要預防很多設想不到的事情發生，就如同以網捕鳥，網住鳥只靠一個網目就夠了，但只用一個網目的網子捕鳥，就永遠別想抓到他們。這就是他「備議」的用意所在了。

上述內容在《宋書》爲一段（附錄4-2-1），當是〈庭誥〉原著的序，我們看一看顏之推《顏氏家訓》中序致篇說：

> 夫聖賢之書，教人誠孝，慎言檢跡，立身揚名，亦已備矣。魏、晉已來，所著諸子，理重事複，遞相模斅，猶屋下架屋，床上施床耳。吾今所以復爲此者，非敢軌物範世也，業以整齊門內，提撕子孫。夫同言而信，信其所親；同命而行，行其所服。禁童子之暴謔，則師友之誡不如傅婢之指揮；止凡人之鬥閱，則堯舜之道不如寡妻之誨諭。吾望此書爲汝曹之所信，猶賢於傅婢寡妻耳。〔註49〕

同樣提到了撰文的目的在訓誡子弟，整齊家門。只是顏之推在序文中又提出了父教子的特殊功用，把「家訓」的作用形諸於理論，較之〈庭誥〉所言更爲周密，這或許就是「前修未密，後出轉精」的道理吧。然而〈庭誥〉序文

〔註47〕段玉裁《說文解字注》（臺北：漢京文化事業有限公司，民國69年3月），頁448。

〔註48〕見邢昺《論語注疏》卷十六季氏，（臺北：藝文印書館，《十三經注疏》本，民國70年元月8版），頁150。

〔註49〕王利器《顏氏家訓集解》（臺北：明文書局，民國71年2月），頁19。

卻也表現出特意撰文，以訓子弟的風氣逐漸普遍，已不同於以往口語、家書的形態。這種撰文以訓子弟的流行，依現存資料來看，大約興起於三國時代，以曹魏時殘存撰述「家誡」爲名者，即有王肅、王昶、杜恕、嵇康等人，唯斷簡殘編，未若〈庭誥〉首尾之尙稱完合。其備議諸事之形式，對後世「家訓」作品有一定的影響。

（二）立　志（3）

延之以爲言行舉止當以施之久遠，堪垂典範爲目標。故而人身僅長八尺，卻常胸懷世界；年壽僅數十年，每以金石不朽自況。我們從古代先賢留下的勸戒及前輩的訓示中可以得知，他們在一些不起眼的器具上都刻上「子子孫孫，永寶用」〔註50〕之類，期勉子孫永保不朽的話；晚年時修飾自己的行爲，總以可長可久，堪垂典範爲職志。更何況「樹德立義，收族長家」這樣重要的大事，怎能不以流傳久遠，永垂不朽爲職志呢？

在這裏延之強調「樹德立義」及「收族長家」二事，前者是個人行爲範疇，屬「修身」的課題；後者爲個人對家族的責任範疇，屬「齊家」的課題。從歷來「誡子書」「家訓」等文獻內容來看，也多半局限在這兩個主題之中。〔註51〕我們從現存〈庭誥〉全文來看，如治家、處世、飲酒、服飾、數相、讀書、撰文、論文、佛道等無非是「修身」的方法、過程及細節，以及「齊家」的某些問題，對於「治國」「平天下」聖賢再三強調的理想社會追求，略無所見。或者這就是教子與教人的訴求有所不同的緣故，也是古人「易子而教」的重要原因吧！

（三）治　家

本節將延之關於「教子」「理財」「待下」「貧富」「職業」等問題，並列入治家的範圍，「職業」問題因係維持家庭之存續，且古來父子工作性質相類，因欄入此節討論。

〔註50〕此先秦鐘鼎銘文文末常見之期許語，參見清王昶《金石萃編》卷三周代諸銘文（臺北：台聯國風出版社，民國53年7月），頁67～77。

〔註51〕如漢高祖手敕太子勉學（附錄1-1），東方朔誡子「明者處世，莫尚於中」（附錄1-2）、劉向誡子歆無驕佚（附錄1-4），馬援誡子兄不可言人之過（附錄1-5），鄭玄戒子益恩「敬慎威儀，以近有德」（附錄1-8），王昶誡子姪「寶身全行」「孝敬仁義」（附錄2-3）等皆爲「樹德立義」之方；而陶潛勉諸子兄弟同財之義（附錄3-6），王筠與諸兒書，勉子不失家風（附錄6-4），顏之推《家訓》「教子」「兄弟」「後娶」「治家」諸篇，皆申「收族長家」之理。

1. 教　子（4）

　　他首先對身教的問題提出他的看法，他說：身為人父兄，行為未必可以當作子弟們的典範，如此並不意謂著父兄的行為與子弟毫無關係。他認為想要使子孝弟悌的關鍵仍在父兄的態度，故而強調「欲求子孝必先慈，將責弟悌務為友」的理論。而且他進一步說明「孝」與「慈」、「悌」與「友」雖未必有互為因果的關係，但父慈兄友確實可以培育出子孝弟悌的行為。〈顏氏家訓・教子〉云：「父母威嚴而有慈，則子女畏慎而生孝矣。」〔註52〕又〈治家〉云：「夫風化者，自上而行於下者也，自先而施於後者也。是以父不慈則子不孝，兄不友則弟不恭，夫不義則婦不順矣。」〔註53〕強調家庭之中倘自身不能盡其應盡之義務，則子弟亦不能修所當修之品德。就慈能生孝、友能立悌的觀點，兩人的看法是相承襲的。

　　反觀父慈子孝、兄友弟恭，原是我國古來理想的家庭倫理，如《左傳》昭公二十六年，晏子對齊侯語有「父慈子孝，兄愛弟敬」又「父慈而教，子孝而箴」〔註54〕的話，〈禮記、禮運〉將「父慈、子孝、兄良、弟弟」〔註55〕列入人義之中，皆為獨立當然的倫理陳述，罕見有以慈友、孝恭做為一種相對立互有因果的連帶關係，這與〈大學〉所謂「上老老而民興孝，上長長而民興弟」〔註56〕的身教理念，頗有不同。但我們如果站在延之的立場，父親告誡子弟，如何教導其幼子，是延之責幼子之父以慈其子，責弟之兄以友其弟，就可以理解二顏之立論，〈大戴禮・曾子立孝〉所謂「與父言，言畜子，與子言，言孝父；與兄言，言順弟；與弟言，言承兄」〔註57〕是也。然以慈植孝，以友立悌仍有其缺失，說見後。

2. 理　財（（10）（17））

　　延之對理財的看法，言簡而意賅，他提出了四點原則：第一，納稅宜早，可免官吏催討；第二，無關緊要的花費，不必急著去做，可平息流言非議；

〔註52〕王利器，前引書，頁25。
〔註53〕王利器，前引書，頁53。
〔註54〕楊伯峻《春秋左傳注》（臺北：源流出版社，民國71年3月初版），頁1480。
〔註55〕孔穎達《禮記正義》（臺北：藝文印書館，《十三經注疏》本，民國70年元月8版），頁431。
〔註56〕朱熹《四書集注》（臺北：漢京文化事業有限公司，民國70年10月），頁26。
〔註57〕王聘珍《大戴禮記解詁》卷四（臺北：文史哲出版社，民國75年4月初版），頁81。

第三，看收成的多寡，以量入爲出；第四，生活力求節儉，在減少開支之後，所餘當用以救濟別人。

延之進一步談到救濟別人與接受救濟的心態，頗有新意，人如果都等到富有才去接濟別人，恐怕永遠也沒有付諸實現的一天，因此他說「與不待積」「贍人之急，雖乏必先」是有道理的。至於受救濟者，也不可期望過多，要人人皆散千金，實在是不可能的事。他認爲施捨要如王丹，受施要如杜林，是兩個理想的典範。這二人的事蹟並見《後漢書》卷二七：王丹「家累千金，隱居養志，好施周急。每歲農時，輒載酒肴於田閒，候勤者而勞之。其惰嬾者，恥不致丹，皆兼功自屬。邑聚相率，以致殷富……沒者則賻給，親自將護，其有遭喪憂者，輒待丹爲辦，鄉鄰以爲常。行之十餘年，其化大洽，風俗以篤。」〔註58〕王丹的施捨能導致「邑聚相率，以致殷富」「其化大洽，風俗以篤」確實難能可貴。另杜林受施，見李賢注引《東觀漢記》：「（杜）林與馬援同鄉里，素相親厚。援從南方還，時林馬適死，援令子持馬一匹遺林，曰：『朋友有車馬之饋，可且以備乏。』林受之。居數月，林遣子奉書曰：『將軍內施九族，外有賓客，望恩者多。林父子兩人食列卿祿，常有盈，今送錢五萬。』援受之，謂子曰：『人當以此爲法，是杜伯山所以勝我也。』」〔註59〕言杜林能受薄而厚報，也是常人所難以企及之行逕。

嵇康〈家誡〉、顏之推〈家訓·省事〉並述及施捨，嵇氏以爲當「權其輕重」（附錄 2-6），顏氏以爲「當以仁義爲節文」，〔註60〕皆以施捨者之立場發論，告誡子孫施捨宜善加斟酌，於無理請求，不可輕竭。與延之略述施受之心態，有所不同。孔子所云：「周急不濟富」，〔註61〕就此而言，三者之理念是一致的。

3. 待　下（（12）（9）（11））

自東晉偏安江南，士大夫階級多不參與農事生產，家有農田者，則委諸僕役代勞，這種現象可從顏之推〈家訓·涉務〉中看出：「江南朝士，因晉中興，南渡江，卒爲羈旅，至今八九世，未有力田，悉資俸祿而食耳。假令有者，皆信僮僕爲之。」〔註62〕生活在此大環境中的延之，基本上認同這樣的

〔註58〕范曄《後漢書》（前引書），頁930。
〔註59〕同前註，頁936。
〔註60〕王利器，前引書，頁311。
〔註61〕邢昺，前引書，卷六雍也，頁51。
〔註62〕王利器，前引書，頁936。

生活方式，他在〈庭誥〉中說：「饘溫農飽，民生之本，躬稼難就，止以僕役為資。」（附錄 4-2-9）又說「雖有勸恤之勤，而無沾曝之苦」（同上）他並不勉勵子弟從農，反而教導他們如何對待僕役，這與之推《家訓》的看法頗有不同。之推恥於當代士大夫不涉農桑，他在〈涉務〉篇中一方面重申農事的重要說：「古人欲知稼穡之艱難，斯蓋貴穀務本之道也。夫食為民天，民非食不生矣，三日不粒，父子不能相存。耕種之，茠鉏之，刈穫之，載積之，打拂之，簸揚之，凡幾涉手，而入倉廩，安可輕農事而貴末業哉？」〔註 63〕另一方面又譏刺江南朝士說：「未嘗目觀起一墢土，耘一株苗，不知幾月當下，幾月當收，安識世間餘務乎？故治官則不了，營家則不辦，皆優閑之過也。」〔註 64〕在此之推似乎以知農事自許，而又勉子弟當涉略農事，不可過於優閑。然而之推也僅期許子弟「涉略」之，並不容許自己的孩子專門從事農耕的工作，甚且頗有鄙視之辭，他在〈勉學〉篇中說：「雖百世小人，知讀《論語》、《孝經》者，尚為人師；雖千載冠冕，不曉書記者，莫不耕田養馬。以此觀之，安可不自勉邪？若能常保數百卷書，千載終不為小人也。」〔註 65〕他以為不讀書的人才會淪落到耕田養馬，深戒子弟勿蹈此流。或許之推忽略了前言所論「末業」，己身實當之，此刻所言小人，反而專事務本。這豈不是一種矛盾的理論？若究其原因，實不外乎偏私於其子而已，從農勞且苦於貧，任仕閑而擅豐麗，人皆欲其子擅豐麗，不願其子苦於貧，至其涉務之說，隨文鋪衍，有如鼌錯〈論貴粟疏〉，原沒料到兩者之衝突。反觀延之不期勉子弟務農桑，反誥子當尊重僕役，使上下和諧，各得其所。這恐怕是更務實的態度。

　　在延之的觀念中，人人的資質並沒有太大差異，僕役只因等級身分的不同，而屈居次品。他告戒子弟不可輕侮僕役，因為他們同樣是人，由於「業習」（謂工作性質及成習）及「世服」（謂世代相承的等級認知）的浸染，才隱沒了他們與生俱來的智慧及靈性。這種尊重生命的作風，是頗為難得的。陶淵明擔任彭澤令時，未帶家眷就官，曾送一個苦力回家幫忙，且寫信告戒他的小孩說：「汝旦夕之費，自給為難，今遣此力，助汝薪水之勞。此亦人子也，可善遇之。」〔註 66〕淵明營生艱難，猶告子以善待僕役，頗有悲天憫人

〔註 63〕同前註。
〔註 64〕同前註。
〔註 65〕王利器，前引書，頁 145。
〔註 66〕事見元初李公煥《箋註陶淵明集》卷十昭明太子撰〈陶淵明傳〉（臺北：商務印書館景《四部叢刊》正編，民國 68 年 11 月台 1 版），頁 93。

之情懷。延之與淵明相友善，蓋所謂志同而道合，於此小可略見一斑。

除此之外，人難免有旦夕禍福，不可因爲當前生活優渥，就忽略了可能發生的橫逆困阨。倘能在衣食溫飽無缺之餘，多爲下人著想，也算是一種仁恕的表現，這種善體僕役的工夫，雖也要花一些心思，但總比倉卒間頓失依靠，「比肌膚於草石，方手足於飛走」〔註67〕的生活，要來得好一些。

至於對待僕役的具體措施，他以爲應顧慮他們是否心甘情願，而且要照顧他們的衣食。除了訂定他們應該完成的工作以外，也要注意工作性質繁重與輕易之間的適度調配。原則上，總以嘉勉與慰勞爲先，捶打與責罵爲後。

爲了預防不必要的主僕衝突，他認爲身爲主人首當瞭解僕役的想法，洞察隱情，凡事要設身處地站在他們的角度來衡量。否則只知道苛求對方，只見其失，未見其可，那麼你的態度即使「威烈雷霆」，他們的缺失仍舊「明灼日月」，同樣不能禁止他們因不滿而引起的失序行逕。所以他引俗話說：「屏焉則差，的焉則闇」意思是否定他們的能力，使之自立自強，則愈差失；彰顯他們的過錯使之明恥更新，則愈頑冥。因此延之提出用「禮」善待，不可以「法」嚴管，如此才能相處親厚，家室以興。

至於賞罰方面，他主張不可濫罰，不可偏惠，因爲濫罰的結果，易導致他們動則得咎，無所適從，自己也不能針對他們重大過失給予警戒禁止；而偏惠，易令僕役心有不平，甚或競相排斥，徒生事端，故而不如無惠。我想延之所戒濫罰及偏惠，是指單憑個人好惡去實施賞罰而言，如此非但不能有勸勉或警惕的作用，反而容易招來是非。

4. 貧 富（（8）（23）（29）（30））

在治家的範疇中，經濟運作是一大課題，它關係乎家庭生活的基本需求及延續，因此維持一個家庭的存在及發展，就不得不涉及財務上的收支問題。前文所述「理財」的部分，就是探討這方面的。但社會上諸多因「貧富」而引起的紛爭仍層出不窮，這些紛爭的產生，不是基本需求的有無所引發的，而是貧富的問題。世上有人富裕，有人貧困；有人工作輕易，卻能犬馬食粱肉；有人

〔註67〕此蓋謂從事勞苦工作之農夫。《太平御覽》卷三八二醜丈夫引崔駰〈博徒論〉曰：「博徒見農夫戴笠持耒，以芸蓼茶，面目黧黑，手足胼胝，膚如桑朴，足如熊蹄，蒲伏璧敏（畝），汗出調泥。乃謂曰：『子觸熱耕芸，背上生鹽，脛如燒椽，皮如領革，錐不能穿，行步狼跋，腳庹脛酸。謂子草木，支體屈伸，謂子禽獸，形容似人。何受命之薄，稟性不純。』」（臺北：平平出版社景四部叢刊三編本，民國64年6月初版，頁2055）

工作勞苦，僅能充腹填饑。同樣是人，同樣的工作，卻得到不同的生活待遇。這自然容易引人廣泛的討論，甚或迷惘。

延之對「貧富」的見解，以爲關鍵在人心如何自處。他的〈庭誥〉從「現象」的說明，進而談論如何自處，再針對世俗的一些疑慮提出他的看法。延之以爲人間有「富厚」「貧薄」，不只是從社會現象去看是如此，實在也是一種自然而然的道理。人不可能都富有，也並非可以自己選擇富有。因此強迫自己去貧求富，或妄想財神光臨，那都是不明白自己本分的表現。

然而就富容易，處貧難，如他文中所言「形色粗駁」「神心沮廢」「交友疏棄」「家人誚讓」都是貧困所以難處之原因，昔蘇秦說秦王，不見用，「黑貂之裘弊，黃金百斤盡，資用乏絕，去秦而歸。羸縢履蹻，負書擔橐，形容枯槁，面目犁黑，狀有歸色。」〔註68〕「大困而歸，兄弟嫂妹妻妾竊皆笑之，曰：周人之俗，治產業，力工商，逐什二以爲務。今子釋本而事口舌，困，不亦宜乎！」〔註69〕似乎就是延之狀貧之人。只是蘇秦遭辱，則苦讀以說人主，終配六國相印。而歷來由貧困以至富貴者多矣，延之並無置言，反而認爲「處貧」，釜底抽薪人皆可至的方法，必須心懷古人之道，而其目標則需上同古人。文中云「昔有琴歌於編蓬之中者」蓋謂孔子弟子原憲。〈莊子・讓王〉載原憲，居於魯國，房子僅有四面牆壁，用茅草覆蓋屋頂，用蓬草編作門扉，以桑條權充門樞，以破甕鑲入牆中成爲窗戶，夫妻二人各居一室。每逢下雨，上漏下濕，仍端坐彈琴，自得其樂。〔註70〕原憲雖貧，而不以爲病，猶能正坐弦歌，樂在其中。此蓋心有足於內，故能不議於外。

因此他以爲「懷古」的效用，尚不止於免除憂患，甚且可以樂在其中。孔子在回答子貢「貧而無諂，富而無驕」的問題時，曾說：「未若貧而樂，富而好禮」，〔註71〕孔子以爲處貧的更高境界是樂道，〔註72〕延之教子持同此論，他說：

> 能以懷道爲念，必存從理之心。道可懷而理可從，則不議貧，議所

〔註68〕劉向《戰國策》（臺北：里仁書局，民國71年1月），卷三，頁85。
〔註69〕司馬遷《史記》（鼎文書局，民國74年3月7版）卷六九，頁2241。
〔註70〕郭慶藩《莊子集釋》卷九下：「原憲居魯，環堵之室，茨以生草；蓬戶不完，桑以爲樞；而甕牖二室，褐以爲塞；上漏下溼，匡坐而弦。」（臺北：漢京文化事業有限公司，民國72年9月，頁975）。
〔註71〕邢昺，前引書，卷一學而，頁8。
〔註72〕邢昺《論語注疏》引鄭玄注「貧而樂」云：「樂謂志於道，不以貧爲憂苦。」（前引書，頁8）。

　　　　樂爾。或云：「貧何由樂！」此未求道意。道者，瞻富貴同貧賤，理
　　　　固得而齊。自我喪之，未爲通議，苟議不喪，夫何不樂。

道者，人世間最高的行爲準則，也是古代哲人努力探求的內涵，如儒家講求仁義，道家崇尚自然，佛教證悟涅盤，皆視富貴同貧賤，倘能心慕其道，則非但無貧苦之悲，更能樂於自己的信仰。另外延之對一般人可能的質疑「饑寒在身，空曰從道，取諸其身，將非篤論」做一說明。基本上兩者的立論並沒有交點，質疑者以物質生活的缺乏，必不能從事精神生活的充實爲出發點，認爲一個身處饑寒的人，不能空言古人至德要道；而延之則就精神生活的培養，並不妨礙基本生命的存續爲出發點，認爲「十旬九飯，業席三屬」也不能使人饑寒。從此可以看出，質疑者的終極目的，不在無饑寒，而在富貴榮生；故而延之的回答，偏重於物質生活的知足，不在饑寒可否從道的解說。他的論點我們可以歸納如下：

　　（1）維持生命的基本需求不多，而年壽多寡與貧富實不相涉。
　　（2）精神生活的充實，比物質生活的豐腴更爲重要。
　　（3）節約用度，可使家用充足。
　　（4）貧富的差距，只是一種感覺上的滿足與缺乏而已，至於三餐在米糧
　　　　　上的消耗，並無差別。
　　（5）肯定自己的行爲目標，洞察天地間的眞理，則精神自然旺盛，物質
　　　　　生活的缺乏，也就不會放在心上。

　　綜上所言，延之以爲富貴貧薄乃自然現象，當身在貧薄時，不需枉求富貴，急於去貧，而當明白如何處貧。至於處貧的方法，不外乎心懷古人之道，進而上同古人。如此不僅可以免除貧困之憂，甚且可得通道之樂。而轉憂爲樂的關鍵，即在於變化物質生活的依賴，投向精神生活的充實。一個人倘能肯定自己的行爲，豐腴精神享受，即可無視貧薄的存在。

5. 職　業（25）

　　家庭經濟的維繫，有賴於工作的收入，故而將延之論職業的問題，納入「治家」來討論。

　　延之在此舉出兩種不同性質的工作代表，說明其難易榮鄙，及人心之向背。在古代中國「祿利」是士大夫階層的代表工作，而「豔穡」是一般庶民的代表工作。延之以爲「祿利」之所以爲眾人所嚮往，是因爲「受之易」，「受之易」應包含兩方面，一爲勞力付出較少，二爲財貨取得較多；故爲人之所榮。至於

「矗穚」之所以被眾人所鄙棄，是因為「就之艱」，即相對的終日勞苦，僅得果腹。延之對這種現象的排解之道，認為是各得其所；在上位者「以勞定國，以功施人」，而在下位者「自埋於民，自事其生」；故而治人者「役徒屬而擅豐麗」，治於人者「督妻子而趨耕織」。這與孟子所言：「或勞心，或勞力；勞心者治人，勞力者治於人；治於人者食人，治人者食於人。」〔註73〕的理念是一致的。延之誥子倘身在祿利，則當不陵侮他人；親事矗穚，則無懸企之心。如此可達到「賢鄙處宜，華野同泰」各安其室，各得其所的境界。

（四）處　世

關於人與人之間，人與社會之間的關係，其自處之道，皆納入「處世」的範圍。在細目上我把它分為：1. 修養及態度 2. 公德與私情 3. 交友 4. 識鑒 5. 處謗 6. 處變等六點來說明。

1. 修養及態度（（5）（7）（28）（13）（21））

人所稟持的修養，可以左右一個人的行為取向，延之〈庭誥〉首列三種不同的處世修養，並評述其高下，做為子弟學習或警戒的對象。他說：一個人倘能對自己的行為要求，以道德為依歸，而對外則辭讓眾人的讚美；言論高尚，當世無雙，但與人相處更加緘默；才能傑出，為一時之選，但更加謙和；不逞自己的才能去冒犯別人，不逞自己的專長去議論事物；沈靜沖和，與道為伍，依天行事。這是延之認為的理想修養，故云「士之上」。

常人的心態能虛懷若谷已屬難得，如果在品德、言論、才能諸方面都高人一等，而又不干眾、不議物，緘默自持，實非泛泛者所能把持。〈呂氏春秋、貴公〉云：「天地大矣，生而弗子，成而弗有，萬物皆被其澤、得其利，而莫知其所由始，此三皇五帝之德也。」〔註74〕蓋即延之所謂「與天為人」的懷抱，也是延之給予的最高評價。

倘不能如此，則另一種態度也可以接受，他說：不能遺忘世俗的聲譽，想要得到大家的肯定，但還明瞭權柄在人，求之無用，計較爭奪也是枉然；於是嚮往謙通，深恐淪為驕傲自以為是的人；做事情能從各方面去思考比較，仔細審察其得失，而能擇其堪行久遠的計謀。文章理致精妙出眾，而總是謙稱自己尚未通曉文墨；講論事理通暢完美，而從不自矜自伐。這是第二等人

〔註73〕孫奭《孟子注疏》（藝文印書館「十三經注疏」，民國70年元月8版）卷五下
　　　　滕文公上，頁97。

〔註74〕陳奇猷《呂氏春秋校譯》（臺北：華正書局，民國77年8月初版）卷一，頁44。

的修養。

延之所論上與亞，同具有「才德兼備，謙沖自牧」的修養，其差別在於能否「遺聲」。這似乎是道家與儒家在處世上的基本差異。《老子》十七章說：「太上，不知有之；其次，親而譽之；其次，畏之；其次，侮之。」〔註75〕〈莊子・逍遙遊〉也說：「至人無己，神人無功，聖人無名」〔註76〕又〈養生主〉：「為善無近名，為惡無近刑」〔註77〕老子以為最理想的統治者，民不知其存在，其次才是親近他而讚美他；莊子以為聖人是沒有聲譽的。反觀孔、孟則頗重名聲，〈論語・里仁〉：「君子去仁，惡乎成名」〔註78〕又〈衛靈公〉：「君子疾沒世而名不稱焉」〔註79〕〈孟子・告子上〉：「令聞廣譽施於身，所以不願人之文繡也。」〔註80〕又〈盡心下〉：「好名之人能讓千乘之國，苟非其人，簞食豆羹見於色。」〔註81〕儒家認為聲名有助於我們的品德修養，而且沒仁義的人是不會成就美名的，故君子追求美名是受肯定的行為。從此二家對聲名看法的不同，似也可以瞭解延之崇尚道家修養，而不排斥儒家的處世觀。

至於第三種行逕，延之目之為「千人所指，無病自死」嚴戒子弟，勿蹈此流。他說：至於像有些人，只聽說「真才實學」的可貴，就以為但憑口說論辯、虛描形體即能完成；看到世俗聲名能夠取得榮華富貴，即認為用強爭豪奪的方法可以獲得。言論不出家門，自以為身行道義久在人心；才能尚未取信於僕妾，而自詡「我有過人的地方」。因此懷著苟且競進的心志，追逐眾人所稟仰的理想。他那裏覺悟到這種行為，已經被畫入了有見識者所裁除的對象，也成了銳意品德修養者努力戒除的缺失呢！

延之對於不知腳踏實地者給予嚴苛的批評，這種人才華言論遠不如上二者，表示對自己要求的功夫已不能做好；在社上又想要爭奪美名，奢望榮華，更罔論謙恭自牧。這實是眼高手低、浮華不實的行為表現。延之直歎「行近於此者，吾不願聞之矣。」表示深切的告誡。

顏之推〈顏氏家訓・名實〉亦曾敘此三者，曰：「上士忘名，中士立名，

〔註75〕陳鼓應《老子今註今譯》（臺北：商務印書館，民國70年元月8版）卷五下滕文公上，頁97。
〔註76〕郭慶藩，前引書，頁17。
〔註77〕同前註，頁115。
〔註78〕邢昺，前引書，頁36。
〔註79〕同前註，頁140。
〔註80〕孫奭，前引書，204～205。
〔註81〕同前註，頁250。

下士竊名。忘名者，體道合德，享鬼神之福祐，非所以求名也；立名者，脩身慎行，懼榮觀之不顯，非所以讓名也；竊名者，厚貌深姦，干浮華之虛稱，非所以得名也。」〔註82〕其說與延之略同，並以「忘名」爲上，「立名」爲次，名實不符之「竊名」者居末。兩者論上、次之別，亦就名而論名，非眞謂子弟當「太上忘名」，延之〈庭誥〉又云：「凡有知能，預有文論，若不練之庶士，校之群言，通才所歸，前流所與，焉得以成名乎？」（附錄 4-2-6）「成名」實延之對子弟的期盼；而之推於〈勉學〉篇云：「夫老、莊之書，蓋全眞養性，不肯以物累己也。故藏名柱史，終蹈流沙；匿跡漆園，卒辭楚相，此任縱之徒耳。」〔註83〕譏老、莊爲任縱，亦非願子弟效之。由此可知，就名而論名，或涉於理想，以之教子，又不得不顧及現實之社會生活，此則「家訓」有別於聖賢之書也。

雖說如此，延之誥子處世之首要工夫實不離「修身」，態度上要謙沖虛懷；倘不能修身，當反求諸己，切忌苟且競進，名不符實。然而有些人甚至因聲聞不著，疏於檢討自己，而心生怨恨，欲人出己，而非議事務。延之以爲這是「臧獲之爲」，非「識量之事」，他說：聲名不能獲得眾人的肯定，而心生怨恨，非議事務，這種行爲不僅不能夠達到「無心」（謂純任自然無成見之胸懷）的境界，對於失去的一切也無可挽回，如此徒增別人譏笑而已。這應是奴僕的行逕，哪裏是有見識、有涵養的人所做的呢？所以關懷大眾的言語、溫和美好的態度，總是越尊貴的人，越做得好；面帶憤怒的說辭，怨恨不平的議論，總是越卑賤的人越容易觸犯。如果我們追求君子的修養，那裏能夠不自我勉勵呢？雖然說這是一般人所不能完全避免的缺失，故而當憑著高超的道理來克服它，仗著多方面的衡量來去除它。怎麼可以不自我要求，就要標新立異，而使自己陷入庸俗的行列呢？

凡事怨天尤人，忿忿不平的處世態度，延之以爲對現狀的改善並無幫助，只會招來別人的譏笑而已。另外，人難免有喜怒哀樂，喜怒過當，容易遭來非議，因此延之以爲喜可微抑，怒宜小忍，如此可免除不必要的是非。延之以爲喜怒雖人情所有，但造成的負作用很多，過喜過怒，則「不重」「不威」；大喜大怒，則「蕩心」「煩性」，無一可取。因此他提出最根本的方法是修養，有「弘識」者，自可免於此患。「弘識」者，內心無欲無求，接物則泰然處之，

〔註82〕王利器，前引書，頁280。
〔註83〕同前註，頁178。

這是最理想的態度。否則喜則微抑，怒則小忍，也可避免狂喜盛怒的醜態。尤其是下棋、賭博、諧謔、玩笑的場合中，言行一不小心，就會遭致侮辱，況且下棋、賭博必有勝負，談天、說笑有其題材；勝者喜形於色，則大失端正莊重的態度；如被當成取笑的對象，更顯得醜陋而笨拙。延之以爲要遠離「非鄙」「侵侮」，則態度宜莊重，平心靜氣，凡事不必太在意；那麼就能「言必諍厭」（謂言能止人之失，且能信服於人）「笑不傾撫」以達到淨化大家視覺、聽覺的作用，如此當不致招引是非，惹人侵侮。嵇康〈家誡〉亦云：「人有相與變（辯）爭，未知得失所在，慎勿豫也……若會酒坐，見人爭語，其形勢似欲轉盛，便當亟舍去之，此將鬪之兆也……非意所欽者，而來戲調，蚩笑人之闕者，但莫應從。」（附錄 2-6）也特別告戒子弟不要介入他人是非之爭。眾人會聚之處，原易產生事端，尤其是青少年，血氣方剛，一言不合則怒目相視，無怪乎二子殷殷勸其子弟，當謹慎從事。

另外，與人相處，難免比較學習，相互影響，但在互動的過程中，又當注意個體的差異性。延之以爲人的性情差異，好惡不同，因而對事情的立場有出入。如果執己所是而謀人，人以爲非，這就是所謂「奕棊之蔽」；又或欽羨他人之好，而忘己所不能，強求模仿，這就是所謂「學嚬之蔽」。延之以爲蒙蔽的產生，在於不通性分，「性」爲與生俱來的本質，而「分」爲針對這個本質所相應的自處之道。如能知性處分，則可去除蒙蔽。

2. 公德與私情（2）

與人相處，自不能違背共同的生活規範，只是有些人重公德而抑私情，有些人申私情而黜公德。延之區分「道」「情」，道即眾人認同之公理；而情即個人獨善之私心。延之以爲行事通於公理，可以使神靈向著你保佑你；如爲私心所礙，不能行公德，即使親如妻子，也無法認同你的行爲。所以他認爲處世的基本涵養是「捐情反道，合公屏私」。一個社會的穩定發展，有賴大家共同遵守社會秩序，延之以前如《呂氏春秋》之〈貴公〉〈去私〉〔註84〕、曹羲〈至公論〉〔註85〕、嵇康〈釋私論〉〔註86〕並闡述此理，皆以持公屏私，爲處世之要道。

3. 交 友（（29）（24）（16）（36）（31））

與人交往是處世的重要課題，人難以離群索居，而朋友的良窳又直接影

〔註84〕陳奇猷，前引書，頁44～55。
〔註85〕收入嚴可均《全三國文》卷二十。
〔註86〕收入前註引書，卷五十。

響我們的認知及行為，所以〈荀子・勸學〉說：「君子居必擇鄉，遊必就士。」〔註87〕申明朋友的重要。延之教子，亦以交友宜慎戒，他說：

> 習之所變亦大矣，豈唯蒸性染身，乃將移智易慮。故曰：「與善人居，如入芷蘭之室，久而不知其芬。」與之化矣。「與不善人居，如入鮑魚之肆，久而不知其臭。」與之變矣。是以古人慎所與處。唯夫金眞玉粹者，乃能盡而不汙爾。故曰：「丹可滅而不能使無赤，石可毀而不可使無堅。」苟無金石之性，必慎浸染之由。

前人戒子弟，多有此言，如後漢王脩〈誡子書〉云：「汝今踰郡縣，越山河，離兄弟，去自下者，欲令見舉動之宜，以觀高人遠節。聞一得三，志在善人，左右不可不慎，善否之要，在此際也。」（附錄1-10）又三國曹魏劉廙戒弟偉云：「夫交友之美，在於得賢，不可不詳。而世之交者，不審擇人，務合黨眾，違先聖人交友之義，此非厚己輔仁之謂也。」〔註88〕其後顏之推〈家訓・慕賢〉更列專篇論述交友之義。由此可知聖賢之書，善行雖論列已備，而行之於世，猶有賴善友相輔以成。故而對擇友之慎重，古人勸戒，如出一轍。

　　至於朋友相處的基本心態，延之以為首重誠信。盡力為人，倘能「情固丘山，意入淵泉」則「水火可蹈，金石可弊」，不必待己富厚榮華而思報答。另外朋友能長久善處，他以為在於有共同的認知（義），及尊重對方（敬）。其原則有四：其一，交義為長之「義」，即成為朋友的共同理念，當在正義；這就是荀子所言「物類之起，必有所始」〔註89〕的那個客觀因素，倘能純正，則可長久。其二，久由相敬之「敬」，即尊重對方，不狎不暱。他說「親不可褻，疏不可間」實即由「敬」引發出來的。其三，扶其正性，藏其枉情；即促成朋友的優秀本質，掩飾他不可告人的隱情；如此心中常存友人的大德，不懷小怨，交情乃可久長。其四，輔以藝業，會以文辭。「藝業」謂學業，「文辭」謂文章；這是「義」的具體展現之一。

　　待友之道，已如上述，但仍賴雙方「有惜」「有恆」來維繫情感，他說：

> 人以有惜為質，非假嚴刑；有恆為德，不慕厚貴。有惜者，以理葬；有恆者，與物終。

延之所稱「惜」，謂珍惜憐愛，出自內心，不必借助外力；所稱「恆」，謂原

〔註87〕王先謙《荀子集解》（北京，中華書局，1988年9月1版），頁6。
〔註88〕陳壽《三國志》（前引書）卷二劉廙傳裴注引《廙別傳》，頁616。
〔註89〕同註86。

則的恆定，不因貧富改變初衷。故「有惜有恆」者，待友的心態始終如一。

　　他接著警誡子弟，有些人「無惜無恆」，只知攀緣富貴，不知珍惜友情，這種人實不可與之來往，他說：

　　　　世有位去則情盡，斯無惜矣。又有務謝則心移，斯不恆矣。又非徒若此而已，或見人休事，則懃斬結納，及聞否論，則處彰離貳，附會以從風，隱竊以成釁，朝吐面譽，暮行背毀，昔同稽款，今猶叛戾，斯為甚矣。又非唯若此而已，或憑人惠訓，藉人成立，與人餘論，依人揚聲，曲存稟仰，甘赴塵軌。衰沒畏遠，忌聞影迹，又蒙蔽其善，毀之無度，心短彼能，私樹己拙，自崇恆輩，罔顧高識。有人至此，實蠹大倫，每思防避，無通閫伍。

延之或深有所感，故狀其人如在目前。他說「位去」「務謝」就會使別人「情盡」「心移」，似乎意味著人情冷暖的感慨，而這正是交往不以真誠所造成的遺憾。鍾會〈芻蕘論〉說：「凡人之結交，誠宜盛不忘衰，達不棄窮，不疑惑於讒構，不信受於流言，經長歷久而逾固。而人多初隆而後薄，始密而終疏，斯何故也？皆由交靜（情）不發於神氣，道數乖而不同，權以一時之術，取倉卒之利，有貪其財而交，有慕其勢而交，有愛其色而交，三者既衰，疏薄由生。」〔註90〕即闡明交友之義，文中所云「交靜（情）不發於神氣，道數乖而不同」謂所信奉之道理不同，相交非出自誠心，而強己以遇合，故有斯弊。至於延之論列「又非徒若此而已」以下，其人非但不真誠，品德實有缺失，孔子認為「匿怨而友其人」是可恥的行為，〔註91〕更何況「面譽背毀」，甚而恩將仇報呢？延之評為「實蠹大倫」，戒子無通閫伍，蓋有以也。

　　另外延之還提到要廣泛的去認識朋友，而廣交朋友的前提是心胸寬厚，他以為交友不可老站在自己的立場，而批評他人之是非，宜相容並蓄，恢弘大度，廣結善緣。他將「天道弘」「地道厚」「人靈茂」三者等同來看，說明人獨具性靈，與萬物有別，宜學習天之恢弘，地之厚實，與天地為人，不存人我之歧見。如此必能捨私殊曲異，尚同於人。倘能禮賢下士，一飯三吐餔，一沐三握髮，則可致義士，可得仁人。準此心態，事上則獲用，相處則和睦。

4. 識 鑒（14）

　　識人之難，古來頗有其論，《史記》載澹臺滅明，狀貌甚惡，欲事孔子，孔

〔註90〕見《太平御覽》卷四○六敘交友引，前引書，頁2181。

〔註91〕參邢昺，前引書，卷五公冶長，頁46。

子以為材薄，後南游至江，從弟子三百人，名施諸侯。孔子聞之，曰：「吾以言取人，失之宰予；以貌取人，失之子羽。」〔註92〕取人以貌以言，往往不能得其實，此其所難。魏晉之間，天下大亂，雄據一方者，急欲求才，圖謀霸業，因而識鑒之風鼎盛，《世說新語》專列「識鑒」一篇，略可知其風氣。《抱朴子》外篇亦有「清鑒」之篇，極申識人之不易，〔註93〕延之此論亦承其說。延之以為識人不易，可以就兩方面來說。第一，對象的表徵，不足以完全展現其內涵；故表徵為「厚貌」，不能判定其不明智，表徵為「深情」，不能判定其不剛斷。第二，識人者本身的蒙蔽，足以扭曲對象。他舉〈列子・說符〉所載的兩則故事，其一：是說有人丟了一把斧頭，而懷疑是鄰居小孩偷的。於是他暗中觀察他走路的姿勢，怎麼看都像小偷；神情也像小偷，說話也像小偷，一切動作態度，無論怎麼看都像小偷。過不久，他在山谷挖到遺失的斧頭，幾天後再看鄰居的小孩，一切動作舉止，沒半點像小偷的樣子。〔註94〕其二：是說以前齊國有人想金子想瘋了，一大早衣冠整齊的到市場，前往賣金子的地方搶了金子就跑。後來被官吏捕獲，問他說：「主人明明都在，你為什麼搶人家的金子呢？」他回答說：「拿金子的時候，沒看到人，只看到金子。」〔註95〕上兩個寓言，「亡鈇者」因意有偏惑，故而一切想法隨志念而改變；「欲金者」其清明的本心受嗜欲蒙蔽，眼前只看到所意欲之物。像這兩者的情況如何去識鑒人呢？嚴重的時候，連泰山都看不見，更不用說明察秋毫了。

　　因此延之告訴子弟，鑒識的原則當注意兩點：第一，謹慎。就如同古聖先王，對賞罰的態度，特別注意「賞不僭而刑不濫」〔註96〕的道理，賞僭則惠及小人，刑濫則傷及君子，這唯有謹慎才能減少失誤。第二，從不同的角度去觀察。他舉陶朱公論璧玉的價值為例，兩個外表看來光澤、尺寸相當的璧，價值卻相差一倍，原因在於從側面看去，厚薄不同。〔註97〕延之以為上

〔註92〕　《史記》（前引書）卷六七仲尼弟子列傳，頁2206。

〔註93〕　參葛洪《抱朴子》（臺北：世界書局「新編諸子集成」四，民國72年4月新4版）卷二一，頁138～139。

〔註94〕　參楊伯峻《列子集釋》卷八（坊間排印本），頁173「人有亡鈇者」段。

〔註95〕　前註引書，頁174「昔齊人有欲金者」段。

〔註96〕　〈庭誥〉云：「前王作典，明慎議獄，而僭濫易意。」此當本乎《左傳》襄公二十六年聲子所言：「善為國者，賞不僭而刑不濫。刑濫，則懼及善人。若不幸而過，寧僭，無濫。與其失善，寧其利淫。」（楊伯峻，引書，頁1120）因為鑒識人物不易，故賞罰寧僭無濫。

〔註97〕　陶朱公論璧，典出賈誼《新書》卷五連語（臺北：新興書局「筆記小說大觀」

二事雖涉及治國大道，而事實上我們對任何人、物的判斷，也當準此精神。

5. 處　謗（22）

　　人生在世，難免遭人非議，孔子說「鄉原德之賊也」，〔註98〕只有這種人罕受別人批評，據孟子的看法，「鄉原」之所以為德之賊，是因為「非之無舉也，刺之無刺也；同乎流俗，合乎汙世；居之似忠信，行之似廉潔。眾皆悅之，自以為是，而不可與入堯、舜之道。」〔註99〕因此，眾皆悅之，就孔孟的看法，未必是好的現象；相對的眾人皆惡之，也不是好的行為。如果就他人好惡的觀點來評判一個人，孔子認為應該做到「鄉人之善者好之，其不善者惡之」〔註100〕由此可知，倘非鄉原，謗議之來，不能或免。延之以為流言謗議，即使是有道之士，也難以避免，更何況品德關薄的人，尤無法預防。至於謗議的成因，他認為較容易發生的有兩種情況：第一，未能取得別人的信任，而遭到批評非議；第二，因相互間個性不合，長期累積的怨恨。只要有其中一種因素，就無法逃毀了。於是他告誡子弟處謗的態度應從「反悔在我」與「日省吾躬」著手，倘錯不在己，則不必恤人之言。以前子產作丘賦，國人謗之，他仍不改其度；〔註101〕荀子撰〈正名〉引詩曰：「長夜漫兮，永思騫兮。大古之不慢兮，禮義之不愆兮，何恤人之言兮。」〔註102〕皆申明以反省處謗，如果行己正直，則不必再有所顧慮之理。然而反省的功夫，人人不同，子產、詩人能直指禮義，衡量時事，年輕子弟則未必能做得周全，甚且師心自是、剛愎自用，而猶自以為禮義之不愆。因此如王昶〈家誡〉（附錄 2-3）就提出了更明確的引導，他以為對待別人的批評「不如默而自脩」，更引諺語所云「救寒莫如重裘，止謗莫如自脩」來堅定自己的看法。這似乎是更具有積極意義的。

6. 處　變（27）

　　與人相處，或遭突如其來的變故，宜處之泰然，不必倉皇失措，延之說：

　　　　覿驚異之事，或涉流傳，遭卒迫之變，反思安順。若異從己發，將尸謗人；迫而又迁，愈使失度。能夷異如裴楷，處逼如裴遐，可稱深士乎！

三編，民國 63 年 5 月版，頁 434）。

〔註98〕邢昺，前引書，卷十七陽貨，頁 156。
〔註99〕孫奭《孟子注疏》，前引，卷十四下盡心下，頁 263。
〔註100〕邢昺，前引書，卷十三子路，頁 119。
〔註101〕事詳《左傳》，昭公四年，楊伯峻，前引書，頁 1254。
〔註102〕王先謙，前引書，卷十六，頁 425。

對處變的態度，他提出兩個人的作風給子弟參考，兩人事蹟並見《晉書》卷三五本傳，裴楷夷異，蓋謂楊駿被誅，牽連到裴楷之事，本傳載：「及駿誅，楷以婚親收付廷尉，將加法。是日事起倉卒，誅戮縱橫，眾人爲之震恐。楷容色不變，舉動自若，索紙筆與親故書。」〔註103〕又楷之姪遐處逼不怒，本傳云：「（遐）嘗在平東將軍周馥坐，與人圍棊。馥司馬行酒，遐未即飲，司馬醉怒，因曳遐墮地。遐徐起還坐，顏色不變，復棊如故。」〔註104〕現存〈庭誥〉未見針對如何處變的方法加以說明，僅舉二人行迹以爲則，如此可收節文鮮明的勸戒效果，歷來家訓皆善用此法。〔註105〕總而言之，對設想不到的變故，能不憂不懼，不慍不怒，實需有相當涵養及體認，孔子說：「內省不疚，夫何憂何懼」〔註106〕孔子以爲對於周遭的變故，從「內省」的功夫著手，肯定自己，則可以安時處順。這或許是我們在「覩驚異之事」時所應有的心態。

（五）嗜　欲

本節所謂「嗜欲」是專對聲、色、味、體、物各種感官上感性追求，〔註107〕與先哲提出的仁義、自然、寂滅精神上的理性訴求不同。雖說儒、道、釋對人生道路的指引未必旨在去除私欲，但「嗜欲」卻是阻礙開放人生、成全人生〔註108〕的重要絆腳石。因而古聖先賢都以「克制私欲」爲務。《論語》載顏淵問仁，孔子說：「克己復禮爲仁」〔註109〕老子也說：「五色令人目盲；五音令人耳聾；五味令人口爽；馳騁畋獵，令人心發狂；難得之貨，令人行妨。」

〔註103〕房玄齡《晉書》（前引書）卷三五，頁 1049。事又見《世說新語》雅量第七則。
〔註104〕房玄齡《晉書》（前引書），頁 1052。事又見《世說新語》雅量第九則。
〔註105〕如東方朔誡子云：「首陽爲拙，柳惠爲工」（附錄 1-2）；馬援誡兄子學龍伯高之敦厚，無效杜季良之豪俠（附錄 1-4）；王昶誡子效徐偉長、任昭先，不願子弟學郭伯益、劉公幹（附錄 2-3）等多不勝舉。以人物爲學習或警誡的對象，一則子弟較有明確而具體的目標可供參考，二則可省卻繁瑣之說明陳述。以人物爲學習或警誡的對象，一則子弟較有明確而具體的目標可供參考，二則可省卻繁瑣之說明陳述，三則可加強家訓內容之立論。顏之推《家訓》所以廣受推崇者，其言論每出，必隨之以例證，正反立見，故說服力尤強，讀之者能信行之；此善用人物經驗以誡子弟之效。
〔註106〕邢昺，前引書，卷十二顏淵，頁 106。
〔註107〕此參考《老子》十二章所云五色、五音、五味、馳騁畋獵、難得之貨等擬定。
〔註108〕牟宗三《中國哲學十九講》（臺北：學生書局，民國 72 年 10 月初版）第四講頁 78：「道德是來開放人、來成全人的」此借用其辭。
〔註109〕邢昺，前引書，卷十二顏淵，頁 106。

〔註110〕都是針對私欲的克制來說的。人是有生命的個體，不得食則飢，不得衣則寒，這種客觀的仰賴是無法避免的，萬物有生命的個體都有它們客觀的生存限制，故而本節所云「嗜欲」不在有無衣食的問題上，而是衣食足之後的縱情追求上著眼。

我們把延之〈庭誥〉中有關嗜欲、飲酒、聲樂、服飾等論題，放在本節討論，以期明瞭他在誥誡子弟時所持的態度。

1. 論嗜欲（20）

延之承認嗜欲是與生俱有的，但它就像火中的煙，桂中的蠹，煙盛則火滅，蠹壯則桂折，猶之在人，嗜欲盛則眞情耗盡，心智蒙蔽。靈明的本性與煩濁的嗜欲之間是相互消長的，因而去除嗜欲的最佳途徑當在於「明性」。他對子弟的要求並不像〈大學〉中說的「明明德」〔註111〕那樣的直接了當而徹底，而認爲要一下子全部去除嗜欲，著實不容易，如能針對別人的指責，即刻修正，也算是不滿意但可以接受的行爲。

延之對嗜欲的看法，受嵇康影響頗大，嵇氏在〈答向子期難養生論〉中說：「夫嗜欲雖出於人，而非道之正，猶木之有蠍，雖木之所生，而非木之宜也。故蠍盛則木朽，欲勝則身枯，然則欲與生不並立，名與身不俱存，略可知矣。」〔註112〕其不同處在嵇康去除嗜欲貴在養生全性，延之摒欲，戒子免於身當溪壑（眾惡所歸），其撰文對象原即有所不同。

2. 飲酒、聲樂（16）

延之以爲酒酌之設，目的在令人神情愉悅，不可成爲嗜好，一旦成爲嗜好，就會蔑其正性，行事妄發，因此最好的方法就是戒除喝酒的習慣。喝酒本身並非一種過失，只是飲酒過量，容易迷失本心，故而飲酒必須節制。〈禮記·樂記〉說：「夫豢豕爲酒，非以爲禍也，而獄訟益繁，則酒之流生禍也。是故先王因爲酒禮，壹獻之禮，賓主百拜，終日飲酒而不得醉焉，此先王之所以備酒禍也。」〔註113〕故而古聖先賢在飲酒的看法上頗一致，都主張無湎於酒，周公撰〈酒誥〉戒康叔以「紂所以亡者，以淫於酒」〔註114〕勸無湎於酒；孔子之行「惟酒無量，

〔註110〕《老子》十二章，陳鼓應，前引書，頁76。

〔註111〕朱熹《四書集註》前引，頁18。

〔註112〕《嵇中散集》卷四（同註66引書），頁18。

〔註113〕孔穎達《禮記正義》（前引書），頁678。

〔註114〕司馬遷《史記》（前引書）卷三七衛康叔世家，頁1570。

不及亂」﹝註115﹞謂飲酒有節制。歷來家誡，亦多有此言，如後漢酈炎〈遺令書〉告子「無湎於酒」（附錄 1-7），王肅〈家誡〉：「凡為主人飲客，使有酒色而已，無使至醉」（附錄 2-2），嵇康〈家誡〉：「見醉薰薰便使止，慎不當至困醉，不能自裁也」（附錄 2-8），諸葛亮〈誡子〉：「可以至醉，無致迷亂」（附錄 2-8）皆以飲酒不可醉亂為戒。然則酒沾於口，醇入乎心，再要求自己「不及亂」「見醉薰便止」並不容易。如陶侃飲酒有定限，殷浩與之飲，當歡有餘而限已竭，勸更少進，則悽懷良久而曰：「年少曾有酒失，亡親見約，故不敢踰。」﹝註 116﹞事蹟載諸史冊，傳為美談。故而葛洪撰《酒誡》，力主戒酒，他說：「夫酒醴之近味，生病之毒物，無毫分之細益，有丘山之巨損。」﹝註 117﹞又說：「若畏酒如畏風，憎醉如憎病，則荒沈之咎塞，而流連之失止矣。」﹝註 118﹞全文洋洋二千餘言，反復辯說，辭頗懇切。但他仍不得不承認，好酒者多，戒酒者寡，「彼眾我寡良箴安施，且願君子節之而已。」﹝註 119﹞退而求其次，也是現實情況不得不爾。延之教子在飲酒的態度上與葛洪是一致的。

另外在聲樂的聚會上，他站在與朋友交往的立場，認為應該簡約，而不可拒絕，他說：

> 聲樂之會，可簡而不可違，違而不背者鮮矣，背而非弊者反矣。既弊既背，將受其毀。必能通其礙而節其流，意可為和中矣。

3. 服　飾（18）

東晉以下，中國服飾在形制上趨向於變化、趕流行，不再受以往成規的束縛，《抱朴子》外篇〈譏惑〉云：「喪亂以來，事物多變，冠履衣服，袖袂財制，日月改易，無復一定，乍長乍短，一廣一狹，忽高忽卑，或粗或細，所飾無常，以同為快。其好事者，朝夕放效，所謂京輦貴大眉，遠方皆半額也。」﹝註 120﹞其〈自敘〉也說：「俗之服用，俄而屢改，或忽廣領而大帶，或促身而修袖，或長裾曳地，或短不蔽腳。」﹝註 121﹞葛洪身處東晉偏安江左之

﹝註115﹞邢昺，前引書，卷十鄉黨，頁89。
﹝註116﹞房玄齡《晉書》（前引書）卷六六陶侃本傳，頁 1778。另見《世說新語》賢媛第二十則劉孝標注引《侃別傳》。
﹝註117﹞葛洪《抱朴子》外篇卷二四（前引書），頁 144。
﹝註118﹞同前註，頁 145。
﹝註119﹞同前註。
﹝註120﹞葛洪《抱朴子》外篇卷二四（前引書），頁 200。
﹝註121﹞同前註引書，卷五〇，頁 200。

際，對當時人的追求風尙頗不以爲然。這種變化在南朝士族之間又逐漸趨尙浮華，〈顏氏家訓·勉學〉云：「梁朝全盛之時，貴遊子弟，多無學術……無不熏衣剃面，傅粉施朱，駕長簷車，跟高齒屐，坐棊子方褥，憑斑絲隱囊，列器玩於左右，從容出入，望若神仙。」〔註122〕偏安江南的結果，造成了士族子弟競逐聲色耳目之娛，延之誥子，亦所擯斥，他說：

> 浮華怪飾，滅質之具；奇服麗食，棄素之方。動人勸慕，傾人顧盼；
>
> 可以遠識奪，難用近欲從。若觀其淫怪，知生之無心，爲見奇麗，
>
> 能致諸非務；則不抑自貴（責），不禁自止。

衣服本用以蔽體、禦寒，食物本用以充飢塡腹，其餘裝飾，無之不傷生，多之未足美，故而延之以爲「怪飾、奇服、麗食」只求表象、口食之樂，實失去了樸實、純素之美。這些行逕只能欺瞞遠觀的人，絕不能爲左右所認同的。他勸勉子弟：倘目睹別人淫怪奇麗，亦當推原其心，本無邪枉，以平常心處之，不忮不求；且爲陳浮奢華靡，每遭人非議。如此淫怪無所勸慕，奇麗徒引非議，必然可以達到「不抑自貴（責），不禁自止」的效用。

（六）論　文

　　本節討論〈庭誥〉中關於讀書、撰文、論文三個課題，這三段文字，沈約《宋書》只錄撰文一項，或許因爲延之在撰文中主要是誥誡子弟撰文的態度問題，與〈庭誥〉全文以「修身」「處世」爲宗旨的內容較相符。至於讀書，延之不言勉學，而論讀書的方法及列述《詩經》、《春秋》、《易經》的特質；論文，泛論詩歌的源起及流變；都與〈庭誥〉的宗旨稍有不同。今人對文學批評的研究，不餘遺力，〈庭誥〉之中僅有的兩小段對經典的評述及詩歌的源流介紹，因爲時代上較劉勰《文心雕龍》、鍾嶸《詩品》尤早，故已廣爲學術界所引用。只是引用者並非站在此文爲告誡子弟的立場來看，與本文所敘略有不同，故本節除依全文體例分析其內容外，也在後面條述各家的看法。

1. 讀　書〔34〕

　　延之勉子弟讀書，宜掌握要點，明其功用，而只掌握一本書的要點又不夠，仍需廣泛的去閱讀，如能博而知要，則可以把所有書的內涵串聯在一個系統底下來瞭解，達到執簡馭繁的效果。他後面舉了「詠歌之書」以《詩》爲祖，「褒貶之書」《春秋》爲上，《易》經體備，能事之淵；提綱挈領地說明

〔註122〕王利器，前引書，卷三，頁 145。

了諸書的要點及其特色，作爲子弟讀書時之參考。

　　延之勉勵子弟，讀「詠歌之書」（詩集），要學習它們所表現的「連類含章、比物集句」〔註123〕而這類書中以「採風謠以達民志」的《詩經》可稱得上是鼻祖。至於「褒貶之書」（史書），要學習它們「正言晦義」「微辭豐旨」的手法，〔註124〕這類書中，以能「輔制衰王」，且貽意於盛聖的《春秋》，最爲成功。而《易經》包羅萬象，可用來做爲行事上取捨的準則。

　　其間對《易經》又有比較詳細的說明，〔註125〕略述研究《易經》的四個代表人物，並分析「正宗」「象數」二派的不同及其優劣。其所敘馬、陸、荀、王四家，「荀」未詳何所指，〔註126〕餘蓋謂馬融、陸績、王弼，〔註127〕二派之別，即漢代《易》學重象數，與魏晉《易》學重義理之異。延之在王弼學風盛行的劉宋，雖言「各有所志」，仍以爲就人事以談《易》，比參天象而解《易》，〔註128〕要來得高明。所以他說「極人心之數」是就王弼所舉「得意忘

〔註123〕王運熙、楊明《魏晉南北朝文學批評史》說：「這是就其關於文章寫作的方法而言，詩歌中的比興，用同類事物譬喻或引起所欲說之事，便是『連類』、『比物』」（上海古籍出版社，1989年6月1版，頁207）其說是。此蓋《禮記・學記》中所謂「比物醜類」（藝文，十三經注疏本，頁656），運用於創作上，即「不學博依，不能安詩」（頁651）之「依」。

〔註124〕「正言」謂行褒貶，《孟子》所謂「亂臣賊子懼」（孫奭，前引書，滕文公下，頁118），「晦義」謂文義隱晦，《文心雕龍・宗經》所謂「觀辭立曉，而訪義方隱」（王更生，前引書，頁34）。

〔註125〕延之讀《易》，略見所撰〈大筮箴〉：「余因讀易，偶意著龜，友人有請決遊宦務志，卦有咎占，故作大箴以悟焉。」（《藝文類聚》卷七五，臺北，文光出版社景汪紹楹校本，民國63年8月初版，頁1286）又王僧達《祭顏光祿文》，云：「惟君三懿，早歲飛聲，義窮機象，文蔽班馬」（《文選》卷六十，臺北，藝文印書館，民國56年10月5版，頁854）亦言顏氏善於《易》經。

〔註126〕顏氏「荀」「王」共稱，並列「正宗」，則「荀」非後漢之《易》學家荀爽。《三國志》卷十荀彧傳裴注引何劭《粲傳》載荀粲與兄俣論言意之辨，詳荀粲之言與王氏解《易》略合，而不同於漢儒。（陳壽前引書，頁319），又裴注引《荀氏家傳》言彧之從孫融「字伯雅……與弼、會論《易》、《老》義，傳於世。（頁316）然今覈諸目錄，並未見有解《易》之作。另《隋書》卷三二經籍志「周易十卷王弼」條下有「魏散騎常侍荀煇注《周易》十卷，亡。」（鼎文書局，民國72年12月4版，頁909）。存之待考。

〔註127〕《經典釋文》序錄載注《易》諸家有「馬融傳十卷」「陸績述十三卷」「王弼注七卷」（上海古籍出版社景宋刊本，1985年10月1版，頁22），又見《隋書》卷三二經籍志一。

〔註128〕參唐李鼎祚《周易集解序》：「自卜商入室，親授微言，傳注百家，縣歷千古，雖競有穿鑿，猶未測淵深，唯王鄭相沿，頗行于代，鄭則多參天象，王乃全

象」〔註129〕的「意」字來說的。也因此他把談義理的《易》學家稱為「正宗」，而漢代「馬、陸」諸學列入「象數」，延之揚王弼性理，黜漢代象數，略可見於此，余嘉錫《四庫題要辨證》卷一，言之頗詳，茲不贅言。〔註130〕

倪台英〈顏延年及其詩文研究〉引此文論《詩》及《春秋》的部分說：「從這裡可以看出他的創作觀點，並可以體悟到延之將『文』與『筆』完全劃分的深意，即是將純文學與載道文學分開。」〔註131〕其引述略有遷強，且「純文學」與「載道文學」並非判然兩分的文體。昭明太子蕭統的《文選》序，提到選文的標準說：「若其讚論之綜緝辭采，序述之錯比文華，事出於沈思，義歸乎翰藻。」〔註132〕這是後世以為排除經、史、子而獨選純文學作品的重要文學觀，其內容兼收韻文（文）及非韻文（筆）兩大類，然而「論」文部分尤不乏載道之作，這與韓愈「文以載道」的主張是不可混為一談的。詩歌是「文」的一種，而「文」「筆」都是純文學選材的目標，怎可將詩歌與史書如此劃分呢？〔註133〕〈文選序〉中又提到史書，說：「至於記事之史，繫年之書，所以褒貶是非，紀別異同，方之篇翰，亦已不同。」〔註134〕所云「褒貶是非」即〈庭誥〉所謂的「褒貶之書」。故而〈庭誥〉提出的，實不過詩歌及史傳兩類書籍，最可注意的是他把這兩種文體的起源，都歸結到經書，與劉

釋人事。」（李鼎祚《周易集解》，臺北，世界書局《十三經注疏及補正》第一冊《周易注疏及補正》民國67年12月4版，李序頁2）。

〔註129〕王弼《周易略例》明象：「意以象盡，象以言著，故言者所以明象，得象而忘言；象者，所以存意，得意而忘象。」（樓宇烈《王弼集校釋》，北京，中華書局，1980年8月1版，頁609）「象」謂卦象，「言」謂形諸文字之卦爻辭，「意」謂意義，即思想，關於人事的智慧。

〔註130〕余嘉錫《四庫題要辨證》（收入《四庫全書總目》七、八冊，臺北，藝文印書館，民國68年12月5版），頁4～7。

〔註131〕倪台英，前引文，頁437。

〔註132〕蕭統《文選》（前引書），頁2。

〔註133〕倪文又引劉勰《文心雕龍》總術篇載：「顏延年以為『筆之為體，言之文也。經典，則言而非筆；傳記，則筆而非言。』」而云「由此可見延之對於文學的體認，已經很明顯的將它劃分成『文』『筆』兩類」（倪台英前引文，頁437）推論亦非。延之明言「言」「筆」之分，經典樸質，故延之以為「言」，傳紀文飾，故延之以為「筆」。這與《南史》卷三四顏延之傳載延之曰：「竣得臣筆，測得臣文」（鼎文書局，民國70年元月3版，頁879）謂非韻文與韻文，不容混為一談。倪文皆等同來看，恐未足據。（說參楊運熙《漢魏兩晉南北朝文學批評史》，前引書，頁192～3及頁201～2）。

〔註134〕同註132。

彥和〈文心雕龍‧宗經〉的看法相侔，〔註135〕王運熙、楊明所撰《魏晉南北朝文學批評史》引〈庭誥〉云：「這便包含儒家經典為文章本源的觀點，不過尚未遍及諸體文章而已。」〔註136〕其說頗為允當。

2. 撰文、論說（6）

　　延之告誡子弟，文章、言論必須經過大家的認同及前輩的讚賞，才能成名。如果眼光短淺、夜郎自大，終會招來有識者的嗤笑，自取其辱。他對那些群居終日，言不及義而自以為是的人，認為不過是自欺欺人的表現，那只能呻吟於一室之內，喧囂於同輩之間；在寡聞者面前大發議論，用荒誕的話敵擋精要的學說。這些行為是不能經得起考驗的。一旦與有識者同座，大家見聞都很廣博，此時自己昔日所論、終夜誦吟的一孔之見，根本無法被採納，也不再受人重視。延之形容當時的處境說「慌若迷途失隅，黶如深夜撤燭，銜聲茹氣，腆默而歸。」這只能怪自己以前自大傲慢的態度，才造成今天沮喪的局面。顏之推〈家訓‧文章〉也說：「學為文章，先謀親友，得其評裁，知可施行，然後出手，慎勿師心自任，取笑旁人也。」〔註137〕他們告誡子弟，在文、論發表的態度上是一致的。

3. 論　文（36）

〈庭誥〉云：

> 荀爽云：「詩者古之歌章」然則〈雅〉〈誦〉之樂篇全矣。是以後之詩者，率以歌為名。及秦勒望岳，漢祀郊宮，辭著前史者，文變之高制也。雖雅聲未至，弘麗難追矣。逮李陵眾作，總雜不類，〔原〕是假託，非盡陵制。至其善篇，有足悲者。摯虞文論，足稱優洽。柏梁以來，繼作非一，纂所至七言而已。九言不見者，將由聲度闡緩，不協金石。至於五言流靡，則劉楨、張華；四言側密，則張衡、王粲；若夫陳思王，可謂兼之矣。

這段完全看不出誡子的口氣，只是歷敘詩歌的發展，從此也可以看出文章受當時士子重視的事實，〔註138〕王運熙、楊明在所撰《魏晉南北朝文學批評史》

〔註135〕《文心雕龍‧宗經》：「故論說辭序，則易統其首；詔策章奏，則書發其源；賦頌謌讚，則詩立其本；銘誄箴祝，則禮總其端；記傳盟檄，則春秋為根。」（王更生前引書，頁35）。

〔註136〕楊運熙，前引書，頁207。

〔註137〕王利器，前引書，頁239。

〔註138〕王熙運、楊明《魏晉南北朝文學批評史》云：「〈庭誥〉乃是寫給子姪輩看的

第二章第二節中，全引此文，申說允當，讀者可參詳之。〔註 139〕唯「李陵眾作……有足悲者」一段，明楊慎《升菴詩話》引之以證蘇李贈答詩之僞作不當晚至六朝，題作「摯虞文章流別志云」，〔註 140〕其後范文瀾註《文心雕龍》〔註 141〕、劉大杰撰《中國文學發展史》，〔註 142〕並承用之；王利器《文心雕龍新書》則改隸延之〈庭誥〉，然後誤入〈宋書・顏延之傳〉。〔註 143〕茲並當代巨作，故略言及之。楊慎引文，本多失據，丁福保《重編升菴詩話弁言》曾言及之，〔註 144〕其致誤之由，蓋以延之其文下接「摯虞文論，足稱優洽」二句，衡其前後文意，當謂摯虞評述李陵眾作「足稱優洽」。且〈庭誥〉此文與今存摯虞《文章流別論》論詩的部分（《藝文類聚・卷五六・詩賦》引）看法頗有出入，〔註 145〕其爲兩人所作無容置辯。《兩漢文學史參考資料》彙集「關於李陵蘇武詩」資料時，已言楊慎所引之誤〔註 146〕在前，此略述本末以供參考。

（七）數　相（19）

對於數相，延之基本上是相信的。所謂「數相」，即以蓍草數目之變化，求得八卦的形象，從而推測人的吉凶，〔註 147〕這是依附於《易經》預測未來的方

家訓、家誡一類文字。在寫給子姪輩的文字中談及文章，南朝頗有其例：與顏氏同時的有范曄〈獄中與諸甥姪書〉，後來則有張融〈門律自序〉、王筠〈與諸兒書〉、蕭綱〈誡當陽公大心書〉、顏之推《顏氏家訓》等，這從一個側面反映了文章受人重視的事實。」（前引書，頁 206）。

〔註 139〕楊運熙，前引書，頁 208～9。
〔註 140〕見丁福保《歷代詩話續編》（臺北：木鐸出版社，民國 72 年 9 月初版）《升菴詩話》卷十四，頁 928「蘇李五言詩」條。
〔註 141〕范文瀾《文心雕龍注》（臺北：開明書店，民國 58 年 8 月台 7 版，頁 9B）。
〔註 142〕劉大杰《中國文學發展史》（香港，古文書局，1973 年 10 月），頁 203。
〔註 143〕王利器《文心雕龍新書》（臺北：宏業書局，民國 72 年 8 月，「利」誤作「理」），頁 17，註 26 條。
〔註 144〕丁福保云：「升菴淵通賅博，而落魄不檢形骸，放言好僞撰古書，以自證其說……王盒州譏其求之宇宙之外，而失之耳目之前，陳耀文且有正楊之作以詆之。」（前引書，頁 634）。
〔註 145〕參見王運熙前引書，頁 209。此外「九言」之詩，摯、顏意見不同，孔穎達《毛詩正義》卷一關雎疏曾並舉兩說可知（前引書，頁 23）。
〔註 146〕北京大學中國語言文學系中國文學史教研室編《兩漢文學史參考資料》（臺北：漢學供應社影印，未注明出版年月），頁 603。
〔註 147〕朱伯崑《易學哲學史》上冊敘「占筮與龜卜」說：「占筮這種算卦的方法，是以蓍草數目的變化，求得八卦的形象，從而推測吉凶。《左傳》僖公十五年，記載韓簡的話說：『龜，象也；筮，數也。』以筮爲數，表明占筮的特點，是以

法；以蓍草之數，相人之未來，故謂之「數相」。延之除了聞之術人，驗之其身以外，自己也曾爲朋友占卦算命，〔註148〕似也不否定《易經》原本取象以占吉凶的功用。文中所謂「二德」謂陰陽二氣；〔註149〕所謂「五常」，謂金、木、水、火、土五行；〔註150〕所謂「奇偶」蓋謂陰陽二卦有奇偶之別；〔註151〕所謂「勝殺」，蓋謂五行互有相生相剋〔註152〕延之以爲人既陰陽相合而生，體稟五行；而陰陽有奇偶之別，五行又有生剋之變；至於人身，豈無協暢與沴滯之不同境遇？他又舉人的相貌有好醜，年壽有長短，眾人皆知天生如此，不可改易；反觀人一生的命運，那些剛成年，就遭到挫折，而一直到中年，才能得其所願的人，又怎能妄求所願早些到來呢？最後他總結人一生的境遇，都是天生註定好的，所以遘命愈艱難的人，對人生眞理的體認愈眞實。

人生活在世間，對未來不可知的一切，容易產生幻想或憂慮，但幻想憂慮，瞬息萬變，毫無憑據，因此先哲衍生出探知未來的媒介，那就是「卜筮」，今世所傳甲骨卜辭、《易經》是淵源較早，且一直保留至今的。另外根據人的

著草之數，判斷吉凶。」（北京，北京大學出版社，1989 年 11 月 2 版，頁 4）。
〔註148〕 參註 125。
〔註149〕 謂陰陽有生養化育之盛德，朱伯崑《易學哲學史》説：「《老子》四十二章説：『道生一，一生二，二生三，三生萬物，萬物負陰而抱陽，沖氣以爲和。』其所謂陰陽，亦指陰陽二氣，但認爲二氣相交則生萬物，所以萬物都具有陰陽兩個方面的性質……《莊子·大宗師》説：『父母於子，東西南北，唯命之從，陰陽於人，不翅於父母。』此是以人的生命由陰陽二氣所構成，生死出於陰陽的造化。」（前引書，頁 33）延之謂「人者兆氣二德」似即據老、莊陰陽之説。
〔註150〕 〈禮記·樂記〉：「道五常之行，使之陽而不散，陰而不密。」鄭箋：「五常，五行也」（孔穎達前引書，卷三八，頁 680）《雲笈七籤》卷三五「至言總養生篇」引《黃帝中經》曰：「夫稟五常之氣，有靜有躁，剛柔之性，不可易也。」（山東，齊魯書社，1988 年 9 月 1 版）並以五行謂五常。
〔註151〕 唐李鼎祚《周易集解》卷十五「繫辭下」：「陽卦奇，陰卦耦」引虞翻曰：「陽卦一陽，故奇；陰卦二陽，故耦。」又引崔憬曰：「陽卦多陰，謂震、坎、艮，一陽而二陰；陰卦多陽，謂巽、離、兌，一陰而二陽也。」（前引書，頁 369）此以陰、陽配合卦象，有奇偶之別。
〔註152〕 〈淮南子·天文訓〉：「水生木，木生火，火生土，土生金，金生水。」（劉文典《淮南鴻烈集解》卷三，北京，中華書局，1989 年 5 月 1 版，馮逸、喬華點校，頁 146）又〈墜形訓〉：「木勝土，土勝水，水勝火，火勝金，金勝木……木壯水老火生金囚土死，火壯木老土生水囚金死，土壯火老金生木囚水死，金壯土老水生火囚木死，水壯金老木生土囚火死。」（頁 146）云五行勝殺，相生相剋之理，漢京房解《易》，亦用此五行生剋以論人事吉凶，説參朱伯崑《易學哲學史》上冊（前引書），頁 132～4。

相貌、形體、氣象以相人一生境遇的，也可追溯到春秋、戰國時的姑布子卿、唐舉，〔註153〕其由來也相當早。延之在此雖僅言「數相，必有之徵」，實則對人生境遇的看法，認爲是早已註定了的，不必汲汲營求富貴，他在論「貧富」的一段說「橫意去就，謬生希幸，以爲未達至分」（附錄 4-2-21），又論廉嗜之性不同時也說「將求去蔽者，念通性分而已」（附錄 4-2-21），「達至分」與「通性分」正是對自身天生資質的確實瞭解，進而界定本分之所當然，再配合「數相」陰陽、五行之說，才引發他對人生不伎不求的處世觀。

（八）佛、道信仰（36）（37）

梁僧佑《弘明集》卷十三錄顏延之「庭誥二章」，爲《宋書》本傳所無。其一維護佛法，以爲義兼三端（謂言道、論心、校理），其二評述道、佛二教之殊途及弊端。茲分述於後。

延之先敘眞理的追求，途徑上有「言道」「論心」「校理」三者之殊異，只要能洞達明鑒，都是完善美好的。這三種不同的途徑，實爲探討哲理的三個重要課題：第一，言道者本之於天，「道」指本體，「天」指形上的天，他認爲探討本體的人，把「天」當作是一切存有的本體。第二，論心者議之於人，「心」謂心性，議論人心性相關內容的課題。第三，校理者取之於物，物謂現象界之事物，校理者謂探討現象界事物之理，以明善惡，別是非。放到儒家哲理當中，〈中庸〉所謂「天命之謂性，率性之謂道」，〔註154〕把「天」當作是一切道德的根源，是第一種「言道」；孔子言「仁」，孟子謂「性善」，就人心來探討哲理，是第二種「論心」；〈大學〉中「格物致知」〔註155〕之「格物」是第三種「校理」。魏晉玄學亦多環繞在這三個主題：王弼用「無」，解釋《老子》的本體論，是第一種；鍾會等言「才性四本」，是第二種；嵇康所述「聲無哀樂」「養生」，歐陽建「言盡意」，王導過江只言此三理者，是第三種。〔註156〕延之以爲三者雖殊途，其追求眞理的目標是一致的。他更進一步

〔註153〕〈荀子・非相〉：「相人，古之人無有也，學者不道也。古者有姑布子卿，今之世，梁有唐舉，相人之形狀顏色而知其吉凶妖祥，世俗稱之。」（王先謙前引書，頁72）。

〔註154〕孔穎達《禮記正義》（前引書）卷五二，頁879。

〔註155〕朱熹《四書集注》（前引書），頁9。

〔註156〕王弼《老子指略》：「夫物之所以生，功之所以成，必生乎無形，由乎無名。無形無名者，萬物之宗也。」（樓宇烈《王弼集校注》，前引書，頁195）；鍾會撰《四本論》，今佚，事見〈世說新語・文學〉第五則，注引《魏志》：「會論

說佛教是「玄神之經，窮明之說；義兼三端，至無二極」給了佛教經典頗高的評價，「玄神」謂神妙莫測，「窮明」謂解脫無明，極盡光明。他以爲佛典所述，三端並用，倘達至善，理無二極（極謂極高明）。最後他說明佛理所以不能受人普遍認同，有兩個原因，一爲「語出戎方」，一爲「事起殊偏」（謂辭親出家，以修佛法，殊異於中國之倫常）。而這兩個原因實不足否定佛教之中心理論。因爲天之賦道，不因國別不同而有偏頗；人之獨稟性靈，不因出家與否而有限制。他這種對佛教思想的推崇，另可參見他與何承天往返論辯的諸篇長論（收入《弘明集》卷四）。

　　本段主旨在爲佛教辯護，因世學猜之，常情非之，故申說佛典兼賅並蓄，教子「一以此思，可無臆裁」。對於「通辯異科」的三個途徑，個人也是依此理路來解說。日人木全德雄以爲「言道」就是後文中練形之道教，「論心」就是後文治心之佛教；「校理」，懷疑是專指儒家「格物致知」的道理追求。〔註157〕似乎把三者認定爲三個不同的思想體系，並依此推論的看法是道教從屬於佛教。我們不表贊同。如依此說，則「義兼三端」之「三端」，當作何解？而且「言道」「論心」「校理」的三個動詞「言」「論」「校」，並爲論述、探討之意，與後文「爲道」「治心」的動詞當修持之意，頗有不同。至於佛道階差，在本段亦未明說、比較，只是正面肯定佛教理念而已。

　　其次他談到佛、道兩教的主要目標、修行方法及其流弊，延之在此所言「爲道者」，非老、莊之道，也非前段所舉探討本體的道，而是魏晉以來神仙家練形者流。他認爲其目的在求長生不死，其方法則隱居山林，練丹餌服。這方面葛洪《抱朴子》內篇是其代表作。至於佛教，他認爲本在於以佛法神妙，教化世人，故以治心爲先，其方法則離親出家，閑其身性，以佛陀爲師，篤信緣命；目的則返於無生，以成聖業，智達大明，不落恆劫。

　　二者皆有其追求目標，也都有時下產生的蔽端，他雖斥爲「巨蠹」「甚誣」，但認爲這是執行者的偏差，並不妨礙道、佛二教最高境界的價值，故其末段再次引論「神道不形，固眾端之所假」來肯定佛教思想。而對於那些未能明

才性同異，傳於世。四本者：言才性同，才性異，才性合，才性離也。尚書傅嘏論同，中書令李豐論異，侍郎鍾會論合，屯騎校尉王廣論離。文多不載。（余嘉錫《箋疏》，臺北，王記書坊，民國73年10月版，頁195）」「才性四本」一詞見王僧虔誡子書；嵇康二論見本集，歐陽建〈言盡意論〉見《藝文類聚》卷十九言語引，王導言此三理，事見《世說新語・文學》（第二十一則）。
〔註157〕木全德雄，前引文，頁139～140。

瞭神道（如佛教所云「眞如」「眞諦」）而堅持無神道的人，所秉持以「積理」「大順」（似意謂孔孟儒家及老莊道家的修持方法）達到最高境界的方法，只要能純粹洞澈，也可算是明瞭佛法之神妙。

延之在此似乎偏好用〈易傳〉之言，解說佛理，此云「神道不形」「本在於神教」，並約〈易・觀〉象曰之言：「觀天之神道，而四時不忒，聖人以神道設教，而天下服矣。」王弼注：「統說觀之爲道，不以刑制使物，而以觀感化物者也，神則無形者也。」〔註158〕湯用彤《漢魏兩晉南北朝佛教史》第十三章「白黑論之爭」條云：「佛法之廣被中華，約有二端：一曰教，二曰理……至言夫理，則在六朝通于玄學。說體則虛無之旨可涉入《老》《莊》，說用則儒在濟俗，佛在治心，二者亦同歸而殊途。南朝人偏於談理，故常見三教調和之說。」〔註159〕其說甚是。觀延之稱佛教經典爲「玄神之經」，而南朝稱《老》、《莊》、《易》爲玄學，顏之推〈顏氏家訓・勉學〉中所謂「三玄」，〔註160〕可略知延之看待佛典猶諸玄書，故而道佛之比較，不取老、莊，而竟謂「道」則專事求神仙養生之教，於此可略見當時學風。

以佛教思想作爲家訓，在南北朝並不罕見，如張融撰〈門律〉，以律家門，他說：「吾門世恭佛，舅氏奉道，道也與佛，逗極無二……汝可專於佛跡，而無侮於道本。」（附錄5-3）又王褒〈幼訓〉，訓子兼修儒、釋、道之言（附錄7-3）等皆與延之相容並蓄之戒子心態相同，罕有專勸子弟獨信佛法，排斥他說者，此或因佛教之修行，離親出家，與家訓整齊門內，紹承家業的基本理念相違背之故。唯獨顏之推《家訓》，專立〈歸心〉一篇，欲令子孫，並入道場，此雖與個人信仰深淺有關，但校之全書，實多乖迕，此所以受譏於後世也。〔註161〕

（九）總　結（32）

《宋書》所錄〈庭誥〉雖頗有刪節，然首尾尙稱完合，其末段總結全文，

〔註158〕孔穎達《周易正義》卷三（藝文印書館《十三經注疏》），頁60。

〔註159〕湯用彤《漢魏兩晉南北朝佛教史》（北京，中華書局，1988年3月2版）下冊，頁300。

〔註160〕王僧虔《誡子書》云：「復從業就玄」「見諸玄，志爲之逸，腸爲之抽」（附錄4-3）文中多言及《老》《莊》《易》三書，知此爲玄學主要內容。又《顏氏家訓》勉學：「洎於梁世，茲風復闡，《莊》《老》《周易》，總謂三玄」（王利器《集解》，前引書，頁179）。

〔註161〕略見王利器《顏氏家訓集解》卷五歸心註所錄陶貞一、郝懿行之說。

再次申說，懇摯之情，溢於言表。他一再強調人生短短數十年，無人能免於死亡；故而以之求榮華富貴，則不可留；以之服道求神仙，亦不可久。唯既貴得人身，無由自惡，當心存神道，信服天德，如此可以無慚上天之美意。而對於「人沈來化，志符往哲」的理想，延之以爲這並非遠不可及的，只要日日履行，積久則密。在此他一方面感歎人生無常，年壽短暫，這與他「年居秋方，慮先草木」的心境有關，而另一方面則積極勸告子弟「志符往哲」「日鑿斯密」。這與傳統家訓的形態是一致的。陶淵明〈與子儼等疏〉：「天地賦命，生必有死。自古賢聖，誰獨能免。子夏有言曰：『死生有命，富貴在天。』四友之人，親受音旨，發斯談者，將非窮達不可妄求，壽夭永無外請故耶？」（附錄 3-6）兩者對生死抱持的看法相同，而值得注意是他們告誡子弟「生必有死」之餘，否定的是「榮」「達」等有關物質生活的境遇，以及「道」（延之此謂「服道」，即前文求神仙之道）「壽」有關長生不死的心態。相對的人身難得，獨具性靈，延之肯定往哲的嘉言懿行，欲要子弟懷古人之道，上同古人；而淵明則孜孜誡子「兄弟同財」之義（見同上引文）。就這個角度來看都有他們認同樂見其成的行逕。木全德雄引延之此文，以爲對人生抱持悲觀的態度，〔註162〕我們並不表贊同。原夫訓誡之文，本在勸勵子弟修身、齊家，對人生多持肯定珍惜之立場故也。

另外在文末，他提到「贍身之經」與「奉終之紀」，意謂除此〈庭誥〉之外，尚有述作，希望子弟取之以贍其身、終身奉行。唯「田家節政」「燕居畢義」未明示所指何謂，《弘明集》卷四載延之〈重釋何衡陽〉云：「薄從歲事，躬斂山田，田家節隙，野老爲儔，言止穀稼，務盡耕收，談年計耦，無聞達義。」〔註163〕則「田家節政」似謂農耕穀稼之事，其說亦雜見前文「治家」中諸條，此言「別在」，未見其說。至於「燕居畢義」蓋謂所著注《論語》之書，此書〈隋志〉〈新舊唐志〉皆未著錄，皇侃《論語義疏》引之，清馬國翰輯得十六條，並爲一卷，題作「論語顏氏說」，書名亦不可考見。

陶淵明〈命子〉詩說：「厲夜生子，遽而求火。凡百有心，奚特於我。既見其生，實欲其可。人亦有言，斯情無假。」（附錄 3-6）道盡了天下父母對孩子的願望，延之〈庭誥〉撰寫目的當然也是「既見其生，實欲其可」的。對孩子的期望，千頭萬緒，似乎每種行爲、態度都要加上自己的一些期許才能放心。從這個角度來看〈庭誥〉，包含歷來的「誡子書」「顏氏家訓」「示兒詩」等，其

〔註162〕木全德雄，前引文，頁 140。
〔註163〕《大正藏》第五二卷，頁 23。

用意理當都可以接受。因爲他們有一個共同宗旨，都是希望子弟更好，那是出自於人類天生的情感，無容厚非。

　　王利器撰《顏氏家訓集解》在敘錄中大量引用紀昀譏刺《顏氏家訓》的話，自己也總結的說顏之推是「掌握了一套庸俗的處世秘訣」〔註164〕把他批評得體無完膚。誠然《顏氏家訓》內容是有其矛盾的地方，行爲與訓誡的內容也未必吻合，但如果因爲這樣就否定《顏氏家訓》中關於子弟行爲要求的一切內容，我們難以贊同。「家訓」是用來訓誡子弟的，因爲撰文者與受教者之間原本就存有非比尋常的關係，其發論的動機與目的，原即有異於聖賢言論。孔子說：「我欲仁，斯仁至矣。」〔註165〕孟子說：「生亦我所欲也，義亦我所欲也，二者不可得兼，舍生而取義者也。」〔註166〕這是聖賢的話，然而能夠行爲全合仁義，談何容易？孔子猶且不敢當之，他說：「若聖與仁，則吾豈敢，抑爲之不厭，誨人不倦，則可謂云爾已矣。」〔註167〕父母訓戒子弟，其原意也不是志在聖人，王昶〈家誡〉甚至說：「聖人不可爲，吾亦不願也」（附錄2-3），王脩〈誡子書〉也說：「父欲令子善，唯不能殺身，其餘無惜也。」（附錄1-10）因此他們告誡子弟的目的，不過是如何立足社會，如何適應人群生活，而不是訓誡他們如何成仁取義。如以《顏氏家訓》爲庸俗，那北齊那位教子弟彈琵琶學胡語以媚人主的，又當如何說？因此我們認爲家訓的內容雖未必盡合人意，取其可觀者，或從中得到些許的啓發，也算是受益於前人。我們看〈庭誥〉似也當作如是態度。

　　但「家訓」類的文字，往往有其局限性及不純粹性；它們並非純粹說道論德，因此產生一些受人疑慮的內涵，如延之〈庭誥〉，對子弟的勸告，有時會誘之以利害，例如：

（1）欲求子善必先慈，將責弟悌務爲友。雖孝不待慈，而慈固植孝；悌非期友，而友亦立悌。（附錄4-2-4）

（2）蠶溫農飽，民生之本，躬稼難就，止以僕役爲資，當施其情願，庇其衣食，定其當治，遞其優劇，出（先）之休饗，後之捶責，雖有勸恤之勤，而無霜曝之苦。（附錄4-2-9）

〔註164〕王利器，前引書，頁4。
〔註165〕邢昺《論語注疏》（前引書），卷七，述而，頁64。
〔註166〕孫奭《孟子注疏》（前引書），卷十一告子上，頁201。
〔註167〕同註165，頁65。

（3）務前公稅，以遠吏讓，無急傍費，以息流議。（附錄 4-2-10）

責子「慈友」而誘以「孝悌」；欲子善待僕役，而誘以無露曝之苦；勸子早日完稅、無急傍費，而以「吏讓」「流議」爲誡。或以利誘之，或以害戒之。這是〈庭誥〉戒子的一項特質。聖賢教人，善用自覺啓發，有他們的道理，〈論語‧陽貨〉載：「宰我問：『三年之喪，期已久矣。君子三年不爲禮，禮必壞，三年不爲樂，樂必崩，舊穀既沒，新穀既升，鑽燧改火，期可已矣。』子曰：『食夫稻，衣夫錦，於女安乎？』曰：『安』『女安則爲之，夫君子之居喪，食旨不甘，聞樂不樂，居處不安，故不爲也，今女安則爲之。』」〔註168〕「不安」就是一種自覺，〔註169〕能自覺不安，就能從自身產生源源不絕的力量。但相反的，宰我回答「安」，表示宰我對三年之喪的制定，其根本依據於人心，不能自覺。孔子只好說：「女安則爲之」，以期勉他能自覺仁愛。這是聖人教導弟子的方法。孔子又說：「仁者安仁，知者利仁」，〔註170〕能自覺於仁，稱爲仁者，以仁爲有利而奉行之，稱爲知者，「安」與「利」是有層次不同的。雖說父欲子善，無所不可，但利害的導引，有它的弊病，那就是容易造成凡事以「利害」做爲衡量事情的出發點。尤其是當利害迫及其身的時候，堅貞的人，如松柏長青；意志薄弱的人，不免隨風仆倒。以仁有利，而全心體仁，與仁者安仁，相差尚不甚遠，如果以己身利害與否來衡量事情，那相去就不可以道里計了。這是我們看〈庭誥〉不能不注意的地方。

另外是有關身教的問題，他曾告誡子弟不可嗜酒，而最理想的情況是戒了它（見前「嗜欲」飲酒條引），但據史料看來，他本身頗有酒過，《宋書》卷七三本傳載：

（1）飲酒不護細行。

（2）延之好酒疎誕，不能斟酌當世。

（3）晉恭思皇后葬，應須百官，湛之取義熙元年除身，以延之兼侍中。邑吏送箋，延之醉，投箋於地曰：「顏延年未能事生，焉能事死。」

（4）時沙門釋慧琳，以才學爲太祖所賞愛，每召見，常升獨榻，延之甚疾焉。因醉白上曰：「昔同子參乘，袁絲正色，此三台之坐，豈可使刑餘居之。」上變色。延之性既褊激，兼有酒過，肆意直言，

〔註168〕邢昺《論語注疏》（前引書），卷十七陽貨，頁 157～8。

〔註169〕說參牟宗三《中國哲學十九講》（前引書）第四講「儒家系統之性格」，頁 78。

〔註170〕邢昺《論語注疏》（前引書），卷四里仁，頁 26。

曾無過隱，故論者多不知云。

（5）好騎馬，遨遊里巷，遇知舊輒據鞍索酒，得酒必頹然自得。

又《南史》卷三四本傳載：

（6）尚之爲侍中在直，延之以醉詣焉。尚之望見便陽眠，延之發簾熟
　　視曰：「朽木難彫」尚之謂左右曰：「此人醉甚可畏。」

當時荀赤松批評他「沈迷麴蘗」〔註171〕並非空穴來風。雖說延之身受其苦，
而不願子弟蹈之，但自身不能行，以責其子，效果恐怕也是難以彰顯的。

〈庭誥〉的問題，同樣也會映射在其他「家訓」的內容上，其中不免有
一些時而純粹時而駁雜的言論，但它既是針對同一家族的人所發的行爲規
範，大體離不開「家庭」這個核心。〈大學〉說：「物格而後知至，知至而後
意誠，意誠而後心正，心正而後身脩，身脩而後家齊，家齊而後國治，國治
而後天下平。」〔註172〕強調「齊家」的重要性，是儒者一貫的信條，〈庭誥〉
等誡子內容，基本上是與這個信條相一致的。至於內容偶涉佛、道，則或與
時代及個人修養有關，更何況「達見同善，通辯異科」，優則採之，豈分別於
儒釋道。這是我們最後要表明的看法。

三、王僧虔〈誡子書〉（附錄4-3）

王僧虔，琅邪臨沂人。高祖王導，東晉丞相；曾祖王洽，中書令；祖王
珣，司徒。伯父王弘，宋文帝元嘉間歷職司空、司徒、太保，貴盛一朝。父
王曇首，任文帝侍中、太子詹事。僧虔，歷仕宋、齊二朝；在宋，文帝時起
家秘書郎、太子舍人，明帝時曾遭免官，順帝時仕至尚書令，其〈誡子書〉
撰於宋末數年之間，勉子去清談尚實學，爲南朝傳統誡子書頗具特色之作。
僧虔入齊，尤歷顯職，永明三年卒，追贈司空，諡簡穆。兄子儉（父王僧綽，
爲元兇劉劭所害）幼孤，養於僧虔，齊世以佐命之功，封南昌縣公，位至尚
書左僕射。諸子王慈、王志、王揖、王彬、王寂皆有名位。

王僧虔戒子，主要目的在勸誡子弟不可習尚玄風，並述及父蔭不足恃，當
自求努力等課題。因爲它涉及當時學風的反省，以及家族勢力的轉型問題，故
而備受學人的引證及重視。日人安田二郎撰有〈王僧虔「誡子書」考〉〔註173〕

〔註171〕事見沈約《宋書》（前引書）卷七三延之本傳，頁1902。
〔註172〕朱熹《四書集注》（前引書），頁9。
〔註173〕安田二郎「王僧虔誡子書考」，日本文化研究所研究報告，第17集，1981年

一文，針對此書的文字校勘、書信形式及遣辭用字的分析比較、翻譯、僧虔撰述此文的生活、歷史背景、撰年、內容分析，有了比較廣泛而全面的探討。本文論述重心與安田氏略異，除分析其內容外，多參佐歷來誡子篇章，以明僧虔戒子之特質。對於文中典故，安田氏注解頗詳，此多承用其說。茲依〈誡子書〉內容分述於後：

（一）不許習尚玄風

他不相信子弟能從事玄學的研究，成為清談名家，因此禁止他們習玄，然而這種舉措引起子弟心中不平，並且深自策勵，有的立志專注於玄學，直到老死，決不改變主意，有的則另尋出路，從事理想的工作。僧虔這封信的主要目的，即在於對那執意習尚玄學者，提出警告，並陳述玄學之不易。

僧虔與子弟在玄學的認識上，有一段相當的距離。子弟所好僅在清談，他們希望成為一個眾所景仰善言名理的高士；僧虔則從讀書的觀點告誡他們，光只有喜歡清談，不努力苦讀，決不能有所成就。他列舉子弟讀書的情況，批評他們不足以成為談士：

第一，他說子弟展開《老子》卷頭五尺多，尚且不知王弼、何晏的學說，〔註174〕馬融、鄭玄有什麼不同看法，〔註175〕《指例》在說明什麼，〔註176〕就興高采烈的拿起麈尾，自稱談士。僧虔以為這是最危險的事情，如果碰到一些專家，如袁粲找你談《易經》，謝朓找你談《莊子》，張緒找你談《老子》，〔註177〕還能說自己沒看過嗎？

---

3 月 31 日，頁 103～152。

〔註174〕王弼，字輔嗣，山陽人，生平見《三國志》卷二八。撰有《周易注》七卷、《老子注》二卷。（以上見安田氏前引文，頁 144，注 33 條）案：今存王弼諸作，樓宇烈曾彙集《老子道德經注》、《老子指略》、《周易注》、《周易略例》、《論語釋疑》等數種，撰成《王弼集校釋》，最為詳盡，可參閱之。（參註 129 引）另何晏，字平叔，南陽宛邑人，生平見《三國志》卷九曹真傳附。史載其「好老莊言，作道德論及諸文賦著述，凡數十篇」。參安田氏前引文，頁 144，注 34 條。

〔註175〕馬融，後漢扶風茂陵人，生平見《後漢書》卷九〇上；鄭玄，後漢北海高密人，生平見《後漢書》卷六五。二人並博學著書，撰述宏富。參安田氏前引文，頁 144，注 35、36。

〔註176〕《隋書》經籍志中，以「指」「例」為題者，在王僧虔以前，關於《易經》的撰述，有王弼「易略例一卷」、虞翻、陸績「周易日月變例」六卷；關於《老子》的撰述，有嚴遵「老子指歸十一卷」，毋丘望之「老子指趣三卷」。參安田氏前引文，頁 144，注 37 條。

〔註177〕袁粲見《宋書》卷八九本傳，謝朓見《梁書》卷三二本傳，張岱見《南齊書》

第二，他批評子弟對百家眾多的經典論注、荊州的《八袟》，〔註178〕以及清談常涉及的「才性四本」〔註179〕、「聲無哀樂」，〔註180〕連看都沒看過，聽都沒聽過，如何與人對談呢？

第三，他批評子弟：《易經》六十四卦，其名為何；《莊子》眾篇，何為內外；《八袟》所載，共有幾家；《四本》的內容，以何為長。都不能明白，空求清談的虛名，這是自欺欺人的表現。

綜僧虔所言，玄學的內涵包含三方面：第一，《老》、《莊》、《周易》三部經典；第二，對歷來經籍的眾家注解，如《八袟》等書；第三，清談的主題，如才能與性情、自然與感情的關係等課題。他以為這些都是魏晉以來善言名理者所必須詳究，絕不是光喜歡清談，追逐時麾，呻吟於同輩之間就可以成為名流。

然而僧虔不因為清談之難，而鼓勵他「造次必於是，顛沛必於是」，針對這三方面努力研讀，相反的禁絕子弟專務於此，可見他對清談及玄學的內涵仍抱著懷疑的態度，他並不認為清談是子弟的理想行為模式。我們從玄學的角度來看，它所根據的經典主要是《老》《莊》《易》三部書；它的主題在探討理想的人格，即「名教與自然之辨」之學；其哲學內容則著重探討本體論的玄遠之學。〔註181〕因此在當時的學風，老、莊貴無，純任自然的理想人格凌駕在孔孟拘謹、慎守禮法的行為之上；而過度注重哲學本體論的探討，反

〔註178〕 卷三二本傳，三人與僧虔約略同時，說詳安田氏前引文，頁129，「誡子書之撰年」條。

「荊州八袟」，謂劉表使綦毋闓、宋忠等新撰之《五經章句後定》（《三國志》卷六表傳裴松注引「英雄記」，前引，頁212），說詳賀昌群《魏晉清談思想初論》，收入里仁書局「魏晉思想」，民國73年1月版，頁8～10。

〔註179〕 「才性四本」，即漢魏之際探討一個人才能與內在本質同、異、離、合的問題，以做為人物評鑑的原則。鍾會曾撰〈四本論〉，見《世說新語》文學第五則。注云：「四本者，言才性同，才性異，才性合，才性離也。尚書傅嘏論同，中書令李豐論異，侍郎鍾會論合，屯騎校尉王廣論離」（余嘉錫《箋疏》，前引，頁195）說可參趙書廉《魏晉玄學探微》十六章「才與性」條（河南，河南人民出版社，1992年12月1版，頁233～234）。案：魏晉間言才性者，似皆循此四本，《世說》文學第三四、五一、六〇等則，敘殷浩、殷仲堪伯姪善言才性，專意四本，為清談之重要課題，故王氏《誡子書》言及之。

〔註180〕 嵇康撰《聲無哀樂論》（具本集，卷五），言音樂本身不俱哀樂之情，釐清自然的聲音與主觀人情哀樂的區分。這也是清談的重要課題之一。說參趙書廉《魏晉玄學探微》（前註引）十四章「玄學與樂論」條，頁190～197。

〔註181〕 參趙書廉，前引書，第一章，「玄學的涵義」條，頁2～7。

而忽略了人倫道德的踐履。這些都與僧虔一生行為謹慎小心，戒盈守滿〔註182〕的風格不同，這或許才是他不願意子弟習玄的主因。

　　另外約與僧虔同時的陳顯達（428～499），歷仕宋、齊兩朝，每以戰功封爵升官，家遂殷富，子弟與人競駕牛車，麗其服飾，頗染清談之習，故誡子云：「塵尾扇是王、謝家物，汝不須捉此自逐」〔註183〕其告誡之意，與僧虔相似，此亦略可以想見當時士族年輕子弟之習氣。以及在此風氣之下，為人父親對子弟的期許。

　　及顏之推撰《家訓》，對清談及玄風，則不僅在於不許子弟學之而已，他更全面否定玄學的價值，在〈勉學篇〉中，甚至批評老、莊是「任縱之徒耳」，又列舉何晏、王弼、山濤、夏侯玄、荀粲、王戎、嵇康、郭象、阮籍、謝鯤十人，說他們祖述玄宗，言行乖舛，毫不足取。更指責清談習氣，以為「直取清談雅論，剖玄析微，賓主往復，娛心悅耳，非濟世成俗之要也」〔註184〕顏氏雖說自己對玄學「亦所不好」，然其不好的原因也在於玄學所導引清談的風氣，光說不練，對人的行為沒有助益，只取其娛心意、悅耳目而已。他對玄學的批評，與王、陳不願子弟習清談之風，前後輝映，正可以看出在魏晉南朝玄風的鼓扇之下，家庭訓誡仍以儒家思想為主流之一斑。

（二）父蔭不足恃，當各自努力

　　王氏雖不許子弟習玄風，務清談，仍鼓勵他們努力讀書，從官為政。他以為歷來王家受蔭於先祖，因此人才輩出，「優者則龍鳳，劣者猶虎豹」但失蔭之後，則再無龍、虎之議，因此告誡子弟，自己不能庇蔭他們，〔註185〕要自求努力。至於努力的對象，他以為仍在於讀書，他說：有些人雖身經三公，

〔註182〕《南齊書》卷三三僧虔本傳載：僧虔善書法，而宋孝武帝劉駿好書法，欲專擅書名，於是僧虔不敢顯迹，常用掘筆寫字，以此見容；入齊之後，齊武帝亦善書法，曾與僧虔比賽，寫完後，問僧虔「誰為第一」，他回答說「臣書第一，陛下亦第一」齊武帝笑著說「卿可謂善自為謀矣」。其行事謹慎可見一斑。

〔註183〕《南齊書》（鼎文書局，民國72年4月4版）卷二六陳顯達傳，頁490。

〔註184〕王利器《顏氏家訓集解》，前引書，178～179。

〔註185〕《南齊書》卷三三僧虔本傳載，僧虔在宋世任會稽太守，恰巧宋明帝身邊寵倖中書舍人阮佃夫請假回會稽故里，僧虔門客勸他對阮氏要勤加禮接，僧虔不願意，說「我立身有素，豈能曲意此輩。彼若見惡，當拂衣去耳。」結果僧虔就因為此事，遭到免官。（前引書，頁592）僧虔應是在這種情況下，才說「況吾不能為汝蔭，政應各自努耳」的話。說參安田氏，前引文，頁135～137。

但卻默默無聞，有些人雖布衣寒素，卻令卿相屈體禮敬；或者父子貴賤殊，兄弟聲名異。其間的差別端在於讀書而已。因此讀書、任官，取過一生，是僧虔對子弟的最高期盼。

第五章　漢魏六朝家訓內容分析（三）

第一節　齊梁家訓內容分析

　　本節將探討蕭齊武帝、張融、梁簡文帝、梁元帝、徐勉、王筠等人的家訓篇章。其中以梁元帝《金樓子》中所收戒子篇最具特色。他抄錄前賢誡子或訓誡名言爲一編，以誡子弟，顯見在兩漢以來不斷積累的誡子書、家誡、庭誥等文章出現後，它們間接又被後世爲人父兄者拿來訓誡子弟，甚或用以自勉。〈隋志〉四總集載有「眾賢誡集十卷，殘缺」注云梁有「誡林三卷」「四帝誡三卷」「雜家誡七卷」「諸家雜誡九卷」「集誡二十三卷」都是與元帝抄錄眾家訓誡爲一編相類似的作品，其撰述目的雖未必在誡子，但內容卻與誡子息息相關，它們的撰述年代都在梁世之前，因附諸訓誡集之說明於此節之末，以明前世訓誡之盛況。

一、蕭頤〈勅廬陵王子卿〉（附錄 5-1）

　　蕭頤，字宣遠，齊高帝蕭道成長子。建元四年，高帝崩，即位，改元永明，是爲齊武帝，在位十一年崩，年五十四。永明元年初即位，遣第三子廬陵王子卿都督七州軍事、荊州刺史。以子卿在鎮，營造服飾，多違制度，故行文敕戒，希望他有所節制。此文情眞意摯，措辭有如口語，與凡常文士代君擬筆者，有所不同。子卿以年少，多歷顯職重任，不知天下艱苦，後被殺，年二十七。

　　齊武帝蕭頤前後兩勅其第三子，主要是因爲子卿貴爲王族，奢侈不節，服飾多違常體。文中提到以玳瑁作乘具（馬鞍），以純銀作馬鐙（即騎馬時

馬鞍兩旁腳踏），用金薄包裹箭腳（即箭之末端）。皆窮極豪奢之行逕，故武帝以爲皆宜戒除，並云「凡諸服章，自今不啓吾知，復專輒作者，後有所聞，當復得痛杖。」誡子不可再專意造作，否則後有所聞，當予以嚴懲。當時子卿年齡約在十六歲至二十歲之間〔註1〕尚未成年，故武帝威以痛杖，冀彼力改前非。

另外武帝又敘及，昔日在都，勸子讀書勤學，然轉眼成長，略無所就，故勉子卿當謹記戒敕，不可「如風過耳」，每令老父失望。

南朝宋文帝劉義隆戒江夏王義恭「奇服異器，不宜興長」（附錄 4-1），與齊武帝戒子「不得作乖體格服飾」，皆可以得知王公貴族生活無慮，故易流於耳目聲色的追逐。尤其是如義恭、子卿諸人，皆以未成年即擔當重任，雖輔以佐吏，亦非長養子弟的良策。無怪乎顏之推每歎於「膏粱難整」，〔註2〕非唯語音不正而已，實則凡事驕奢自足，不能自我克勵，之推以爲其所以如此在於「內染賤保傅，外無良師友」其說近是。

二、張融〈門律〉〈門律自序〉（附錄 5-2）

張融，字思光，吳郡吳人。祖父張褘，晉琅邪王國郎中令；父親張暢，宋會稽太守。融自宋孝武朝，起家新安王北中郎參軍，歷仕宋、齊二朝，職位屢遷，未能受重用，永明中仕至司徒左長史，齊明帝建武四年卒，年五十四。融向以文才顯，史稱「文辭詭激，獨與眾異」，行事多異常人，永明二年，上敕朝臣聽講於總明觀，融扶入就榻，私索酒飲之，難問既畢，乃長嘆曰：「嗚乎！仲尼獨何人哉！」爲到撝所奏，薾視聖哲，免官。先前曾撰〈門律〉，意在以佛、道二教律其家門，後遇疾撰〈門律自序〉多敘文章、言行諸事以訓勉子弟。諸子名多不傳。

張融〈門律〉，用意在自律家門，以今存〈門律自序〉兩段、〈門律〉一則看來，確有異乎常人撰文之例。「自序」暢言文章、言語，而「門律」則專述佛、道二家殊途同源之理，似截然無關的兩段文字，僅有告誡子姪的語氣爲兩文所共有。此當由於兩文乃在不同時間、不同心境的環境下所寫，其自序非用於序其〈門律〉，而是另一種戒子的名目。張融寫〈門律〉之後，曾四

〔註1〕 參（附錄 5-1）說明。
〔註2〕 王利器《顏氏家訓集解》（臺北：明文書局，民國 71 年 2 月初版）卷七音辭，頁 504。

處寄給諸遊生，如二何、兩孔、周顒等人，詢問諸人對〈門律〉中佛、道「逗極無二」理論的看法，書信中言及「欲使魄後餘意，繩墨弟姪，故為門律。」〔註3〕「所以製是門律，以律其門，非佛與道，門將何律，故告氣緩命，憑魄申陰。」〔註4〕這種申說撰文動機的內涵才類似於自序。但本傳中言融以得疾，故撰此「門律自序」，實則如同另一篇戒子之文。茲依序述其內容於後：

（一）「門律自序」

這篇自序，主要表現張融對文章撰述的看法，其內容約有四點：

第一，申說文無常體之理，勉子弟為文當求新求變，不可一味模仿。他在文中說「文豈有常體，但以有體為常，政當使常有其體。」即謂文章體製風貌，並非一成不變，也無不可逾越的規矩，而是豐富多姿的。然而以一位作家而言，則其文章通常有一定的獨特風格，而且作家正應當使其作品自成一體，不輕易丟棄個人特色。因此他勉勵子弟為文不可「因循寄人籬下」，反對「尺寸相資，彌縫舊物」的因襲作風。至於求新求變的原則，絕不是顛倒是非黑白，不必為了求新異而不辨溫涼寒暑，混淆哀樂歌哭的情懷，而是在於「屬辭多出，比事不羈」追求文辭運用上的突破。很顯然張融對文學的主張，主要在於樹立個人文章風格，力求文辭上的變化及新奇。故而他在全文雖多以個人行文的特色勉勵子姪，但也不要求他們一定要學習自己的體製，他說「汝若復別得體者，吾不拘也」表現出較開通的態度。〔註5〕

第二，撰文之動機以義為依歸，不可藉此虛釣名利。張融告誡子弟，以義為依歸，可以使心性清澈，不為外物所擾，切不可「釣聲同利，舉價如高，俾是道場，險成軍路」他把文章園地，視同宣揚佛法的莊嚴道場，應該是充滿詳和安寧的，如果藉此沽名釣譽，就可以成為戰場。

第三，希望子弟撰文，不要從事佛法的論辯。他說「吾昔嗜僧言，多肆法辯，此盡遊乎言笑，而汝等無幸。」認為過去自己喜好僧言，故撰文多論辯佛法，後來覺得這些都是談笑之言，不足為法。今案：融有集二十七卷、《玉海集》十卷、《大澤集》十卷、《金波集》六十卷〔註6〕，多亡失，今存

〔註3〕 梁僧祐《弘明集》卷六張融「書與二何兩孔周剡山茨」，大正藏第五二卷，頁38。

〔註4〕 同前註引書，張融「重與周書並答所問」，頁39。

〔註5〕 關於張融的文學觀，詳參王運熙《魏晉南北朝文學批評史》（上海，上海古籍出版社，1989年6月1版）第二章第四節「張融」條，頁254。

〔註6〕 參嚴可均《全齊文》卷十五（日本，中文出版社「全上古三條秦漢三國六朝

者如〈門律〉及與周顒等往反論辯佛、道同不同源的問題，確實多涉佛法，〔註7〕其〈門律〉亦云，「吾門世恭佛」可知他對佛教的信仰。不過他既認同佛教教義，也不排斥道家之言，則在信仰的程度上，自不同於出家之和尚。因此才會認爲文章不必專爲辯論佛法而作，甚至否定那些文章的價值，以爲形同言笑。

第四，戒子言語宜愼。他認爲人生來有口，只可「論道說義，惟飲與食」其他言論都像網羅一般，會把自己陷於其中。文中他悔恨自己往日的言論，訓勉子、姪有所警誡。案：融之言行，與常人異，史稱其舉止「風止詭越，坐常危膝，行則曳步，翹身仰首，意制甚多」〔註8〕亦頗有不同流俗的風範。有一回，齊武帝永明二年（484），武帝敕群臣到總明觀聽講，張融在席私自飲酒，待講習難問完畢，長嘆息說：「嗚呼！仲尼獨何人哉！」〔註9〕因爲他邈視聖人，言語不愼，結果被禦史中丞到撝所奏，遭到免官。他的言行不羈，類多如此，也因此在仕途上並不很順利。這或許就是他告誡子弟言語只能「論道說義」的原因。

（二）〈門律〉

張融〈門律〉主要談佛、道的信仰，認爲「道也與佛，逗極無二」其最高精神是相通的，只因時、空的不同，而因人制宜，故有殊異。在時間的差異上，他舉禮、樂爲例，後世不治五帝之樂，不襲三皇之禮，都是因爲殊時、異世，故其風不同，其義不一；在空間的差異上，他舉鴻飛在天爲例，越人以爲鳧，而楚人以爲乙。空中之鴻並未變化，而越、楚名稱不同。張氏似乎把道人的虛無與佛教般若學的空義，等同來看，〔註10〕因此他以家世恭佛的緣故，勸子弟「可專於佛跡，無侮於道本」另外他在遺令中表示，當於其左手置《孝經》、《老子》，右手置小品《法華經》〔註11〕則亦同時篤信儒家思想，這種相容並蓄，不

文」，1981 年 6 月 3 版），頁 2875。

〔註7〕 張融與周顒論佛道同不同源的往返書信，收入《弘明集》卷六，大正藏五二卷，頁 38～41。

〔註8〕 蕭子顯《南齊書》（鼎文書局，民國 72 年 4 月 4 版）卷四一融本傳，頁 727。

〔註9〕 同前註。

〔註10〕 對張融此說，周顒頗有論難，俱見《弘明集》卷六。至於佛、道、儒之本末問題，同源與否，在魏晉以後，即頗引起爭議，其說參湯用彤《漢魏兩晉南北朝佛教史》第十三章佛教之南統「本末之爭」條。（北京，中華書局，1988 年 3 月 2 版，頁 335～338）

〔註11〕 蕭子顯《南齊書》（前引書）卷四一融本傳，頁 729。

篤信一教的觀念，在南朝的士族中，是頗為常見的。〔註12〕

如就兩篇前後及內容歧異觀之，則先撰〈門律〉意在信仰，故言佛、道之別，至臨終又撰「自序」，則悔悟昔日「嗜僧言」之非，不欲子弟為之，而勉以撰文、慎言語為誡。則張融似以為心靈之寄託，佛道皆有其理致；至於入世修身，當求文章以顯名，謹慎以避禍也。

三、蕭綱〈誡當陽公書〉〈誡子書〉（附錄 6-1）

蕭綱，字世纘，梁武帝第三子。太清三年，武帝崩，即位，改元大寶，是為梁簡文帝，在位二年，為侯景所廢，遇弒，年四十九。綱幼而敏睿，六歲能屬文，武帝歎為「吾家之東阿」，以比曹植。既長，博綜儒書，善言玄理，篇章辭賦，操筆立成。子蕭大心，於武帝中大通四年封當陽公。大同元年，年十三，出為使持節、都督五州諸軍事、郢州刺史；七年，入為侍中；大寶元年封尋陽王，二年秋遇害，年二十九。綱此〈誡當陽公書〉蓋即撰於大心任郢州刺史之時，年時尚幼，父在東宮，故勉其勤學。

蕭綱撰此書，猶在東宮，其子大心，年幼便親方任（參附錄「說明」），故告以勤學、修身之意，與宋文帝〈誡江夏王義恭書〉用意相當。今存二文，互有詳略，茲綜述其旨：

（一）勉子勤學，並宜珍惜光陰

蕭綱以為，大心年紀尚幼，所乏者唯有學習，故引孔子之言「吾嘗終日不食，終夜不寢，以思，無益，不如學也」告誡其子當勤學，來充實自己的內涵，切不可成為「牆面而立，沐猴而冠」的人，他又舉大禹不愛尺璧而重寸陰的例子，說明時光的重要，以為「時過不可再來，年大不可更少」宜充分掌握年少的時刻學習，免得時過然後學，勤苦而難成。另外，他又陳示身為王室子弟，生活安逸，如不及時努力學習，則易陷於驕縱難整，甚而傾覆宗社，其中關鍵，端在於自己，不可不謹慎從事。

（二）勉子修身立德，切莫倚恃欺人

蕭綱勉子除了知識的充實之外，也提到言行舉止，當合於禮節，尤應仰慕古聖先賢，以修身立德。並告誡他不可依仗自己的承籍，欺慢他人。另外他言及立身與撰述文章有別，「立身先須謹重，文章且須放蕩」目的在告誡大

〔註12〕參前章顏延之〈庭誥〉「佛道信仰」條。

心立身行事宜嚴謹莊重，此與寫文章可以絲毫不受束縛不同。〔註13〕

　　歷來帝王，對子弟的訓誡，尤其重視「勤學」，如蕭綱以前有劉邦、劉備、李暠等誡子都涉及子弟學習的問題，其後如梁元帝《金樓子》戒子篇，亦勉子讀五經。其原因可以從兩方面來看：第一，王室子弟，來日都要擔當重任，而提高他們理國治民的能力，其方法莫過於教育。讀書學習前人經驗累積，明辨古今興衰之由，非從學習入手不可。第二，王室子弟，生於深宮之中，長於婦人之手，向來沒有生活上的壓力，較容易因此而流於聲色的追求。他們不似一般士族，仍須讀書，求得佳名，以為仕進之階。在這種沒有憂患意識的情況下，自然不會克苦自勵。因此歷來帝王殷勤勸告他們讀書，目的在彌補其容易忽略的地方。

四、蕭繹〈金樓子・戒子篇〉（附錄 6-2）

　　蕭繹，字世誠，梁武帝第七子。天監十三年封湘東王，歷會稽太守、侍中、丹陽尹；普通中為荊州刺史，大同中為江州刺史，太清初復為荊州，三年，侯景陷京師奉密詔為侍中，都督中外諸軍事。大寶三年三月平侯景，十一月即位於江陵，改元承聖，是為梁元帝。在位三年，西魏陷江陵，遇害，時年四十七。繹自幼好學，博總群書，才思敏速，下筆成章。所撰《金樓子》其「自序篇」云：「大兒為南征不復，繼奉國諱，隨念灰滅」，《梁書》本紀載其世子方等於太清三年六月帥眾討譽，死於戰陣，則《金樓子》成書當更在其後。此書今殘存六卷十四篇，「戒子篇」居第五，多抄古今訓、誡之辭，間雜以己意，教訓諸子。

　　此篇戒子共十四則，多抄自前人誡子之言，與歷來誡子書、家誡之形式有所不同，且其體例頗不一致，歸納起來，約有四種：第一，引述古人言論，如第四、五、六、九、十則者是也；第二，引述古人言論再加評語，如第一、二、三、七、八、十二則者是也；第三，敘說故事，如第十三、十四則是也；第四，自舒己見，如第十一則是也。另外內容的編排，有時數則共言一理，有時一則分見二事，毫無次序可言。因此我們分析其內容，舉凡單純引用馬援、王昶、杜恕、陶淵明、顏延之等前已述及的部分，皆省略之，而歸納其他的論點，條列（一）人生觀（二）謹慎（三）待人（四）勉學（五）執法

〔註13〕「放蕩」一辭之解說，王運熙以為乃「不受束縛之意」（前引書，頁299）此從之。

等五個部分說明之。

（一）人生觀

蕭繹首先舉東方朔戒子之言，以爲其「依隱玩世」的人生觀是不足取法的，並勉子當今「堯舜在上，千載一朝」人人皆自我策勵，力求上進，不可師法東方朔消極苟安的思想。

（二）謹　慎

蕭繹在第二、七、十、十二則都言及言行當謹愼的觀念。第二則引〈金人銘〉、崔瑗〈座右銘〉以爲兩銘所載「無多言」「無多事」「無道人之短，無說己之長」等愼於言行的話，並可習誦。第七則引單襄公「君子不自稱也，必以讓也，惡其蓋人也」之言，並自云：弱冠之年，頗爲朝中名士所重，經常在飲酒、作詩之際，褒貶人物得失，自吟自賞，嘯傲人間。自己略有所見，則重之如山；對待旁人，則忽之若草，好說大話，經常批評他人得失。他後來很懊悔自己以前的行逕，因此舉單襄公的話，告誡子弟，應常懷謙讓，不可縱口舌之快。另外他在第十則引述〈中庸〉愼獨之言，〈易繫辭傳〉「君子居其室，出其言善」一段，目的亦在於告誡子弟注意言行的問題，並特別強調獨處時尤當誠愼恐懼。

第十二則他舉任嘏、孔光兩人謹愼小心的行逕爲例，希望子弟能有所師法。案：任嘏，字昭先，魏文帝時爲黃門侍郎，每次進諫忠言，都要事先打好草稿，放在懷裏，以免有所失誤。而且自從他擔任黃門侍郎後，隨侍文帝，預知機密，因此寫信回家，都不加封，表示清白。〔註14〕孔光，字子夏，孔子十四世孫，西漢成帝時爲光祿勳，領尚書事。每逢沐日放假歸家，與兄弟妻子閑談，終日不及朝庭政事；有人問及長樂宮中溫室殿旁所種皆何樹，光皆默然不答，而應以他語。〔註15〕這兩人謹言愼行，都從日常生活中去實踐，即使如家書、溫室之樹，他人所容易忽略，也都能小心從事，故而蕭繹誡子，對二人行事，褒獎有加。

（三）待　人

蕭繹在第九、十兩則，引曾子、子夏之言，述及待人的方法及態度。可

〔註14〕任嘏事見陳壽《三國志》（鼎文書局，民國 72 年 6 月 5 版）卷二七王昶傳裴注引《任嘏別傳》，頁 748。

〔註15〕孔光事見班固《漢書》（鼎文書局，民國 72 年 10 月 5 版）卷八一本傳，頁 3354。

分爲四點：

第一，莊、狎之間宜多斟酌。他引曾子之言：「狎甚則相簡，莊甚則不親。是故君子之狎足以交歡，其莊足以成禮也」以爲與朋友之間的交往，過於親密，則禮數不周；過於拘謹，則不能相親相愛。因此「狎甚」與「莊甚」的態度都不理想，最好能在「狎」與「莊」之間，取得一個平衡點，使兩者相處，既能相親相愛，又能顧及禮節。然而年輕子弟多半難以完全做到。其缺失往往在於過狎，不在過莊；且過狎足以致禍，過莊僅在不親。因此古來戒子在朋友的態度上，多偏向戒狎暱這方面，如後漢張奐〈誡兄子書〉（附錄 1-6）責子「侮狎同年」認爲當「以禮自持」，王昶〈家誡〉（附錄 2-3）以爲「朋黨則有彼此之患」，都是站在戒子弟過狎而說的，古人所謂「君子之交淡若水，小人之交甘若醴」〔註16〕用意在此。可以想見朋友的交往要適得其分並不容易，蕭繹抄曾子之言以戒子，雖過於理想，實亦含有深意。

第二，眞誠待人。他引子夏之言「與人以實，雖疏必密；與人以虛，雖戚（密）必疏」來說明眞誠信實的重要。

第三，待下當以身作則。他說「帥人以正，誰敢不正；敬人以禮，孰敢不禮」以爲凡事當從本身做起，欲人端正，則己先端正，欲人遵禮，則己先遵禮。這對一位領導者而言，是相當重要的。以前季康子問政於孔子，孔子回答他「子帥以正，孰敢不正」〔註17〕蕭繹之言蓋亦取此。

第四，使人當先勞後逸，先功後賞。繹蓋以爲能如此則逸、賞有所勸，民皆競立功勞，以求賞逸。

（四）勉 學

第十一則言及勉學，全段皆蕭繹自言，較具時代特色。他首先表明學子有良好的讀書環境，住在「廣廈之下」，端坐「細氈之上」，前有明師指引，後有同窗相勸，當是人生至樂，較諸終日馳騁野獸，奔走勞苦，實不可同日而語。因此他鼓勵子弟應專心向學。至於讀書的方向，他認爲當以《五經》爲本，讀之百遍，其義自見，可明白聖人的用心；其次可讀正史，他認爲從正史之中可以見古今得失成敗之由，是經國所急。此外當讀譜牒，它可以明

〔註16〕郭慶藩《莊子集釋》卷七上山木（臺北：漢京文化事業有限公司，民國 72 年9 月），頁 685。又略見《太平御覽》卷四六○敍交友引「禮記」佚文。

〔註17〕邢昺《論語注疏》卷十二顏淵（臺北：藝文印書館「十三經注疏」，民國 70年元月 8 版），頁 109。

貴賤，斷是非；對「百世衣冠」的世家大族，不可不熟悉掌握，而書中對人物的中表親疏關係，或職務的通塞升降，有明確的記載，是必須特別留意的。

　　蕭繹提示子弟當讀五經、正史、譜牒。五經謂《毛詩》、《尚書》、《周易》、《三禮》、《春秋三傳》，蕭繹特別重視，並誡子云「非聖人之書勿讀」，這在魏晉南朝，玄學盛行之際，頗有正本清源的見解。繹所以誡子重視經書，與他的父親梁武帝蕭衍當有密切的關係。《南史》卷七一儒林傳序論魏晉南朝之經學云：

> 洎魏正始以後，更尚玄虛，公卿士庶，罕通經業。……自是中原橫潰，衣冠道盡。逮江左草創，日不暇給，以迄宋、齊，國學時或開置，而勸課未博，建之不能十年，蓋取文具而已……至梁武創業，深愍其弊。天監四年，乃詔開五館，建立國學，總以五經教授，置五經博士各一人……分遣博士、祭酒，到州郡立學。七年，又詔皇太子、宗室、王侯始就業受學，武帝親屈輿駕，釋奠於先師先聖，申之以讌語，勞之以束帛，濟濟焉，洋洋焉，大道之行也如是。及陳武創業，時經喪亂，衣冠殄瘁，寇賊未寧，敦獎之方，所未遑也。

〔註18〕

可以略見魏、晉南朝，經學荒蔽，唯獨梁武帝蕭繹，特別予以重視。在京都設館立五經博士，在地方又遣博士、祭酒，到州郡立學，對宗室子弟，尤多獎勵。繹生於天監七年，其幼年讀書，當即感此風氣，而頗誦五經。由《梁書》卷五元帝本紀載繹五歲時，其父衍問他讀什麼書，他回答說「能誦曲禮」〔註19〕亦可略見一斑。

　　其次他說「五經之外宜以正史為先」，文中兩次提到「正史」之名，然古來史部目錄，在〈隋書經籍志〉前，未有「正史」之目。〈隋志〉以《史》、《漢》等紀傳體史書為正史，唐劉知幾《史通》則以紀傳、編年、偽史等能紀錄一朝大典者屬之。〔註20〕〈隋志〉取義較嚴，劉氏取義較寬，然皆以斷代專載一國之史則同。案：梁阮孝緒撰《七錄》，目錄見存《廣弘明集》卷三，其中「紀傳錄」有「國史部」，〔註21〕鄭鶴聲取以與〈隋志〉史部做比

〔註18〕李延壽《南史》（鼎文書局，民國 70 年元月 3 版）卷七一，頁 1730。

〔註19〕姚思廉《梁書》（鼎文書局，民國 72 年元月 4 版）卷五，頁 135。

〔註20〕參鄭鶴聲《中國史部目錄學》卷三史部源流「正史源流」條（臺北：華世出版社，民國 74 年 9 月 1 版），頁 11～13。

〔註21〕釋道宣《廣弘明集》卷三，收入大正藏五二卷，頁 110。

較，以爲「國史部」包含〈隋志〉中的正史（紀傳）及古史（編年）。〔註22〕阮氏編目雖無「正史」之目，然阮氏撰有「正史刪繁十四帙一百三十五卷序錄一卷」〔註23〕彼所刪削者，亦稱正史，繹與孝緒同時人，所言正史，自然有別於所有史部的書，我懷疑阮、蕭所謂「正史」即《七錄》中之國史，蓋包含編年與紀傳而言之。繹勉子讀正史，以爲正史具得失成敗，乃經國之所急，這與劉備勉後主讀《漢書》（附錄 2-7）、李暠誡諸子「古今成敗，不可不知，退朝之暇，念觀典籍」（附錄 3-7）的看法是一致的。

前二種書籍，古來即頗爲士人所重視，又提到譜牒，次於《五經》、正史，與後世讀書習慣大不相同，據此可以略見當時讀書人倚重譜牒之一班。今南北朝譜牒著作，已無所存，楊殿珣《中國家譜通論》據各書徵引及隋、唐〈志〉所著錄，別爲「家譜」「總譜」「郡譜」「皇室譜」四類，條列一一三種書目。〔註24〕其續篇又據諸書徵引，推測譜牒之內容，計有「名字」「婚姻」「兄弟姊妹」「子女」「生卒」「遇害」「爵位」「著述」「族望源流」「居址」「支系」「墳墓」等項。〔註25〕雖非全貌，亦可略明當時譜牒之撰述及內涵。繹欲子弟讀譜牒，不外乎要他們透過譜牒，去認識周遭的人物，進而做爲選官任人，婚姻擇對，言談避諱……等用途，〔註26〕這些雖無關於進德修業，但卻是當時重視門戶、嚴於避諱的環境中，相當實用的書籍。蕭繹在《金樓子》自序篇中說「五年十三，誦《百家譜》，雖略上口，遂感心氣疾」〔註27〕於此可知他本身也誦讀譜牒，幼年讀之，年長而知其功用，故而殷殷戒子讀之，蓋有感而發。

這三種書在當時都具有實用價值的，至少站在傳統儒家修身養德、治國理民的觀點來看是如此。而歷來教子讀書，雖或所舉書目不盡相同，要以修身、應世、治國、齊家爲其極終目標，此則歷兩漢魏晉以至於南北朝、隋代所異世共勉，至顏之推《顏氏家訓》勉學篇，可謂集其大成。他們告誡子弟

〔註22〕參鄭鶴聲，前引書，頁 57。

〔註23〕見《七錄》目錄，收入《廣弘明集》卷三，前引，頁 111。〈隋志〉二史部雜史類載此書，「刪」作「削」，「一三五卷」作「九十四卷」。

〔註24〕楊殿珣「中國家譜通論」，圖書季刊，新三卷 1、2 期，民國 30 年 6 月。此參頁 16～25。

〔註25〕楊殿珣「中國家譜通論續」，圖書季刊，新六卷 3、4 期，民國 34 年 12 月。此參頁 21～23。

〔註26〕楊殿珣「中國家譜通論」，前引，頁 14～16。

〔註27〕蕭繹《金樓子》卷六自序篇（臺北：世界書局，民國 64 年 7 月再版），頁 7A。

往往站在理性的一面，認爲讀之而有益無害者，才提供給子弟參考，至於個人對書籍的性好，以之教子，又有所擇別。《顏氏家訓》勉學篇載梁世玄風大暢，《莊》、《老》、《周易》，總謂三玄，載蕭繹甚而親自登堂講授，云：

> 元帝在江、荊間，復所愛習，召置學生，親爲教授，廢寢忘食，以夜繼朝，至乃倦劇愁憤，輒以講自釋。〔註28〕

《梁書》卷五元帝本紀亦載繹於承聖三年，於龍光殿述《老子》義。〔註29〕則繹好《老》《莊》之書，恐尤甚於經、史、譜牒，然關於玄學諸典籍，在其戒子篇中並未予列入。於此可知蕭繹雖性好玄學，暢談虛無，而彼眞以爲可行於世者，仍不外儒家經典所言治世理念。

（五）執　法

蕭繹在第十三則舉季羔刖人之足，後來爲刖者所救的例子，來說明執法者倘能公正，自然民心誠服。《孔子家語》載此事並及孔子評季高之言云：「善哉爲吏，其用法一也。思仁恕則樹德，加嚴暴則樹怨，公以行之，其子羔乎。」〔註30〕凡人都知道待人以仁恕可以樹德，加人以嚴暴，則遭來怨恨，但像季羔爲士師（獄官）刖人之足，卻能得到刖者的心悅誠服，甚而在他危難的時候，出手援救。孔子以爲是「公以行之」「用法一也」的原故。執法者既不能假仁恕以赦有罪，又不能逞嚴暴以罰無辜，唯有秉公行事，庶無咎吝。繹敘此事，並略引孔子之言，以誡子弟，用意在此。

五、徐勉〈爲書誡子崧〉（附錄6-3）

徐勉，字脩仁，東海郯人。祖父徐長宗，宋武帝霸府行參軍；父親徐融，南昌相。勉幼而孤貧，早勵清節，及長，篤志好學，齊永明中起家國子生，歷仕齊、梁二朝，梁世屢居顯職，大同元年卒，時年七十，詔贈特進、右光祿大夫、開府儀同三司，諡曰簡肅公。勉雖顯貴，仍勠力從公，一心爲國，家無蓄積，不營產業，晚年以腳疾轉劇，梁武帝特準居家休養，故撰書以誡長子崧，由內容來看，有年老傳家意。崧曾任南徐州主簿，生平多不可考。

〔註28〕王利器《顏氏家訓集解》卷三勉學，前引，頁179。王氏以爲此乃梁武帝大同八年（542）事，時繹年三十五。（參頁188，注40）

〔註29〕姚思廉《梁書》（前引書），頁134。

〔註30〕《孔子家語》卷三致思（臺北：世界書局「新編諸子集成」，民國72年4月新4版），頁15。

　　徐勉此書，多半自敘懷抱，罕有策勵子弟言行之文，與鄭玄、陶淵明誡子書相似。《梁書》載「雖位居顯位，不營產業，家無蓄積，俸祿分贍親族之窮乏者。門人故舊或從容致言。勉乃答曰：人遺子孫以財，我遺之以清白。子孫才也，則自致輜軿；如其不才，終為他有。」〔註31〕全篇誡子書千餘言，大約都在說明自己這種行事的態度。茲依其內容，略述於次：

（一）自敘不營產業，並明以清白遺子孫之理

　　徐勉在文中首先自敘對產業的看法及態度，他說自己家世清廉，因而居處貧素，對於產業之事，所未嘗言。至於今天能「尊官厚祿」，並非由才能所獲，全是因為自己稟承先祖風範以及仰賴他們的流福餘慶而得。因此他堅信古人所言「以清白遺子孫，不亦厚乎」〔註32〕以及「遺子黃金滿籯，不如一經。」〔註33〕的話，希望自己也能樹立這樣的作風，給子弟一個好的榜樣。故而自從顯貴三十年以來，門人故舊常勸他「創闢田園」「興立邸店」「舳艫運致」「貨殖聚斂」等經營產業的事，則一概拒絕。他認為其目的不只是不與民爭利而已，還希望藉此減少一些雜亂的事。文中他一方面自敘自己行事的態度，一方面引用前賢楊震、韋賢的話來自勉，大概是要長子崧明白他不事產業的用意，不必引以為憾。

（二）勉子居家理財之要

　　他引用孔子所云「居家理治，可移於官」之言，勉子既購置田產，當善自經營，如有所獲，可以周濟內外大小。另外他又說，身為一家之長，頗不容易，應使中外親戚相處和諧，不要讓人說閒話。而其行事原則即在「先物後己」，他引老子的話「後其身而身先」說明倘能如此，更招巨利。

　　除了以上兩項，一則表明自己的行事，一則略勉子弟理財之原則外，中間又敘述他家小園之取得、經營及前後施捨、變賣諸事，最後則申說近日生活及表明傳家不再關涉家中細務之意。

〔註31〕姚思廉《梁書》（前引書）卷二五勉本傳，頁383。

〔註32〕范曄《後漢書》卷五四楊震列傳：「（震）性公廉，不受私謁。子孫常蔬食步行，故舊長者或欲令為開產業，震不肯，曰：『使後世稱為清白吏子孫，以此遺之，不亦厚乎！』」（鼎文書局，民國70年4月4版，頁1760）徐勉之言即本乎此。

〔註33〕班固《漢書》卷七三韋賢傳：「賢為人質朴少欲，篤志於學，兼通《禮》、《尚書》，以《詩》教授，號稱鄒魯大儒……賢四子……長子方山為高寢令，早終；次子弘，至東海太守；次子舜，留魯守墳墓；少子玄成，復以明經歷位至丞相。故鄒魯諺曰：『遺子黃金滿籯，不如一經。』」（前引書，頁3107）徐勉之言本此。

　　徐勉此文，傳家之意重於訓誡，我們可以從文中的幾個特色得知。第一，評述家產之由來、經過。因為徐勉要把家園給長子崧，要他來經營，故而不勞瑣碎說明當時曾購置的小園，後來如何割西邊捐給宣武寺做佈施；如何聚石移果，雜以花卉的苦心經營；如何缺錢，賣予韋黯；如何運用這些錢蓋兒孫要住的兩座房屋。文煩事碎，目的即在把家產的情況告知長子，讓他知道來龍去脈。第二，敘說自己「年時朽暮」，連公務都已無法勝任，在此之時，只希望趁著「冬日之陽，夏日之陰，良辰美景，文案間隙」逍遙自在，看看遊魚，聽聽林鳥，喝酒彈琴，以待終老。他說「不宜復勞家間細務」又云「自茲以後，吾不復言及田事，汝亦勿復與吾言之」。這些都是一般家誡中很少涉及的事情，但如取來與鄭玄〈戒子益恩書〉、陶淵明〈與子儼等疏〉合觀，又頗有類似之處，這是傳家告子與家誡不同的地方。

　　這封書信在內容上，前後矛盾的地方不少，前云不事產業，後敘賣小園得錢百金，其價甚高，瑣瑣言及「經始歷年，粗已成立」的用心經營。雖然他自己說是「筆勢所至」「非有吝心」，卻顯得不相諧調。另外他為了表明財物雖不必致力鑽營，但也不可全無，而說「且釋民之教，以財物謂之外命；儒典亦稱『何以聚人曰財』。況汝常情，安得忘此。」又引老子之言「後其身而身先」，告誡子弟，若能爾者，更招巨利。這種斷章取義，以片面經典的話，說明財物的重要及誘以巨利的動機，都與首段不經營產業，以清白遺子孫的立義相違背。

六、王筠〈與諸兒書〉（附錄 5-6）

　　王筠，字元禮，一字德柔，琅邪臨沂人。祖父王僧虔，齊司空簡穆公；父親王揖（一作楫），太中大夫。筠幼而警寤，七歲能屬文。及長，清靜好學，梁武帝天監中，起家中軍臨州王行參軍，累遷太子洗馬，掌東宮管記，時昭明太子愛文學之士，頗見禮重。武帝太清三年，卒於侯景之亂，時年六十九歲。筠向以文章見稱，尚書令沈約每見其文，咨嗟吟詠，自以為不逮。與劉孝綽並以才名見重當時。〈與諸兒書〉，性質略與羊祜〈誡子書〉同，以一書訓勉眾子，內容僅及文章，則與其平生所尚有關。子祥，仕陳黃門侍郎，孫瞀、胄並仕陳朝，胄入《隋書》文學傳，可謂書香傳家。

　　王筠為王僧虔孫，晉丞相王導六世孫，為晉宋以來僑姓之高門大族，歷來家族文風鼎盛，故撰此書，欲子弟承繼家世「人人有集」之風。

　　他舉後漢安平崔氏、汝南應氏，以為雖稱美於往代，實不如東晉以後的琅琊王氏。所云崔、應二氏，分別見《後漢書》卷五二崔駰傳、卷四八應奉傳，家世皆以才學著稱。崔氏有崔駰，駰子瑗，瑗子寔，皆善屬文，范曄崔駰傳論云：「崔氏世有美才，兼以沉淪典籍，遂為儒家文林。」〔註34〕又贊云：「崔為文宗，世擅雕龍」〔註35〕可謂極盡褒美之辭。另應氏有應奉，奉子劭，劭弟子瑒、璩，並有文才，范氏應奉傳論曰：「應氏七世才聞，而奉、劭采章為盛。及撰著篇籍，甄紀異知，雖云小道，亦有可觀者焉。」〔註36〕居後漢之世，家世能以文才相繼如崔、應者，確屬難得。然與東晉南朝琅琊王氏相較，又不可同日而語。以〈隋書經籍志〉集部所載，王筠父揖（五卷），〔註37〕揖父僧虔，僧虔父曇首（集二卷錄一卷），曇首父珣（十一卷），珣父洽（集五卷錄一卷），洽父導（集十一卷），除王僧虔未見著錄外，人人有文集。至於堂兄弟從叔伯有文集者頗多。〔註38〕王筠舉沈約語人云：「吾少好百家之言，身為四代之史，自開闢以來，未有爵位蟬聯，文才相繼，如王氏之盛者也。」並非過譽之辭。而其中王筠，撰述尤多，《梁書》筠本傳載：「筠自撰其文章，以一官為一集，自洗馬、中書、中庶子、吏部、左佐、臨海、太府各十卷，尚書三十卷，凡一百卷，行於世。」〔註39〕是其所撰述之盛尤超越其父祖。史載沈約見其文，咨嗟吟詠，以為不逮，嘗於梁武帝面前讚美他說「晚來名家，唯見王筠獨步。」〔註40〕可見他非唯勤於寫作，亦為時人所重，故特撰此書，勉子「仰觀堂構，思各努力」。筠子王祥，祥子王胄，胄入《隋書》卷七六文學傳，〈隋志〉別集著錄有集十卷，猶能承先祖之風。

七、其　他

　　〈隋志〉所載梁以前訓誡總集作品，有下列諸書：

〔註34〕范曄《後漢書》（前引書）卷五二崔駰傳，頁 1732。

〔註35〕同前註，頁 1733。

〔註36〕范曄《後漢書》（前引書）卷四八應奉傳，頁 1622。

〔註37〕「王揖」，〈隋志〉四別集、《南史》卷二二王曇首傳作如此，《梁書》卷三三王筠傳「揖」作「楫」。

〔註38〕參蘇紹興《兩晉南朝的士族》（臺北：聯經出版事業公司，民國76年3月初版），頁 196，注 35 條。蘇氏列琅琊王氏一族有文集者三十五人，無文集而有文章者三十四人，可以想見王氏文風。

〔註39〕姚思廉《梁書》（前引書）卷三三王筠傳，頁 487。

〔註40〕參前註引書，頁 484～485。

（一）諸葛武侯集誡二卷

　　〈隋志〉二子部儒家，未言撰集者。〈隋志〉四集部總集另有「諸葛武侯誡一卷、女誡一卷」似同爲一書，而割裂爲二。此蓋後世抄諸葛亮訓誡之言別行，說參姚振宗《隋書經籍志考證》卷二四子部儒家。〔註41〕

（二）眾賢誡十三卷

　　〈隋志〉二子部儒家。

（三）眾賢誡集十卷

　　〈隋志〉四集部總集，注云「殘缺」。〈舊唐書經籍志〉、〈新唐書藝文志〉總集有「眾賢誡集十五卷」，與此蓋同爲一書。

（四）誡林三卷，綦毋邃撰。

（五）四帝誡三卷，王誕撰。

（六）雜家誡七卷

（七）諸家雜誡九卷

（八）集誡二十二卷

　　上五書，並錄於〈隋志〉四總集「眾賢誡集四卷」條下，注云「梁有……亡」。

　　這些書都已亡佚，內容無從詳知，但從題目看來，除（一）（五）兩本以外，應廣含歷來訓誡之文，其中當保存有大量誡子書及家誡，梁元帝撰《金樓子》戒子篇時，廣引東方朔〈戒子〉、后稷廟堂〈金人銘〉、崔瑗〈座右銘〉、杜恕〈家戒〉、馬援〈誡兄子嚴敦書〉、王昶〈家誡〉、陶淵明〈與子儼等疏〉、顏延年〈庭誥〉、單襄公言、向朗遺言戒子、曾子言、子夏言、任彥升言，即諸書之縮影。而原本附在史傳、別集中的家訓，透過諸書的撰集，更能普及民間，對家訓的傳播，有其一定的效用。

　　但這些書，既爲總集，廣抄諸家訓誡之文，必然產生內容重複、思想不一的情形，故而數量雖多，要用以訓誡子弟，仍感不便。像梁元帝抄錄諸人家誡，雖可避免重複，又不得不在東方朔戒子條下，加上他反對東方朔人生觀的案語。因此家訓的撰集除了抄錄前人訓誡之外，另有擴大家訓內容，以訓誡子弟的必要，《顏氏家訓》的完成，即其代表作。說另參北朝誡子內容分析第四條。

〔註41〕姚振宗《隋書經籍志考證》（北京，中華書局「二十五史補編」第四冊，1989年7月5版）卷二四，頁5460。

另齊、梁間任昉，亦撰有〈家誡〉，《南史》卷五九任昉傳載昉：「爲〈家誡〉，慇懃甚有條貫。」〔註42〕梁元帝《金樓子》戒子篇引「任彥升云：人皆有榮進之心，政復有多少耳。然口不及跡，不營居，當爲勝。」（附錄 6-2-12）依蕭繹戒子篇體例，此則下再引「王文舒曰」「顏延年曰」皆抄自王昶〈家誡〉、顏延之〈庭誥〉，則此似亦任昉〈家誡〉中文，唯今日任昉〈家誡〉片字不存，〔註43〕故無從徵驗耳。案：任昉字彥升，歷仕齊、梁二代，以文才見知，時人有「任筆沈詩」美譽，取以比之於沈約，約爲一代辭宗，亦自深所推許。梁武帝天監七年，卒於官，年四十九。有子東里、西華、南容、北叟，東里頗有父風，官至尙書外兵郎。生平事跡略見《梁書》卷十四、《南史》卷五九本傳。《梁書》載昉：「在任清潔，兒妾食麥而已。」「昉不治生產，至乃居無室宅。世或譏其多乞貸，亦隨復散之親故。」「及卒，諸子皆幼，人罕贍卹之」〔註44〕蓋任昉居官持身清廉，又不治產業，有以致之，梁元帝引其言「口不及跡，不營居」與其一生行事亦相符合。

第二節　北朝家訓內容分析

本節將探討北魏楊椿、北齊魏收、北周王褒三人的家訓內容。另北魏張烈有〈家誡〉千餘言，甄琛有《家誨》二十篇，刁雍有《教誡》二十餘篇，文明皇后馮氏有《勸戒歌》三百餘章、《皇誥》十八篇，今皆不傳，附於最末，敘其緣由。

一、楊椿〈誡子孫〉（附錄 7-1）

楊椿，字延壽，北魏恒農華陰人。高祖楊結，後燕中山相；曾祖楊珍，魏上谷太守；祖父楊眞，河內、清河太守；父親楊懿，廣平太守。楊氏自五胡亂華之後，未及東渡，累代仕於北朝，至楊椿兄弟大盛北魏，椿任太保，弟津任司空，其餘兄弟及諸子姪，滿朝文武，並位高職顯，爲北魏漢人之世家大族。椿於孝莊帝永安二年，致仕還華陰，臨行告誡在洛子孫，因撰此文，時年七十五。其後以兄子侃助孝莊帝剪除爾朱榮，榮子姪率兵誅殺楊氏在洛

〔註42〕李延壽，南史，前引書，卷五九任昉傳，頁 1455。
〔註43〕任昉文，嚴可均《全梁文》卷四一～四四有輯存，未見〈家誡〉之作。
〔註44〕姚思廉，《梁書》，（前引書），卷十四任昉傳，頁 253～254。

及華陰諸親族，數百口同時遇害。僅津子愔（字遵彥）在外，免死，後爲北齊高洋重用，仕至吏部尚書，後爲高演所殺。

　　楊氏歷仕拓跋魏，至楊椿兄弟而大盛，椿及弟津並列位三公，兄弟、子、孫多居要職，一門之中人才輩出。所撰〈誡子孫〉，用意在維繫家族之長榮不衰，是典型的仕宦家族誡子模式。此外楊氏自椿高祖楊結仕後燕慕容氏，曾祖珍入魏以後，世世代代身事異族，因此家庭訓誡中，自然特別重視謹愼小心的仕宦態度，以保全家族的延續，這在楊椿文中引述先祖訓誡可略見一、二。椿此文，可說一方面承繼祖先遺訓，一方面提供個人仕宦心得，來告誡子孫，希望他們在顛仆的環境中，能長保元吉。所陳示諸行，多允當平實，堪稱家訓上品。茲依其內容述於次：

（一）自敘家世風範以勸子弟

　　椿此文，首敘楊氏家世及風範，以爲：楊氏入魏之初，就被尊爲上客，得到皇上賜予田宅、奴婢、馬牛羊等，於是成爲富室。近年以來到今天二十年間，楊家子弟擔任二千石、刺史的人從未間斷，所得俸祿甚多。然而對於親戚朋友，凡遇吉凶大事，必定厚加贈襚；如遇往來賓客僚佐，必定以酒肉飲食相待。因此多能得到親戚朋友的認同。

　　楊氏敘及此事，一方面也爲自家受到尊榮感到欣慰，一方面則希望子孫明瞭楊家一慣作風，雖然有優渥的收入，同時也樂於接濟周遭親故，這樣才能得到大家的推許。目的蓋在於使子孫秉此家風，有所依循。

（二）敘先祖行逕、訓誨，使子弟知道滿足之理

　　他敘說魏國之初建，男士喜歡穿著綵布衣服，而祖父清河翁（楊眞）卻經常身著布衣，腰束韋帶。每每告誡諸父：萬一以後你們的生活較今天富裕，切不要使財物超過「黃金一斤，綵帛百匹」以上，成爲富室。而且他也不許諸父營生追逐財貨，也不許與勢家通婚。楊椿對其祖父的話銘記在心，但也表示這種告誡，到了他們兄弟已無法遵奉。但他反觀下一代子弟，服飾、車馬，又更趨豪華，很感慨的說「吾是以知恭儉之德，漸不如上世也」。

　　楊眞對子弟的要求，設想甚周，不「治生求利」，自然就不會成爲富室，不成爲富室，也難以與勢家通婚。其目的蓋在於希望子弟知足少欲，不作非分之想。

　　世上富貴而不驕者少，故欲除驕奢妄爲，而涉滅家之禍，蓋唯有從根本不

追逐財貨做起。顏之推在《家訓》止足篇中引其先祖靖侯戒子姪曰:「汝家書生門戶,世無富貴;自今仕宦不可過二千石,婚姻勿貪勢家。」〔註45〕與楊眞戒子不謀而合,都是深有感於富貴不可久,知足長安之理。楊椿雖自云「至吾兄弟,不能遵奉」但他仍時時謹記戒敕,文中提到他所居住舍宅,不作壯麗華飾,是因爲考慮到子弟如果後世不賢,無法善加保守,也不致被勢家所奪。文末更明白指出自己所以上表致仕,就是希望子孫明白滿足之義,他說:

吾今年始七十五,自惟氣力,尚堪朝覲天子,所以孜孜求退者,正欲使汝等知天下滿足之義,爲一門法耳,非是苟求千載之名也。

這些看法可以說都是承繼其祖楊眞的訓誡而來。

楊眞用此以告誡其父懿等兄弟,椿又撰此以誡子孫,可謂世代相傳,都有眞知灼見。但北魏末年,正是楊椿兄弟子姪仕途最盛的時刻,椿任太保,弟津任司空,楊氏一門,貴滿朝庭。〔註46〕及椿致仕後二年,爾朱氏擅政,楊氏一族皆爲爾朱世隆、爾朱天光所殺,〔註47〕雖說「胡逆擅朝,淫刑肆毒」,〔註48〕有不可如之何的感慨,但身處北朝,各族爭權謀利,而楊氏一家即有二公,這實在是他們滿門被戮的重要原因。南朝齊王僧虔,因爲兄子王儉任尚書令,而推辭左光祿大夫開府儀同三司〔註49〕的官職,對儉說:「一門有二台司,實可畏懼!」〔註50〕僧虔在得意之時,能居高憂懼,戒滿防溢,這方面則是椿、津等雖知之而不能行之處。

(三)敘兄弟同居同財,以勉子弟

椿自敘兄弟同居同財,以勉子孫兄弟相處之道。他說他們兄弟,若在家中,必同盤共桌而食;如有一人出外不遠,必定等他回來一起進餐;有時候爲了等人,也有忍飢相待,過中不食的情況。他自稱是因爲兄弟八人,今只剩三人,所以不忍別食;同時也希望兄弟之間,一生一世不分居、不分財,

〔註45〕王利器《顏氏家訓集解》,前引書,卷五,頁316。

〔註46〕魏收《魏書》卷五八楊播傳侃附傳云:「時播一門,貴滿朝廷,兒姪早通」(鼎文書局,民國70年12月4版,頁1281)又史臣曰:「楊播兄弟俱以忠毅謙謹,荷內外之任,公卿牧守,榮赫累朝,所謂門生故吏遍於天下。」(頁1304)。

〔註47〕參魏收《魏書》(前引書)卷五八播傳,頁1302。

〔註48〕魏收《魏書》(前引書)卷五八播傳,史臣評語。

〔註49〕杜佑《通典》卷三七職官載,齊官品未詳,而梁官品「尚書令」在十六班,「左右光祿大夫開府儀同三司」在十七班;陳官品,二職並在第一品。(北京,中華書局,1988年12月1版,頁1009、1032)。

〔註50〕事見蕭子顯《南齊書》(前引書)卷三三王僧虔傳,頁596。

渡過餘生。因此他批評子弟，有「別齋獨食」的情形，實在又不如他們兄弟之間和睦共處。

楊家兄弟，敦睦相處，屢稱美於史傳，《魏書》卷五八楊播傳載椿、津相處云：

> 兄弟旦則聚於廳堂，終日相對，未曾入內。有一美味，不集不食。廳堂間，往往幃幔隔障，爲寢息之所，時就休偃，還共談笑。椿年老，曾他處醉歸，津扶侍還室，仍假寐閤前，承候安否。椿、津年過六十，並登臺鼎，而津嘗旦暮參問，子姪羅列階下，椿不命坐，津不敢坐……初，津爲肆州，椿在京宅，每有四時嘉味，輒因使次附之，若或未寄，不先入口。椿每得所寄，輒對之下泣。〔註51〕

其家兄友弟恭者如此，故椿希望子孫能師法此家風。

家訓中對子孫兄弟相處的訓誡很多，在兄友弟恭的要求上，幾乎都稟承古老的觀念，沒有不同。至於對兄弟成家之後，爲人父母是否還讚同子弟同居同財，則各有不同的看法。後漢應劭《風俗通義》過譽篇說：「凡同居，上也；通有無，次也；讓，其下也。」〔註52〕認爲兄弟同居同財爲上，異居而財通有無爲次，異居讓財爲下。這是他在理想狀態下所認定的兄弟相處之道，而楊椿親自踐履，以爲理當如此，並用以勉其子孫。這與陶淵明〈與子儼等疏〉（附錄3-6）中舉後漢韓元長，兄弟同居，至於沒齒；西晉氾稚春，七世同財，家人無怨色。來勸勉子弟「雖不能爾，至心尚之」的看法是一致的。而像北魏崔休，也是世家大族，他卻告誡諸子說：

> 汝等宜皆一體，勿作同堂意，若不用吾言，鬼神不享汝祭祀。〔註53〕

顏之推《家訓》兄弟篇也說：

> 娣姒者，多爭之地，使骨肉居之，亦不若各歸四海，感霜露而相思，佇日月之相望也。〔註54〕

對兄弟同居同財，提出不同的意見。崔休誡子不可同堂，史雖未明載其原由，但從其高祖崔逞，命其子異地而居，以免禍至誅連來看，〔註55〕爲了免禍的

〔註51〕魏收《魏書》（前引書）卷五八，頁1302。

〔註52〕王利器《風俗通義校注》卷四過譽（臺北：明文書局，民國71年4月初版），頁200。

〔註53〕李延壽《北史》（鼎文書局，民國69年12月3版）卷二四崔逞傳，頁879。

〔註54〕王利器《顏氏家訓集解》卷一兄弟，前引，頁43。

〔註55〕《北史》卷二四崔逞傳：「初，逞之內徙，終慮不免，乃使其妻張氏與四子歸

成分很高，這是在那特定時代底下才有的主張。至於之推以爲兄弟同居，容易因妯娌之不和，影響兄弟情感，守望相助之利未得，先蒙其害，故主張不如分居而遙相思念。他從同居同財容易引起妯娌之間的糾紛來看這個問題，是比較具有眞實意義的。

　　兩漢以來，一般家庭仍以夫婦、子女組成的核心家庭爲主，〔註56〕魏晉之後，雖三代同堂的情形漸多，但像楊椿兄弟，父母已亡，且有曾孫，四代同堂，「一家之內，男女百口，總服同爨」〔註57〕這種情況並不多見。〔註58〕要維持如此龐大的家族，實有賴於兄弟之和睦共處，楊椿既津津樂道他們兄弟情感，自然也希望子孫能承繼此風。這是楊氏殷殷勸誡子孫當兄友弟恭的原因所在。

（四）自敍兄弟侍主，以勉子孫爲官不可輕論人惡。

　　楊椿自敍北魏孝文帝太和（477～499）初年，椿兄播事孝文帝，椿及弟津事文明皇后，兄弟處二聖之間，從不言兩主過失，後終因此蒙賞。故椿告誡子孫，倘若他日蒙時主知遇，宜深愼言語，切不可輕論人惡。

　　戒子不言人惡，馬援、王昶、殷褒等人皆曾論及，而椿特舉兄弟分事二主之情形，有他特別的環境背景。當時孝文帝即位，文明皇后臨朝專政，一國之中如有二君，兄弟分在兩處，得罪任何一方，都會造成傷害。而且文明皇后生性多疑，行事專斷，史傳稱他「生殺賞罰，決之俄頃」「威福兼任，震動內外」「左右纖介之愆，動加捶楚，多至百餘，少亦數十」「小有疑忌，便見誅戮」，故而如「李訢、李惠之徒，猜嫌覆滅者十餘家，死者數百人。」〔註59〕在這種伴君如伴虎，人人自危的情況下，無怪乎他們兄弟要特別謹愼，不言二主過失，

慕容德於廣固，獨與小子頤在代京。及遄死，亦以此爲讜。」（前引書，頁868）廣固爲南燕首府，代京即平城，魏之首府，參譚其驤《中國歷史地圖集》第四冊一五～一六圖（上海，地圖出版社，1982年10月1版）。崔遄入魏，慮不免於禍，故僅留小子頤同上任；分使四子及妻張氏入南燕廣固。其目的在避免坐罪連誅。

〔註56〕參杜正勝「傳統家族試論」上，大陸雜誌，六五卷二期，1982年8月，頁57～84。杜氏云「漢代家庭是以夫婦及其子女所組成的核心家庭爲主體……這就是『漢型』家庭結構的特色。」（頁68）。

〔註57〕魏收《魏書》（前引書）卷五八播傳，頁1302。

〔註58〕參杜正勝「傳統家族試論」下，大陸雜誌，六五卷三期，1982年9月，頁127～151。杜氏云：「四世以上同居同財的例子在南北朝猶不多見，這是與唐宋不同的。」（頁140）。

〔註59〕以上參見魏收《魏書》（前引書）卷十三皇后列傳，頁329～330。

甚且用此告誡子孫，有其既爲朝臣不得不爾的處境。

（五）勉子孫恭謹守禮

椿自稱「文武才藝」「門望姻援」不勝他人，但歷經多年，位至太保，其弟津又爲司空，正是由於忠貞謹愼，口不嘗論人過，無貴無賤待之以禮，才有今天。因此他責備子孫，不可涉染世俗劣習。如（1）坐而待客的傲慢態度（2）馳驅權勢高門的行爲（3）輕易批評他人缺失的舉動（4）見富貴則敬重之，見貧賤則怠慢之的心態。椿以爲這些都是人行爲上的重大缺失，也是立足於社會的弊病，一定要予以革除。倘能「存禮節，不爲奢淫驕慢」那以楊氏「內外顯職，時流少比」的門戶，即使不勝於人，至少可以免除他人的怨尤譏誚，而自成名家。

二、魏收〈枕中篇〉（附錄 7-2）

魏收，字伯起，鉅鹿下曲陽人。祖父魏悅，濟陰太守；父親魏子建，贈儀同三司、定州刺史，收年十五，頗已屬文，及隨父赴邊，習好騎射，後折節讀書，以文華顯。歷仕北魏、東魏、北齊三朝，北齊天保間任中書令，封富平縣子，天統間官至尚書右僕射、特進，武平三年卒。年六十六。晚年，以子姪少年，故撰〈枕中篇〉，申以戒厲，辭彩華麗，意取止足免禍。收子不詳，有弟名祚，收養其子仁表爲嗣，位至尚書膳部郎中，隋開皇中卒於溫縣令。

魏收撰〈枕中篇〉，是因爲子姪年少，涉世未深，故希望藉此文給予訓誡和鼓勵。他的對象包含家中所有子姪，並非局限於某些子弟的某些行爲，與王昶〈家誡〉的性質相似，故而全文泛言處世原則，可視爲魏收對人生所持的理想態度。

文中所陳述的各種觀念，都集中在如何趨吉避凶，沒有儒家對道德承擔的勇氣，也不汲汲於家世冠冕的維護，類似於東方朔〈誡子〉「隨時之宜，無有常家」（附錄 1-2）的處世觀。但魏氏此文，除了首段引管子之言的部分外，全篇押韻，著意雕飾，使他要表達的理念受到很大限制。既沒有崔瑗〈座右銘〉的簡潔明瞭，也失去了家誡原有的樸實作風，前後失據，是相當不可取的家訓作品。他的論點前後錯出，挾雜道來，對人生行爲的目標，恍惚其辭。善行的條列則如獺祭魚一般，平舖直述，未加擇別，以致於首尾文意不相連屬，甚而前後矛盾。從此可以知悉魏收對善行的認識不夠眞切，一味追求「勳

名共山河同久，志業與金石比堅」，卻回頭否定周、孔的行爲，說「其達也則尼父棲遑，其忠也而周公狼狽」；讚美蘧、顏之行「蘧瑗識四十九非，顏子幾三月不違」認爲修行應該秉持「跬步無已，至於千里。覆一簣進，及於萬仞」「行遠自邇，登高自卑」的精神，但他又批評得道者高危不安，說「道尊則群謗集，任重而眾怨會」。他讚美「遊遨經術，厭飫文史，筆有奇鋒，談有勝理」的飽學善言之士，認爲「有一於斯，鬱爲羽儀」，又說「既察且愼，福祿攸歸」；一方面倡言「周廟之人，三緘其口」，勸子弟「知止知足，庶免於辱」，告誡他們切不可「挾湯日而謂寒，包溪壑而未足」「射千金之產，邀萬鍾之秩」。短短一千言，即乖舛若是，不能不令人對魏收誡子姪認識上的質疑。

　　一個人如果行爲的極終目標是在免禍，而不在追求眞理的體現，那他將無所適從，因爲沒有任何具體行爲是可以完全免禍的，因此他略說言行宜愼、知止知足、察幾慮微、改過累德等處世良鍼，最後還是認爲「可大可久，與世推移」是一切行事準則。並總結的說：

　　　如山之大，無不有也；如谷之虛，無不受也；能剛能柔，重可負也；

　　　能信能順，險可走也；能知能愚，期可久也。

以呼應他在篇首所引管子之言「任之重者莫如身，途之畏者莫如口，期之遠者莫如年。以重任行畏途，至遠期，惟君子爲能及矣。」〔註60〕的話。運用道家一切不執著、不凝滯於物的理念，來負重任，走險途，至遠期，又流入了以道家思想做爲一種權謀，達成自己另一個目標，在思想上實不能純粹。

　　魏收的行逕，載在《北齊書》卷三七、《北史》卷五六，多所貶斥，說他「輕薄尤甚」「見當途遊，每以言色相悅」。撰《魏書》不能直筆，當朝貴顯，則美及先祖，飾其惡行；夙有怨者，多沒其善。每言「何物小子，敢共魏收作色，舉之則使上天，按之當使入地。」〔註61〕時人號爲「穢史」。所謂「文人無行」者，收當之無愧，對〈枕中篇〉所言之事理，收往往自違其行。以是可知收尚不能體行之，何能有眞切的認識。無怪乎全文敘說紊亂，難可爲訓。

三、王褒〈幼訓〉（附錄7-3）

　　王褒，字子淵，琅邪臨沂人。曾祖王儉，齊尙書左僕射、南昌縣公，卒贈太尉，諡文憲；祖父王騫，金紫光祿大夫南昌安侯；父親王規，襲爵，贈散騎

〔註60〕語見《管子》卷十戒第二十六，管仲告桓公之言。
〔註61〕參《北齊書》（鼎文書局，民國72年4月4版）卷三七魏收傳，頁488。

常侍、光祿大夫。褒，七歲能屬文，弱冠起家秘書郎，梁元帝承聖二年官至尚書左僕射；三年，西魏陷江陵，元帝出降，褒與宗懍等數十人俱至長安，宇文泰授褒車騎大將軍、儀同三司。北周武帝保定三年，任職內史中大夫，撰〈幼訓〉以誡諸子。建德六年，卒於宜州刺史任所，年六十四。一子名鼏，字玉鉉，仕於隋安都通守，唐武后宰相王方慶爲鼏孫。褒歷職梁、北周，並以文才受用，〈幼訓〉中勉子勤學，蓋亦有感而發。

　　王褒〈幼訓〉，用意在訓誡諸子，其文大多亡佚，今僅存其一章，載於《梁書》本傳。茲依其文章述於次：

（一）珍惜光陰

　　王氏引用陶侃之言「昔大禹不吝尺璧而重寸陰」〔註62〕以爲人當年少，必須珍惜光陰。如爲文士，則當勤於讀書，如爲武士則當騎馬射箭。尤其是應該趁著冬天長夜，夏天永晝的時光，拒絕一切訪客，使家中清靜，沒有任何足以左右心神的雜務與喧擾。利用來讀書，則知識可比孔子之門人；利用來寫作，則文章可以如同賈誼的造詣。

　　勸勉子弟，把握時光，古今所同，王脩〈誡子書〉亦云：「人之居世，忽去便過，日月可愛也，故禹不愛尺璧而愛寸陰，時過不可還，若年大不可少也。」（附錄1-10）也同樣告誡子弟年大不可少，當珍惜之。另外如蕭綱〈誡子書〉（附錄6-1）、顏之推《顏氏家訓》勉學篇，都表達對時光的重視。

（二）有始有終

　　王褒告誡子弟，立志做一件事，就應該時時督促自己，他舉古人在盤盂上刻有銘文，桌子手杖寫有訓誡爲例，說明其用意就在於進退之間能時時遵循，俯仰之間能時時警惕。並引《詩經》「靡不有初，鮮克有終」〔註63〕及孔子之言「造次必於是」〔註64〕來訓勉子弟，以爲立身行道，不可中途而廢，而應終始如一，堅持到底。

〔註62〕房玄齡《晉書》卷六六陶侃傳：「（侃）常語人曰：大禹聖者，乃惜寸陰，至於眾人，當惜分陰，豈可逸遊荒醉，生無益於時，死無聞於後，是自棄也。」（鼎文書局，民國72年7月4版，頁1774）此語蓋本乎《淮南子》卷一原道訓：「聖人不貴尺之璧，而重寸之陰，時難得而易失也。」（北京，中華書局，1989年5月1版，頁27）。

〔註63〕語見《詩經》大雅·蕩。

〔註64〕語見《論語》里仁。

（三）兼修儒、釋、道三家之言

王褒陳述儒、道、釋三家思想的特色，他說：儒家重視尊卑的等級，禮節上吉凶大事親疏遠近的區別；把君南面、臣北面，當作是天與地的關係；酒席上陳設的鼎和俎是單數，供桌上陳設的籩和豆是偶數，則代表陰陽的不同。〔註65〕道家則舉止不拘，邊幅不修，貶斥聰明，棄仁絕義去智。佛教則見世間一切爲苦，出家絕嗣；證悟寂滅，明辨因果，使眾生皆入聖域。並以爲三者設教雖有不同，而其精神是互通的。因此王褒自敘，從幼年求學，至於知命之年，既推崇周、孔的思想，也兼修老、釋的言論。這三種理論，是東晉偏安江南以來，就普遍被大家接受的。故而他勸勉諸子在思想上相容並蓄，不可偏頗。

南北朝以來，宗教逐漸走進家庭之中，因此專爲訓誡子弟的家訓，也常涉及這個問題。一般而言，誡子多半採取相容並蓄的態度，少有堅持某種信仰者，如顏延之〈庭誥〉、張融〈門律〉等是，像顏之推《家訓》中專立〈歸心〉，希望子弟共入道場，則是比較罕見的。

四、其 他

（一）北魏刁雍《教誡》二十餘篇

刁雍（390～484）字淑和，勃海饒安人。曾祖協，隨司馬叡渡江，位至尚書令，父暢爲劉裕所殺，雍逃奔洛陽，後至長安，初仕後秦姚興，姚氏滅，入於北魏。生平略見《魏書》卷三八、《北史》卷二六本傳。《魏書》本傳云：「雍性寬柔，好尙文典，手不釋卷，明敏多智。凡所爲詩、賦、頌、論並雜文，百有餘篇。又汎施愛士，怡靜寡欲。篤信佛道，著《教誡》二十餘篇，以訓導子孫。」〔註66〕

此書久亡，隋、唐〈志〉未載，清人張鵬一《隋書經籍志補》列入卷二子部。書名「教誡」，謂教導、訓誡子孫。應劭《風俗通義》卷九云：「司空南陽來季德停喪在殯，忽然坐祭床上，顏色服飾，聲氣熟是也，孫兒婦女，以次教

〔註65〕王褒《幼訓》云「鼎俎奇而籩豆偶，陰陽之義也。」語本《禮記》郊特牲，此譯參王夢鷗《禮記今註今譯》（臺北：商務印書館，民國79年3月修訂4版），頁416。

〔註66〕魏收《魏書》（前引書）卷三八刁雍傳，頁871。《北史》卷二六「怡」字作「恬」是。

誠，事有條貫，鞭撻奴婢，皆得其過。」〔註67〕刁氏以此訓導子孫，蓋取此意。亦猶「家誡」「家訓」之書。

（二）北魏文明皇后《勸戒歌》三百餘章、《皇誥》十八篇

　　文明皇后馮氏（442～490），北魏文成帝皇后，孝文帝承明元年（476），尊稱太皇太后，臨朝聽政。生平略見《魏書》卷十三皇后列傳、《北史》卷十三后妃上。《魏書》本傳云：「太后以高祖富於春秋。乃作《勸戒歌》三百餘章，又作《皇誥》十八篇，文多不載。」〔註68〕《南齊書》卷五七魏虜傳云：「馮氏有計略，作《皇誥》十八篇，僞左僕射李思沖稱史臣注解。」〔註69〕孝文帝於延興元年（471）即位，時才五歲，太和元年太皇太后馮氏臨朝聽政，以孝文帝年幼，故撰此二書以資勸戒。

　　史稱「文多不傳」，蓋亡佚已久。《魏書》卷十四元丕傳云：「太后親造《勸戒歌》辭以賜群官，丕上疏贊謝。太后令曰：『臣哉隣哉，隣哉臣哉。君則亡逸於上，臣則履冰於下。若能如此，太平豈難致乎？』」〔註70〕云爲君能無荒逸，爲臣則履冰誠愼，可致太平。此蓋亦《勸戒歌》《皇誥》內容之要旨。

（三）北魏甄琛《家誨》二十篇

　　甄琛（西元？～524），字思伯，中山毋極人。仕北魏，官至太常卿、吏部尚書。生平見《魏書》卷六八、《北史》卷四十本傳。《魏書》本傳云：「所著文章，鄙碎無大體，時有理詣，《碐四聲》、《姓族廢興》、《會通緇素三論》及《家誨》二十篇、《篤學文》一卷，頗行於世。」〔註71〕

　　《家誨》一書，隋、唐〈志〉不載，蓋亡佚已久。清張鵬一〈隋書經籍志〉收入卷二子部。「家誨」蓋取教誨家中子弟之意，《魏書》卷九○逸士傳載，琛以李謐耽學守道，令諸子往就業云：「昔鄭玄、盧植不遠數千里詣扶風馬融，今汝明師甚邇，何不就業也？」〔註72〕略可見其訓誨子弟之一斑。

〔註67〕王利器《風俗通義校注》（前引）卷九神怪，頁416。
〔註68〕魏收《魏書》（前引書）卷十三，頁329。
〔註69〕《南齊書》（前引書）卷五七，頁990。案：李思沖，即李沖，字思順，《魏書》卷五三有傳。又《魏書》卷三十呂洛拔傳：「（呂）文祖以舊語譯注《皇誥》，辭義通辯，超授陽平太守。」（前引，頁732）則此書亦曾有鮮卑文譯注本。說參第二章第三節。
〔註70〕魏收《魏書》（前引書）卷十四神元平文諸帝子孫列傳，頁358。
〔註71〕魏收《魏書》（前引書）卷四十，頁1516。
〔註72〕魏收《魏書》（前引書）卷九○，頁1938。

（四）北魏張烈〈家誡〉

張烈（448～538），字徽仙（《北史》作徽之），清河東武城人。高祖悕仕後燕，爲慕容儁尚書僕射；曾祖恂，隨慕容德南渡，遂家齊郡臨淄。至烈仕北魏朝，歷任顯職。生平見《魏書》卷七六、《北史》卷四五本傳。《魏書》本傳云：「烈先爲〈家誡〉千餘言，並自敘志行及所歷之官，臨終敕子姪不聽求贈，但勒〈家誡〉立碣而已。其子質奉行焉。」〔註73〕

〈家誡〉今亡，張鵬一《隋書經籍志補》收入卷二子部。本傳云「並自敘志行及所歷之官」，似所撰〈家誡〉有今自敘之辭。歷來如韋玄成、鄭玄、陶淵明、楊椿之戒子，皆有此例。又云「勒〈家誡〉立碣」，蓋欲子孫掃墓祭拜，皆得省視訓誡，用垂後範。在張烈之前刻〈家誡〉文以立碑者，實罕見其例。

上列四家，除張烈〈家誡〉千餘言，與嵇康〈家誡〉約略相當以外，刁氏所撰二十餘篇，馮氏所撰詩三百餘章、文十八篇，甄氏所撰二十篇，皆較前人爲大，家訓之作已逐漸發展爲專書的形式。而且這與南朝纂集前人訓誡作品爲一書的情況不同，更可以達到首尾連貫，內容一致的效果。可說是前賢誡子書、家誡、家令等作品的延續及進一步的發展。今存《顏氏家訓》二十篇，篇數即與《教誡》、《皇誥》、《家誨》相當，且顏之推歷仕北齊、北周，蓋亦在此文風之下，而有斯作。

〔註73〕魏收《魏書》（前引書）卷七六，頁 1686。